Durch dick und dünn

Sandra Selbach
Mit Antje Diller-Wolff

Durch dick und dünn

Mein Weg aus der Fettsucht

SCHWARZKOPF & SCHWARZKOPF

Inhalt

Meine zwei Leben – Vorwort		7
1.	Fett	13
2.	Essen	29
3.	Mächtig	49
4.	Dünn sein	67
5.	Abhängig	75
6.	Ausgeliefert	87
7.	Kontrolle	97
8.	Schön oder nicht schön	109
9.	Übergewicht	117
10.	Hilfe	131
11.	Wiegen	137
12.	Wiedergeboren	145
13.	Scham	157
14.	Unvollkommen	171
15.	Sich selbst lieben	179
16.	Disziplin	189
17.	Träume	197
18.	Perfektion	207
19.	Zielgerade	217
20.	Frei	231

Meine zwei Leben

VORWORT

Ich war fettsüchtig. Zu Spitzenzeiten wog ich 158 Kilogramm. Ich war abhängig von Lebensmitteln. Mein Leben steuerte auf sein Ende zu, körperlich und psychisch, da war ich keine 30 Jahre alt.

Man sieht mir meine Geschichte heute nicht an, deshalb erzähle ich sie jetzt. Vielleicht können manche der Leser davon profitieren, indem sie sich früh um Hilfe bemühen, Rat bei Fachleuten suchen und sich nicht in dieser Sucht verlieren. Dann bleibt ihnen vielleicht vieles erspart. Vielleicht können diejenigen, die sich bereits in den Klauen der Esssucht befinden, in mir einen Anker finden, einen Hoffnungsschimmer, etwas, woraus eine Wende entstehen kann. Es gibt immer einen Ausweg, man muss nur wollen.

Seit meiner Jugend wollte ich mein Leben niederschreiben. Ich musste mich jedoch erst viel weiter entwickeln, zu der Frau, die ich heute bin, um es auch tun zu können. Zu reflektieren, ein Stück Distanz zu schaffen, um sich selbst ganz dicht zu beschreiben, ist etwas, wofür man auf dem richtigen Weg sein muss.

Außerdem braucht es Menschen, die an einen glauben, die einen unterstützen. Wenn ich früher den Wunsch äußerte oder auch nur laut darüber nachdachte, ein Buch über mein noch nicht langes, aber bewegtes Leben zu schreiben, wurde ich meist ausgelacht. Ich solle mich doch selbst nicht so wichtig nehmen. Wie ich auf die Idee käme, dass sich jemand dafür interessieren würde, was ich erlebt hätte. Da könne ja jeder kommen.

Sicher gibt es noch extremere Lebensgeschichten als meine, sicher gibt es noch schlimmere Schicksale. Vor jedem Menschen, der Schreckliches durchlebt und überlebt hat und aus seinem persönlichen Elend durch eigene Kraft herausgefunden hat, ziehe ich meinen Hut.

Nicht jeder ist bereit, mit seiner persönlichen traumatischen Geschichte an die Öffentlichkeit zu gehen. Privates mit der Allgemeinheit zu teilen, sich transparent zu machen, birgt das Risiko in sich, harter Kritik ausgesetzt zu sein.

Es gibt immer Mutlose, Neider, Verständnislose, es gibt Menschen, die Augen und Ohren verschließen. Wir alle haben unsere Fehler und Schwächen. Doch eine gewisse Empathie ist wichtig, bevor man beginnt, andere zu kritisieren und zu verurteilen. Wichtig ist vor allem Toleranz. Nicht alle werden mein Verhalten verstehen und richtig interpretieren. Vielleicht werden sie sagen, sie wären nie so weit abgerutscht, hätten alles anders und besser gemacht.

Vielleicht verstehen sie nach der Lektüre dieses Buches aber auch besser, was einen Menschen dazu bringen kann, sich in wenigen Jahren zu verdoppeln.

Ich habe nie ganz aufgegeben. Hätte ich nicht an einem bestimmten Punkt meines Lebens die Bremse gezogen, wäre ich heute vielleicht tot. Mein Lebenswille hat mich gerettet. Heute möchte ich, wenn möglich, mit meiner Geschichte für viele Betroffene und ihr Umfeld von Nutzen sein. Ich möchte deutlich machen, dass Esssucht kein banales, leicht zu lösendes Problem ist. Ich möchte zeigen, wie schlecht es Betroffenen geht und wie machtlos sie sind. Ich möchte, dass Menschen verstehen, dass Adipositas für die Süchtigen ebenso schwer wiegt wie Alkoholismus oder Drogenabhängigkeit.

Extreme Fettleibigkeit ist eine ernst zu nehmende Krankheit!

Jeder zweite Deutsche ist zu dick. Das hat das Statistische Bundesamt herausgefunden. Gemäß der DEGS-Studie des Robert-

Koch-Instituts (2008–2011) sind 67,1 Prozent der Männer und 53 Prozent der Frauen übergewichtig mit einem Body-Mass-Index (BMI) über 25 Kilogramm pro Quadrat der Körpergröße. Adipös mit einem BMI über 30 sind 23,3 Prozent der Männer und 23,9 Prozent der Frauen in unserem Land. Den größten Anstieg der Krankheit zeigte die Altersgruppe der 25-bis-34-Jährigen, junge Leute, die bereits mit Computern und Unterhaltungsmedien aufgewachsen sind und von denen womöglich ein Großteil viel Zeit mit Rechner und Fernseher verbringt, statt sich zu bewegen. Auch immer mehr Kinder sind zu dick. Und nicht bei allen kann man verharmlosend von »Naschkatzen« oder »Sportmuffeln« sprechen.

Es sind auch dramatische Auslöser, Traumata und psychische Störungen, die Menschen dazu bringen, dem Essen zu verfallen, Lebensmittel in sich hineinzustopfen, bis sie weitestgehend bewegungsunfähig und krank werden und einen lebensbedrohlichen Zustand erreichen.

Bei mir zu Hause im Sommer 2005:
Erster Versuch vor der Kamera

Sommer 2012 in Frankfurt:
Shooting mit Oliver Misof

Es ist schon viel geschrieben worden über Magersucht, über junge Mädchen, die sich bis in den Tod hungern. Durch Adipositas *fressen* sich Menschen in den Tod.

Mittlerweile wache ich jeden Morgen glücklich und zufrieden auf. Mein neues Leben ist ein Geschenk. Das Sahnehäubchen für mich ist nun, dass ich die Chance bekommen habe, mein Leben in einem Buch zu verarbeiten. Für mich ist das eine unschätzbare Therapie. Die intensiven Gespräche, das Voranarbeiten Satz für Satz ermöglichten mir eine wertvolle Reflexion meiner selbst und die entsprechende Perspektive auf mich selbst – niedergeschrieben von der Journalistin Antje Diller-Wolff, die mich jahrelang mit der Kamera für *Spiegel TV* begleitet hatte und mich fast von meinem Höchstgewicht an kennt. Sie hat mich im schwergewichtigen Alltag und in den Jahren danach etappenweise – auch nach weiteren Operationen – intensiv interviewt und beobachtet.

In unseren ausführlichen Gesprächen im Vorfeld des Buches stellte Antje Diller-Wolff mir viele Fragen. Immer wieder dachte ich dabei neu über meine Vergangenheit und mein heutiges Leben nach. Ich musste dann selbst vieles immer wieder hinterfragen: Warum habe ich in welcher Situation wie reagiert?

Die Arbeit an der eigenen Lebensgeschichte, wenn es um eine unglückliche Kindheit und viele Demütigungen geht ist hart. Man erlebt diese traumatische Zeit und das aufwühlende Erwachsenenleben noch einmal. Es ist ein Wechselbad der Gefühle.

Mir sind durch das Buch viele Dinge besonders klar geworden, zum Beispiel, warum ich dermaßen die Kontrolle verloren habe. Mir ist klar, dass ich ein Ventil gebraucht habe, um den seelischen Druck abzulassen, zumindest für eine gewisse Zeit. Dass ich mit Nahrung versucht habe, alle Dinge zu verdrängen, die mich überforderten, die mich kränkten, verletzten und mir Angst machten.

Vor allem wollte ich die Leere in mir füllen.

Mir ist auch deutlich geworden, wie sehr Menschen in meinem Umfeld durch mein Verhalten gelitten haben. Wie sie ständig mit meiner Unzufriedenheit, meinem Frust, der Trauer über mein verlorenes Ich, meinem gesundheitlich stark beeinträchtigten Zustand konfrontiert waren. Seien es meine Mutter, mein Lebensgefährte Frank, Paul, der langjährige Partner meiner Mutter, manche lieb gewonnenen Kollegen, die alle meinen schwermütigen Zustand miterlebt haben. Die zusehen mussten, wie ich mein altes Leben abgegeben habe, von einer hübschen jungen Frau zu einem adipösen Trumm wurde. Für das Buchprojekt habe ich alles noch einmal erlebt. Es war eine Berg-und-Tal-Fahrt der Gefühle.

Mir wurde dabei aber auch bewusst, wie anders und wie positiv mein Leben nun ist und was ich alles hinter mir gelassen habe. Heute kann ich ein neues, glückliches Leben führen. Ich bin frei.

Sandra Selbach

KAPITEL 1

Fett

Fett zu sein, das bedeutet ein Leben am Abgrund. Fett zu sein ist das Ende von Anerkennung. Fett zu sein bietet ein allumfassendes Urteil. Es erstickt jeden Ansatz von Charakter, Intelligenz und Talent. Fett sein. Hässlich sein. Wertlos sein.

Fett zu sein bedeutet, ein anderes Leben zu haben. Man ist eigentlich nicht mehr man selbst, man verlässt das bisherige Ich. Paradoxerweise eint einen das mit Magersüchtigen: Man hat eine verzerrte Wahrnehmung von sich selbst. Ich habe mich selbst mit fast 160 Kilogramm auf der Waage zwar als übergewichtig, aber nicht als derart uferlos fett empfunden.

Nur wenn ich mich auf Fotos gesehen habe, war ich geschockt und fragte mich, wer diese unförmige Person wohl sei. Ich selbst konnte es ja nicht sein.

Wenn mich Passanten auf der Straße anstarrten, diese fette Masse Mensch, dann bezog ich das nie auf meine Körperfülle, sondern auf mein Gesicht. Ich dachte, ich würde ihre Aufmerksamkeit erregen, weil sie mich attraktiv fanden. Auf die Idee, dass andere Menschen mich anstarrten, weil ich fett war, kam ich nicht. Den Gedanken ließ ich erst gar nicht zu.

Mir war schon klar, dass ich übergewichtig war. Aber ich war mir sicher, den Leuten schoss »hübsche dicke Frau« durch den Kopf, wenn sie mich sahen. Die Leute starrten aber nur, weil ich so extrem fett war. Attraktiv fanden mich nur ganz wenige Menschen. Diese kleine Anzahl Leute betonte immer, dass ich doch ein sehr hübsches Gesicht habe. Meine Körperfülle sprach niemand an. Da war nichts zu loben.

Lange wollte ich nicht wahrhaben, dass ich eine negative Ausnahmeerscheinung war. Ich gehörte zu einer Randgruppe.

Natürlich hatte ich schwabbelige, massige Arme und Beine, und mein Hals war vom Doppelkinn verdeckt. Aber ich suchte mir einfach vergleichbare Vorbilder und Idole, um mich selbst nicht endgültig für eine Aussätzige zu halten. Ich versuchte, die Dramatik meines Zustandes abzuschwächen, indem ich Prominente suchte, die deutlich übergewichtig, aber dennoch erfolgreich waren.

Ich sammelte Ausreden, wurde Meisterin im Verdrängen. Wenn ich von mir selbst träumte, war ich immer schlank. Die neue, fette Sandra trat nicht in Erscheinung. Beim Aufwachen war ich stets aufs Neue geschockt, wenn ich erkannte, dass ich in Wahrheit ein Koloss war.

»Fettes Schwein«, »hässliche Kuh«, die Hemmungen Fremder, andere Menschen zu beleidigen, sinken mit steigendem Körpergewicht.

Wann beginnt Fettsein?

Ein Zitat eines sehr dicken, hübschen Models, einer sogenannten BBW (Big Beautiful Woman), lautet: »Ich bin nicht ›fett‹. Ich habe Fett!« Sie muss sich, so wie ich heute noch, anhören, nicht den Standards zu entsprechen.

Diese Normen gibt die Gesellschaft vor. Sie propagiert das Idealbild eines schlanken Körpers. Selbst das kleinste Fettpölsterchen wird kritisiert. Als ich den Bereich des Normalen verließ, war mir das durchaus klar. Für mich begann das fette Leben mit der Dreistelligkeit: Die Waage zeigte 100 Kilogramm bei einer Körpergröße von 1,78 Meter an.

Dennoch kam fast zeitgleich der beruhigende Gedanke, ich könne schließlich jederzeit abnehmen. Ich redete mir ein, ich hätte die Situation im Griff, sei Herrin der Lage. Ein Trugschluss.

Ich aß weiter. Verdrängte weiter. Aß weiter. Verdrängte weiter. Mein Gewicht stieg und stieg. Ich nahm das wahr, ohne diese Entwicklung an meiner Person festzumachen. Absurd, aber ich beobachtete mein Fettwerden, als würde ich einer Fremden dabei zusehen, wie sie ihre Gesundheit und ihre Attraktivität aufgibt.

Die Gelegenheiten kann ich an einer Hand abzählen, an denen es mich durchzuckte und ich dachte: Mein Gott, bist du hässlich. Schnell kam die Beruhigung: Keine Aufregung, das kriegst du alles wieder hin.

Aber so war es nicht. Es eskalierte immer mehr.

Ich wurde immer unbeweglicher, ein watschelähnlicher Gang war die Höchstgeschwindigkeit, mit der ich mich durch mein Leben wuchtete. Weil mein Gewicht sich so schnell steigerte, waren binnen kürzester Zeit meine vernachlässigten, untrainierten Muskeln komplett überfordert und ich konnte mich nur sehr umständlich bewegen. Meine Füße ließen sich zum Beispiel gar nicht mehr ohne Schmerzen abrollen.

Das brachte mich doch zumindest zur Einsicht, dass ich wenigstens an meiner Haltung zu arbeiten hatte und versuchen musste, mir einen eleganteren Gang anzueignen. Dennoch war ich kreuzunglücklich in den Momenten, in denen ich realisierte, was aus mir geworden war. Ich versuchte, mich mit dem ganzen Essen von allen schlimmen Gedanken abzulenken, die meine Seele belasteten. Ein Teufelskreis.

Wie wäre mein Leben wohl verlaufen, wären meine Talente früh entdeckt worden, hätte ich eine stabile Familie hinter mir gewusst, wäre ich stets gefördert und unterstützt worden?

*

Schon meine Zeugung stand unter keinem guten Stern. Mein Leben begann als Unfall. Ich war ein Unfall. Meine Mutter brachte mich trotzdem zur Welt. Da war sie 20 Jahre alt, nicht wirklich reif genug, ein Kind großzuziehen. An ihrer Seite ein Partner, der lieber die Nächte durchfeierte, als daheim die Windeln seines Babys zu wechseln.

Mein Vater Stefan war die erste große Liebe meiner Mutter. Sie wurden aufeinander aufmerksam, als meine Mutter Federball auf dem Hof ihrer Großmutter spielte. Mein Vater fiel meiner Mutter sofort auf in seiner modischen Kleidung und mit seinem längeren Haar. Seine Eltern hatten im Dorf ein Wochenendhaus gemietet und waren häufiger in Kirchheim bei Bad Euskirchen zu Gast.

Um seine Aufmerksamkeit zu erregen, bückte sich meine Mutter in ihrem Miniröckchen, die damals so angesagt waren, beim Aufheben des Felderballs extra so, dass Stefan auch sicher einen kurzen Blick auf das weiße Baumwollunterhöschen erhaschen konnte. Oft saß meine Mutter danach auf der Mauer vor dem Haus ihrer Großeltern und tat so, als hätte sie diesen Platz zufällig gewählt. Sie hatte sich für ihn jedoch in Pose gebracht.

Der Plan meiner Mutter ging auf: Die beiden kamen ins Gespräch und verbrachten im Anschluss viel Zeit miteinander. Sie waren beide 17 Jahre alt, mein Vater sechs Monate jünger als meine Mutter. Lange Zeit blieb es eine platonische Beziehung, bis meine Mutter eines Tages auf der Suche nach ihm von Freundinnen hörte, er sei mit einem Mädchen knutschend und fummelnd am Kriegerdenkmal im Dorf gesehen worden.

Meine Mutter sah sich herausgefordert. Was passieren musste, passierte. Eines Tages fuhren die beiden hinaus in die Felder, wo sie etwas ungestörter waren, und wurden intim. Und es sollten weitere solcher Treffen folgen, was meinen Vater jedoch nicht daran hinderte, mit anderen Frauen zu flirten. In ihrer Enttäuschung ging meine Mutter eines Tages zu Stefans Vater und behauptete, sie sei schwanger. Was sie zu dieser Zeit nicht wusste: Das entsprach den Tatsachen.

Meine Mutter war gerade 19 Jahre alt. Mein Großvater väterlicherseits reagierte ziemlich cool. Er versuchte, seinem Sohn den Kopf geradezurücken. Und tatsächlich fragte mein Vater meine Mutter, ob sie mit ihm nach Köln gehen würde. Sie hoffte, mit diesem Schritt ein Happy End sicherzustellen.

Doch schon in der Zeit der Schwangerschaft wollte es nicht so recht etwas damit werden. Das Einzige, wobei mein Vater sich in der Schwangerschaft engagiert zeigte, war das Vorschriftenmachen. Ansonsten ließ er meine Mutter häufig alleine, wahrscheinlich hatte er einiges damit zu tun, seine Freundinnen zu treffen.

Bei meiner Geburt freute er sich wohl. Das Entzücken über seine Tochter hielt jedoch nicht lange an. Er war einfach ein Playboy, liebte das Leben ohne Verpflichtungen und Kompromisse. Diese Rolle wollte er nicht aufgeben.

Ich habe schon früh gelernt, wie es ist, wenn Gefühle nicht erwidert werden, wenn Sehnsucht mit Füßen getreten wird, wenn aus Zuneigung Abhängigkeit wird. In meinen ersten Lebensmonaten war ich schon ein lästiges Übel.

Ein ungewolltes Baby, ein Paar, das keines sein wollte – die jeweiligen Großeltern beugten sich gesellschaftlichen Regeln: Sie forderten die Hochzeit, alles sollte seine Ordnung haben.

Auf dem Papier war nun alles ordnungsgemäß. In der Realität lenkte sich mein Vater mit wechselnden Affären ab. Meine Mutter hatte dem wenig entgegenzusetzen, außer zu funktionieren, wie es von ihr erwartet wurde. Ihr Tag kreiste um die hohen Ansprüche meines Vaters und seiner Eltern. Sie bemühte sich stets, wie aus dem Ei gepellt auszusehen. Dafür stand sie extra früh auf, um bereits geschminkt und gut gekleidet zu sein, bevor er aufstand. Aussichtslos, jede Bemühung war nicht genug, nie erreichte sie das, was er forderte.

Meine Mutter war sehr hübsch und jung und sollte stets das vorzeigbare Modepüppchen meines Vaters sein. Er liebte die Haarfarbe Blond. Meine Mutter war brünett. Sie sollte sich die Haare blond färben, mal eine Dauerwelle machen, mal Strähnchen und stets die neuesten Klamotten tragen. Auch wenn der Geldbeutel das eigentlich nicht hergab. Hauptsache vielseitig und chic.

Eines Abends kam er von einer seiner Abenteuerreisen durch das Nachtleben nach Hause und fand meine Mutter in lässigen Hausklamotten vor. Sie saß weniger zurechtgemacht, leger, aber gepflegt auf der Couch. Er schaute sie nur abfällig an und sagte: »Wie siehst *du* denn aus?«

Nicht nur einmal verpasste er ihr eine saftige Ohrfeige oder ein blaues Auge, wenn sie nicht so war, wie er es wollte. Für solche Vorfälle suchte sie vor anderen dann nach Ausreden. Irgendwann fragte niemand mehr nach.

Ich habe an meinen Vater kaum Erinnerungen. Vom Gefühl her mutet es an, als sei ich ihm lästig gewesen. Daran kann ich mich eher erinnern als an irgendein Gefühl von Nähe oder Zuneigung, an Berührungen oder Zärtlichkeiten.

Er war gar nicht wirklich präsent. Weder physisch – er war häufig außer Haus – noch emotional. Im Gegensatz zu ihm erfuhr ich von meiner Mutter zwar Zuwendung und merkte, dass sie mich liebte. Aber sie war mit der Situation überfordert. Es zehrte an ihr. All ihre Emotionen kreisten um den Vater ihres Kindes.

Ich erinnere mich am intensivsten an stets perfekt geputzte und aufgeräumte Wohnungen, an eine Mutter, die immer mit dem Lappen unterwegs war, um die Zimmer in tadellosem Zustand zu halten. Ich weiß, dass sie mich in den Arm nahm, mir Zuneigung entgegenbrachte, aber auch gleichzeitig intensiv daran arbeitete, ihr Aussehen und den Haushalt jederzeit in optimalem Zustand zu halten, um meinem Vater zu gefallen. Das hat sie offenbar viel Kraft gekostet.

Obwohl meine Mutter so schwach war, habe auch ich bei ihr Trost und Halt gesucht. Irgendwie haben wir uns beide aneinander festgehalten, haben versucht, uns gegenseitig zu stärken. Ich habe immer sehr an ihr gehangen. Sie war mein einziger Halt, mein Ein und Alles. Ohne sie wäre ich verloren gewesen, dessen war ich mir sicher. Ich wollte sie nicht teilen müssen, nicht auf sie verzichten, nicht ohne sie leben.

Allerdings war sie mit mir als Kind überfordert, vielleicht weil sie selbst nie wirklich erwachsen geworden ist. Sie war zu früh selbst Mutter geworden.

Wenn ich eine intakte Familie gehabt hätte, wenn mein Vater nicht immer weg und meine Mutter nicht so häufig arbeiten gewesen wäre, hätte ich nicht so klammern müssen.

Meine Mutter bekam immer wieder von Bekannten zugetragen, dass mein Vater hier und da eine Frau kennengelernt hatte, die er regelmäßig traf. Einmal bekam sie sogar einen Telefonanruf von einer seiner Liebschaften, bei dem die Frau nach »dem Stefan« fragte und sich erkundigte, ob sie seine Mutter am Apparat habe. Er erzählte nämlich gerne, dass er Single sei und noch bei seiner Mutter lebe. Meine Mutter antwortete daraufhin, dass sie seine Frau sei und das Kind, das im Hintergrund weinte, die gemeinsame Tochter.

Es war schon alles kompliziert genug, als meine Mutter dann zum zweiten Mal schwanger war. Sie war 21, und ich lernte gerade laufen. Mein Vater war immer der Meinung gewesen, dass die Antibabypille schädlich sei und Krebs verursache. Entweder versteckte er die Tabletten oder nahm sie meiner Mutter gleich ganz weg. Deshalb verhütete sie nicht. Wohlgemerkt: *Sie* verhütete nicht. Frauensache eben. Hätte er sich gekümmert, hätte er Verantwortung gezeigt. Aber das scherte ihn nicht.

Zu den Ansprüchen meiner Großeltern passte es nicht, dass meine Mutter erneut schwanger geworden war. Ihre Schwiegereltern nötigten sie dazu, das Kind abtreiben zu lassen. Eines Tages sagte mein Vater nur: »Wir machen eine Spritztour! Wir fahren nach

Holland!« Mit seinen Eltern und meiner Mutter zusammen fuhr er dann zu einer Klinik in den Niederlanden, in der sich meine Mutter einem Schwangerschaftsabbruch unterziehen sollte. Sie war völlig überrumpelt, konnte nicht Nein sagen, setzte sich nicht zur Wehr. Der Schock tat wohl sein Übriges. Sie war wie gelähmt. Widersetzen passte nicht zu Funktionieren.

Die Konsequenzen waren verheerend: Meine Mutter hat den Schwangerschaftsabbruch bis heute nicht verwunden. Erst viele Jahre später, als ich 14 war, erzählte sie mir davon. Sie litt all die Jahre unter massiven Schuldgefühlen, die sie nie ganz loswerden konnte. Wie ein Gespenst schlich sie umher, hohläugig, verweint, blass. Sie war ein Wrack. In mir fand sie keinen Trost.

Noch heute kann meine Mutter nur mit Tränen in den Augen über die Zeit mit meinem Vater sprechen. Denn es sollte noch schlimmer kommen. Eines Tages kam er auf die Idee, dass sie in Nachtclubs arbeiten könnte. Das würde gutes Geld bringen. Er brachte sie sogar dorthin. Außerdem hatte er die in seinen Augen charmante Idee, sie für eine Begleitagentur arbeiten zu lassen. Er fuhr sie hin und erklärte ihr, es würden dort Damen gesucht, die lediglich Zeit mit Männern beispielsweise bei Geschäftsessen oder Theaterbesuchen verbringen sollten.

Meine Mutter war wohl zu dieser Zeit sehr arglos und dachte sich nicht viel dabei. Sie fügte sich, wie so oft, und ließ sich erst einmal für die Kartei fotografieren. Da kam zufällig ein Kunde herein, und der Agenturinhaber schlug spontan vor, dass sie ihn gleich begleiten könnte.

Als der Kunde meiner Mutter 100 Mark in die Hand drückte und einen Schlüssel vom Inhaber ausgehändigt bekam, fragte sie nach. Ihr wurde erklärt, dass der Kunde nun wirklich mehr erwartete als ein nettes Gespräch.

Meine Mutter war entsetzt. Sie verließ fluchtartig die Agentur und rannte zum Auto, in dem mein Vater sie mit heftigen Vorwürfen überhäufte. Ihr wurde klar, dass er die ganze Zeit gewusst hatte, auf was sie sich einlassen sollte, und zu Hause sogar ganz besonders auf ihr Äußeres geachtet hatte. Dass er wollte, dass sie sich verkauft, war ein erneuter Schlag. Sie fühlte sich noch wertloser, als ihr bewusst wurde, dass er in Kauf genommen hätte, dass sie mit anderen Männern schläft.

Ich habe als Kind von all dem nichts mitbekommen. Meine Mutter wollte meinen Vater vor mir nicht schlechtmachen und erzählte mir nichts. Ich hatte allerdings eine leise Ahnung davon, dass es bei uns zu Hause ganz anders zuging als in anderen »normalen« Familien, in denen der Vater einem anständigen Beruf nachging und die Mutter eine tüchtige Hausfrau, liebevolle Mutter und hingebungsvolle Ehefrau war.

Vielleicht ahnte ich es deshalb, weil ich meine Mutter nur selten glücklich sah. Aber wirklich genau festmachen konnte ich dieses Gefühl als Kind nicht. Es war ein Unbehagen, das mich noch enger an meine Mutter schweißte.

Meine Mutter verdrängte die Erlebnisse viele Jahre, bevor sie auch mir gegenüber offen darüber sprechen konnte. Erst als ich im Teeniealter war, erzählte sie mir von Schlägen und Demütigungen, und ich fiel aus allen Wolken. Ich hatte meinen Vater zwar als sehr distanziert kennengelernt, aber niemals als gewalttätig.

Die unglückliche Beziehung meiner Eltern fand schließlich ein Ende, als ich drei Jahre alt war. Ich blieb bei meiner Mutter, und wir gingen wieder zurück ins beschauliche Kirchheim mit seinen 300 Einwohnern. Ich konzentrierte mich nun vollkommen auf meine Mutter, hängte mich mit Haut und Haaren an sie.

In dieser Zeit lernte ich, Frust und Trauer mit Essen zu kompensieren. Meine Mutter schenkte mir häufig Süßigkeiten, um mir eine Freude zu machen. Ich erinnere mich noch sehr gut daran, wie sie ab und zu Quark mit Erdbeeren und einem guten Schuss Sahne für uns zubereitete. Den liebten wir beide sehr. Ich vergesse nie den fruchtig-sahnigen Geschmack, den dieses Dessert hatte. Noch heute verbinde ich damit Harmonie pur, dieses unbeschwerte Zusammensein und Genießen unserer Lieblingsspeise. Auch das süße und warme Gefühl im Bauch von selbst angerührtem Pudding war sehr beruhigend. Außerdem mochte ich gerne Eis am Stiel, das ich ab und zu als Zeichen von Anerkennung und Zuneigung bekam.

Erstaunlich, wie gut das funktionierte. Ich gewöhnte mich daran, suchte und fand Trost in häufigen Naschereien. Frühmorgens gab es in meiner Kindheit süßen Pfefferminztee und ein üppiges Frühstück. Das reichte für den Vormittag. Am meisten naschte ich nachmittags, nach der Schule ging ich an den Schrank mit Süßigkeiten und Knabbereien. Oft heimlich und mit einem schlechten Gewissen. Ich war als Kleinkind bereits aufs Essen fokussiert. Damals begann die Gier nach süßen Leckereien zu wachsen. Im Moment des Kauens wurde die Gier befriedigt. Für einen kurzen Moment fühlte es sich schön an, den wunderbaren Geschmack auf der Zunge zu spüren.

Um irgendeinen Halt in ihrer schwer beladenen Situation zu haben, war meine Mutter wieder bei ihren Eltern eingezogen, in eine Hälfte eines Zweifamilienhauses. Meine Tante Barbara, Mutters Schwester, ihr Mann Wolfgang und meine Cousine Jennifer, die vier Jahre jünger war als ich, wohnten in der oberen Wohnung. Wir kamen vom Regen in die Traufe. Auch verstand sich meine Mutter nicht gerade blendend mit ihrer Schwester und ihrem Mann. Das Verhältnis war distanziert.

Aber viel schlimmer war: Meine Oma war Alkoholikerin. Sie wirkte immer gereizt, war nie eine Person, die Wärme ausstrahlte. Morgens stand sie immer sehr früh auf und bereitete meinem Opa das Frühstück. Dann weckte sie auch mich und kochte mir meinen geliebten Pfefferminztee. Er stand schon dampfend auf dem Küchentisch, wenn ich erschien. Wenn ich dann mittags von der Grundschule nach Hause kam, stand sie am Herd. Sie bemühte sich immer, etwas auf den Tisch zu bringen. Später ging ich dann raus zum Spielen, trieb mich im Dorf herum, traf meine Freundinnen oder war mit Jennifer unterwegs.

Ich war gerne mit Jennifer zusammen. Sie hatte mich sehr gern und zeigte mir immer wieder ihre Bewunderung für mich »Große«. Manchmal wünschte ich mir, Jennifer und ich könnten Schwestern sein. Ich genoss ihre Zuneigung, wie ich alles an positiven Gefühlen mir gegenüber wie ein Schwamm aufsog. Allerdings war sie immer dünner und zarter als ich, und so verglich ich mich häufig mit ihr. Ich war kräftiger als sie, nicht wirklich dick, aber einfach mehr als sie, die eher wie ein filigranes Ballettpüppchen wirkte. Meine Oma und meine Tante wiesen mich auch häufig darauf hin, dass ich mich etwas mäßigen und mir ein gutes Beispiel an meiner schlanken Cousine nehmen solle.

Wenn ich zwischendurch nach Hause kam, fand ich meine Oma mit dem Kopf auf ihren auf dem Tisch verschränkten Armen liegend. Sie war müde und benebelt. Ich weiß noch, dass sich im Wohnzimmerschrank immer eine Flasche Weinbrand befand, an der sie sich heimlich bediente. Zwischendurch wurde ich auch häufig zu meiner Tante geschickt, um Bier zu besorgen. Meine Tante Gisela, eine Schwägerin meines Opas, hatte einen kleinen Getränkehandel im Keller, in dem sich Eingeweihte ihre Getränke besorgten.

Ich war zu klein, um zu verstehen, dass die ständigen Stimmungsschwankungen meiner Großmutter auf ihre Alkoholabhängigkeit zurückzuführen waren. Meistens motzte sie, manchmal lachte sie überdreht. Es war immer ein kleiner Tick zu viel, um natürlich zu wirken. Ich habe heute noch ihr heiseres Lachen im Kopf.

Als wir dort einzogen, wurde schon nach kurzer Zeit klar, wie belastend die Situation für meine Mutter war: Sie sollte sehr viele Aufgaben übernehmen und rund um die Uhr im Haushalt mitarbeiten. Meine Oma dankte es ihr mit ständigen Nörgeleien. Immerzu hatte sie etwas auszusetzen, keine Leistung wurde anerkannt, egal ob Putzen oder Kochen. Wenn mein Opa von der Arbeit kam, stellte sich meine Oma an den Herd und rührte im Essen herum, damit es so aussah, als hätte sie es gekocht. Ich verstand nicht genau warum, ich sagte auch nichts dazu. Aber ich merkte, wie meine Mutter darunter litt, als faul beschimpft zu werden und den Ansprüchen nicht zu genügen, die an sie gestellt wurden.

Dieses Dürsten nach Anerkennung habe ich eins zu eins von ihr übernommen – wobei ich für einen gesaugten Boden kein Lob brauche. Was mein Äußeres angeht, bin ich jedoch abhängig von regelmäßiger Bestätigung.

Die Ehe meiner Großeltern hatte nie als gutes Vorbild für meine Mutter dienen können. Die beiden gingen distanziert miteinander um. Sie lebten nebeneinanderher. Durch die Trinkerei meiner Oma war der Alltag ihres Mannes noch belasteter. Wir wurden Leidensgenossen, er und ich. Wir gaben uns gegenseitig Nähe und Liebe. Er war ein Anker für mich. Ich wurde für ihn zu einem Lichtblick in seinem grauen Leben. Er nannte mich stets sein »kleines Liebchen«. Jeden Abend saß ich mit ihm zusammen in seinem Fernsehsessel, ich auf einer der Lehnen, den Arm um seine Schultern gelegt, und wir schauten zusammen fern.

Ich genoss seine Zuneigung sehr und besonders die Tatsache, dass er mich meiner Cousine Jennifer vorzog, obwohl ich sie lieb hatte. Sie war die Hübschere, Dünnere, Zartere – eigentlich wäre sie diejenige gewesen, die hätte punkten können. Aber er liebte mich mehr, obwohl ich stämmig und auch plumper war als sie.

Ich fand, ich hatte die Bevorzugung verdient. Schon damals war mir bewusst, dass sie eigentlich alles hatte, was mir fehlte: ein intaktes Elternhaus. Die Schwester meiner Mutter kümmerte sich immer gut um sie. Sie hätte in meinen Augen nicht auch noch mehr Zuneigung unseres Opas verdient.

Ich hatte ein ambivalentes Verhältnis zu den Verwandten: Manchmal tat es weh, eine harmonische Familie mit offen gelebter Nähe zu beobachten. Andererseits hielt ich mich sehr gerne oben in der Wohnung meiner Tante und meines Onkels auf, um Zeit mit meiner Cousine zu verbringen. Die Wärme, die dort um sich griff, tat mir gut und linderte meine ständige Angst, nicht gemocht zu sein. Heute frage ich mich häufig, warum meine Verlustängste und das Buhlen um Zuneigung im Laufe der Jahre nie nachgelassen haben. Die Prägung als Kind war offensichtlich unglaublich nachhaltig.

Der Umgang miteinander ist anscheinend erblich: Meine Mutter hatte bei ihrer Mutter gelernt, was Unnahbarkeit ist. Sie war schon als Kind stark geprägt durch Strenge und Schläge. Als aus ihr eine Mutter wurde, hatte sie noch nicht gelernt, Härte und Lieblosigkeit in Wärme und Nähe zu verwandeln.

Kälte war in ihrer Kindheit Normalzustand. Die Ausnahme war ihr Vater, mein heiß geliebter Opa. Leider war er immer zu schwach gewesen, um mit seiner Freundlichkeit die Feindseligkeiten auszugleichen.

Meine Mutter versuchte dennoch, mich anders aufwachsen zu lassen, mit mir anders umzugehen, liebevoll statt rüde, verständnisvoll statt anklagend. Da sie diese Art des Umgangs selbst nie gelernt hatte, war sie mir gegenüber unbeholfen und wusste nicht so recht, wie sie als Mutter die Bindung zwischen sich und mir hätte aufbauen können. Unsere gegenseitige Abhängigkeit hielt uns fest.

Es gab während meiner Kindheit jedoch auch schöne Momente. Wenn ich zum Beispiel zusammen mit meinen Großeltern zum Einkaufen nach Bad Münstereifel fahren durfte, war das immer ein Event. Ich durfte nach Herzenslust leckere Dinge in den Einkaufswagen legen und tat dies immer sehr sorgfältig und mit Begeisterung. Milchprodukte wie Pudding und Milchreis waren meine Favoriten. Außerdem liebte ich Babybrei und Fruchtgläschen.

Wenn meine Cousine Jennifer uns begleitete, besichtigten wir ausgiebig die Spielwaren-Abteilung. Jennifer war regelrecht verrückt nach den dürren Barbie-Püppchen. Ich weiß noch, wie sehr ich diese Figuren hasste. In meinem Frust machte ich sie Jennifer madig und lästerte darüber.

So ganz konnte ich allerdings nicht von den Idealbildern aus Plastik lassen: Ich kaufte mir sogar die eine oder andere Barbie, weil sie mich auf irgendeine Art doch reizten. Aber ich schwärmte nicht für sie, sondern schnitt ihnen die Haare ab. Eine nach der anderen verunstaltete ich so. Es hatte etwas Befreiendes. Als ich fünf Barbies mit Kurzhaarschnitt versehen hatte, war ich gerade einmal acht Jahre alt.

Puppen habe ich immer gehasst. Anders war es mit Stofftieren – sie konnte ich regelrecht lieben, sie behandelte ich mit allergrößter Sorgfalt. Bei echten Tieren ist es noch heute so, dass ich ihnen sofort mein grenzenloses Vertrauen schenken und ihnen bedingungslos Liebe geben kann. Menschen nicht.

Ob die Kälte meiner Oma, ob die Wärme meines Opas: Beide hatten großes Verständnis für meine Schwäche für Süßes. In einer Kiste im Küchenschrank waren verschiedene Leckereien gebunkert: Fruchtgummis, Salzstangen, Chips, Bonbons – einfach alles, was Kinder gerne mögen.

Mittags kochte meine Oma meiner Cousine und mir oft Milchreissuppe oder köstliche Pfannkuchen, mit reichlich Zucker bestreut. Denn meine Mutter verdiente mittlerweile als Reinigungskraft eigenes Geld und arbeitete vormittags in der Schule des Dorfes. Meine Oma kümmerte sich um mich, solange meine Mutter unterwegs war. Auch ohne Job hatte meine Mutter sich mir selten richtig widmen können. Sie musste kochen und putzen und war mit den Auseinandersetzungen mit ihrer Mutter beschäftigt. Ich spürte damals deutlich, dass die beiden nicht miteinander klarkamen. Meine Mutter versuchte verzweifelt, einen Weg zu finden, damit sie mich nicht mit meiner Großmutter alleine lassen musste, deren Sinne durch den dauerhaften Alkoholkonsum zusehends benebelt waren.

Irgendwann bekam meine Mutter eine Stelle als Kindermädchen bei einer Arztfamilie. Man hatte ihr angeboten, mich zur Arbeit mitzubringen. Dahinter steckte die Idee, dass ich mit dem kleinen Sohn dort würde spielen können.

Ich hatte jedoch offenbar schon in dieser Zeit starke Verlustängste: Den kleinen Sohn der Familie lehnte ich vom ersten Augenblick an ab, drangsalierte ihn bei jeder Gelegenheit, nahm ihm sein Stofftier weg, schubste ihn um, versteckte seine Trinkflasche. Wenn meine Mutter den Kleinen in den Arm nahm oder sich ihm zu sehr widmete, kochte es in mir. Ich spürte einen Stich und gleichzeitig die Angst, dass sie ihn zu gerne haben könnte. Wenn sie mit ihm lachte, wurde ich aggressiv. Das sollte er bereuen. Wenn sie mit ihm ein wenig spielte, wurde ich misstrauisch. Ich erinnere mich noch ganz genau, dass ich mich fragte, warum sie eigentlich mit ihm spielte und wie gerne sie ihn wohl mochte.

Ich konnte meine Mutter nicht aus den Augen lassen, nicht, wenn sie ihn wickelte, nicht, wenn sie aufräumte. Ich wollte sie nicht mit ihm alleine lassen. Wenn wir dort übernachteten und sich das Babyfon meldete, stand ich auf und brüllte hinein, er solle still sein. Für meine Mutter muss das unheimlicher Stress gewesen sein.

Aber ich konnte einfach nicht anders. Ich war krankhaft eifersüchtig – aus Angst, meine Mutter teilen zu müssen oder ihre Liebe zu verlieren. Sie war die Einzige, die ich außer meinem Opa hatte. Sie war die Einzige, die ich ganz für mich haben wollte. Verlustängste und damit verbundene Aggression sind mir bis heute geblieben. Gefühle, die ich am besten zeigen und zulassen kann. Negative.

KAPITEL 2

Essen

Meine Gefühle als Süchtige rund ums Essen sind vielfältig: Vor dem Essen freue ich mich auf das, was kommt. Ich stelle mir die Konsistenz im Mund vor, den Geschmack. Ich beschäftige mich mit dem Gedanken an das Essen. Die Vorfreude auf das, was ich gleich haben darf, wächst.

Auf der anderen Seite habe ich aber gleichzeitig ein schlechtes Gewissen, weil ich kurz davor bin, schon wieder etwas zu essen. Da weiß ich, dass ich mir damit schade. Aber die Vorfreude überwiegt, und deshalb nehme ich die Schäden, die dabei entstehen, in Kauf.

Während des Essens denke ich gar nicht. Da genieße ich, schlemme ich, und die negativen Gedanken treten zeitweise in den Hintergrund. Es ist, wie wenn man ein paar Gläser guten Weines genießt. Man wird leicht benebelt und fühlt sich für den Moment gut.

Nach dem Essen kommt das böse Erwachen. Es drückt und zwickt. Der Magen ist voll. Wut macht sich breit: »Warum hast du schon wieder so viel gefressen?« Es ist so paradox: Während die Gier auf Essen aufkeimt, weiß ich genau, wie ich mich hinterher fühlen werde: schwach und wertlos. Aber die Gier ist stärker als der Verstand. Die Freude auf die Kompensation, die Beschäftigung, den Geschmack im Mund überwiegt alles andere.

Adipöse, also Fettsüchtige, können entgegen allen Vorurteilen tatsächlich jeden Bissen genießen, auch wenn es so viele sind. Es schmeckt ja in der Tat. Und gleichzeitig wird die emotionale Leere gefüllt.

Das ist heute so, wie es damals war.

*

Wer weint, ist schwach. Das habe ich als kleines Kind von meiner Mutter gelernt und über viele Jahre verinnerlicht.

Diese Überzeugung konnte ich zum Glück ablegen. Ich finde mittlerweile, dass Menschen, die weinen können, stark sind. Wenn sie wirklich triftige Gründe haben und nicht nur selbstmitleidig sind, stört es mich nicht. Ich selbst kann allerdings nicht gut Tränen zeigen.

Enorme Ansprüche an mich selbst verbieten es mir seit frühester Kindheit, Schwäche zuzulassen. Zumindest nach außen. Schwäche zu zeigen macht angreifbar. Kompensieren dagegen muss auch ich, seit ich denken kann. Trost ist heute und war damals das Essen.

Ich brauchte es immer. In der Grundschule war ich später eine mittelmäßige Schülerin. Meine Gedanken schweiften häufig ab. Ich versuchte, vorauszuahnen, in welchem Zustand meine Mutter sein könnte, wenn ich nach Hause käme: ob sie lächeln oder ihr Gesicht Spuren von Tränen zeigen würde, weil es erneut Streit mit meiner Oma gegeben hatte.

Ihre Verfassung war immer abhängig von anderen – meist negativen – Einflüssen. Meine Mutter reagierte auf ihr Umfeld, sie war in ihrem Glück immer abhängig von anderen. War sie entspannt, hatten wir ein schöneres Leben. Ich hatte als Kind nie das Gefühl, etwas ausgleichen zu können.

Dabei war ich in gewisser Weise ihr einziger Grund für Glück. Sie klammert sich noch heute an mich, ist bei allem, was ich mache, übermäßig stolz. Sie definiert sich zu einem großen Teil durch mich, macht mich zu ihrem Lebensmittelpunkt.

Der Druck und die permanente Kritik meiner Oma waren für meine Mutter mit der Zeit immer weniger auszuhalten. Sie suchte nach einer Lösung, auf der Hand lag eine räumliche Trennung. Durch die Putzstelle in der Schule des Dorfes verschaffte uns meine Mutter die Chance zum Absprung: Wir zogen innerhalb des Dorfes in eine eigene Wohnung, als ich fünf Jahre alt war.

Es war gut, etwas Distanz zu meiner Großmutter zu bekommen. Allerdings fehlte mir die Nähe zu meinem Großvater. Es zog mich seinetwegen immer wieder zurück. Ich besuchte ihn fast jeden Tag.

Zu Hause genoss ich ansonsten die Ruhe, die durch die räumliche Trennung einkehrte. Meine Mutter wirkte auf mich nicht mehr so schreckhaft, ging nicht mehr nur gebeugt, so als wollte sie sich vor erneuten verbalen Schlägen ducken. Ich hatte sie voll und ganz für mich alleine. Ich erinnere mich an Tage, wie sie für andere Kinder wohl normal waren: Ich kam nach Hause, und auf dem Herd dampfte das Essen. Wir aßen gemeinsam zu Mittag. Diese Gelegenheiten waren rar und kostbar.

Ich nahm solche Mahlzeiten ganz anders wahr als das Naschen und die Völlerei, wenn ich alleine war. Der Unterschied war, dass ich dabei ein unbelastetes Gefühl von Wärme und Geborgenheit in mir spürte. Sie kümmerte sich. Sie war in diesen Momenten meine Mutter. Harmonie, Freude, Lachen, Ausgelassenheit füllten mich aus. Wenn ich naschte, versuchte ich nur, emotionale Löcher aufzufüllen. Kein intaktes Elternhaus, keine Freunde, meine trunksüchtige Oma – es gab vieles zu kompensieren.

An erfüllten, guten Tagen gingen meine Mutter und ich zusammen einkaufen oder einfach nur spazieren, ließen uns treiben, wir lachten zusammen und hatten unbeschwerte Stunden. Ich war glücklich.

Meine Mutter leider nicht – wie ich viel später erfuhr. Sie fühlte sich einsam, wollte gerne ausgehen, wollte noch etwas erleben. Wohl mit schlechtem Gewissen, aber dennoch ließ sie mich stundenweise alleine, nachdem sie mich zu Bett gebracht hatte. Ab und zu gönnte sie sich ein paar Stunden in einer Euskirchener Diskothek.

Ansonsten arbeitete sie zusätzlich tageweise von 18 bis 22 Uhr in einem Hotel in Bad Münstereifel. Meistens schlief ich tief und fest und realisierte nicht, dass ich alleine in der Wohnung war. Bis zu einer furchtbaren Nacht, von der ich heute noch träume.

In dieser Nacht standen meine Großeltern plötzlich an meinem Bett, weckten mich und packten meine Sachen. Sie würden mich mit zu sich nach Hause nehmen, meine Mutter sei nach einem Autounfall, bei dem sie Beifahrerin gewesen war, schwer verletzt in ein Krankenhaus gebracht worden. Bis ich sie das erste Mal wiedersehen durfte, sollten Wochen vergehen. So lange kam ich wieder bei meinen Großeltern unter.

In dieser schrecklichen Zeit des Bangens um meine Mutter griff ich häufiger zu den Süßigkeiten im Küchenschrank meiner Großeltern und den Naschereien im Kühlschrank wie Quarkspeise, Joghurt und Pudding. Selbst gesunde Nahrungsmittel wie einfache Haferflocken verwandelte ich mit viel Zucker und Milch in Kalorienbomben. Eine volle Schüssel Müsli aß ich häufig zwischendurch. Das lenkte mich ab, füllte mich auf, ich war nicht mehr so »leer«. Im Empfinden, jetzt noch nicht einmal mehr meine Mutter zu haben, hatte ich ständig Hunger. Das Gefühl, nicht gewollt, nur geduldet zu sein, wollte nicht weichen. Aber ich musste meine Ess-Attacken mittlerweile verheimlichen. Es wurde nun auch manchmal kritisiert, dass ich so viel aß.

Meine Oma war durch den Alkohol gereizt und aggressiv, meine Tante war zwar nett, gab mir aber nie ausreichend das Gefühl, wirklich willkommen zu sein. Wenn ich gefragt wurde, ob ich mitessen wolle, druckste ich herum. Aber natürlich wollte ich: um zu essen, aber auch wegen der heilen Welt, in die ich dann kam. Die Familie meiner Cousine war immerhin vollständig.

Vier Monate musste meine Mutter im Krankenhaus verbringen, bis sie nach schwersten inneren Verletzungen und gebrochener Hüfte stabil genug war, um nach Hause entlassen zu werden. Bei meinem ersten Besuch auf der Krankenstation konnten auch dickste Schichten Schminke die zahlreichen Blutergüsse und Schwellungen in ihrem Gesicht kaum verdecken. Ich war geschockt. Aber ich war auch gleichzeitig glücklich. Ich hatte den Beweis: Meine Mutter lebte und würde bald zu mir zurückkehren.

Eines Tages kam mir an der Bushaltestelle meine Tante entgegengelaufen und rief: »Die Mama ist wieder zu Hause!« Ich ließ meine Schultasche fallen und rannte zum Haus meiner Oma. Dort angekommen, fiel ich meiner Mutter atemlos um den Hals. Wir weinten beide vor Glück. Aber meine Ängste waren nach diesen Erlebnissen noch intensiver. Der Unfall hatte meine nagende Sorge, meine Mutter zu verlieren, verstärkt.

Zerrissenheit und Ambivalenz prägten mein Leben, in dem Glück und Unglück so dicht beieinanderlagen. Die Idylle auf dem Dorf, viel Grün, kaum Verkehr, viele Plätze für Abenteuer und Spaß. Auf der anderen Seite Kälte innerhalb der Familie, Alkoholismus, die Anfeindungen meiner Oma gegen meine Mutter. Härte, immer wieder Härte. Ich habe so bitter gelernt, wie die Erfahrungen in der Kindheit das ganze weitere Leben begleiten.

Als ich sechs Jahre alt war, lernte meine Mutter auf der Kirmes einen Mann kennen. Gerhard sah adrett aus, war groß und stattlich. Er war 13 Jahre älter als sie, höflich und nett zu ihr. Die Sympathie stimmte. Man lernte sich näher kennen. Leider nicht gut genug.

Gerhard stellte nach einiger Zeit der Annäherung fest, dass meine Mutter dringend aus ihrem Umfeld in Kirchheim weg müsse, aus der Nähe meiner sie ständig vereinnahmenden Oma. Das könne doch so mit der »Alten« nicht weitergehen, diese »Sklaverei« müsse ein Ende haben, so sagte Gerhard wörtlich. Und selbstverständlich traf er damit bei meiner Mutter ins Herz. Richtig geliebt hat sie ihn wohl nicht. Aber sie dachte, sie würde sich an ein gemeinsames Zusammenleben gewöhnen. Der Umzug wurde beschlossen – und er sollte mir die schlimmsten Jahre meiner Kindheit bescheren.

Meine Mutter war 26, als wir nach Euskirchen zogen. Eine Metropole – im Vergleich zum geliebten kleinen Dorf, das wir verließen. Es war wie ein Kulturschock für mich, das Mädchen vom Lande. Der Abschied fiel mir schwer, ich war heimwehgeplagt und überzeugt, niemals neue Freunde zu finden und mich niemals in diesem neuen Leben zurechtzufinden – in einem aus heutiger Sicht Städtchen mit gerade mal 50.000 Einwohnern. Ich stieg sogar einmal heimlich nach Schulschluss in einen Bus nach Kirchheim ein, um nicht nach Euskirchen zu müssen.

Die Umstellung fiel mir so schwer. Meine Mutter hatte mich zwar im Vorfeld ausreichend vorgewarnt, dass Gerhards Wohnung im Hochhaus extrem unordentlich und nicht gerade schön eingerichtet war. Sie war aber voller Pläne und hatte sich fest vorgenommen, ein trautes Heim für uns drei daraus zu zaubern.

Als ich die Wohnung das erste Mal betrat, war ich fasziniert: Ich starrte auf vier Reihen übereinandergestapelter Konservenbüchsen. Das Geschirr türmte sich in der Spüle, und auch sonst war die Küche alles, nur nicht sauber. Auch der Rest der Wohnung war eine typische Junggesellenbude. Meine Mutter bezeichnete sie als »Horrorbude«. Alles war irgendwie bunt zusammengewürfelt und verwohnt.

Ich war von meiner Mutter und meiner Oma immer penibelste Sauberkeit gewohnt. Unsere Wohnung und das Haus meiner Großeltern waren immer blitzsauber und aufgeräumt. Meine Mutter hatte solch große Hoffnungen, auch Gerhards Leben umkrempeln zu können. Dass sie mit dem Umzug in ein neues Leben vom Regen in die Traufe gekommen war, wollte sie nicht wahrhaben. Unsere Couch brachten wir mit, die alte war mehr ein Klappsofa, auf dem Gerhard auch schlief. Sie wurde dann viele Jahre als Bett im Schlafzimmer genutzt. Nach und nach wurden auch mal neue Möbelstücke besorgt.

Anfangs lief es gut: Die beiden arrangierten sich, stellten sich aufeinander ein. Gerhard arbeitete als Monteur und verdiente nicht schlecht. Besonders guten Lohn brachte die Arbeit auf Montage, dann war er zeitweise unterwegs. Ich weiß noch, dass meine Mutter mich dann mit seinem VW-Bus zur zwölf Kilometer entfernten Grundschule fuhr.

Als Gerhard in unser Leben kam, war er immer sehr zurückhaltend, freundlich und gab mir stets das Gefühl, dass er mich akzeptierte. Gleichzeitig war er aber auch immer defensiv und etwas distanziert. Gesprochen haben wir nie viel. Wenn wir uns sahen, lief der Fernseher. Wenn wir uns über den Weg liefen, sprachen wir über oberflächliche Themen. Über schulische Dinge haben wir kaum gesprochen, weder er noch meine Mutter hätten mir mit ihrem eigenen schulischen Hintergrund viel helfen können.

Das Schicksal nahm seinen Lauf, als Gerhard seine Arbeit verlor. Er saß ab da nur noch nutzlos zu Hause herum. Der Frust saß tief, und es wurde immer schlimmer, da er keinen schlechter bezahlten Job annehmen wollte. Der Stubenhockerei schlossen sich Kneipentouren an.

Anfangs begleitete ihn meine Mutter noch. Leider tranken beide häufiger ein Glas zu viel, und der Abend endete mit massiven Streiten und lauten Auseinandersetzungen. Immer schon war Gerhard ein Alkoholiker gewesen, hatte aber die Arbeit als Regulativ nutzen können. Er riss sich dann am Riemen, um seinen Job nicht zu gefährden.

Jetzt hatte er aber nichts mehr zu verlieren. Der Reiz, der in der ersten Beziehungsphase von meiner Mutter ausgegangen war, verlor wohl an Wirkung. Ihr Einfluss auch. Es begannen 13 Jahre, die ich am liebsten ausradieren würde. Seinen Frust ließ er zunehmend an meiner Mutter aus. Seltsamerweise zu Beginn nie an mir. Erst später, als ich anfing, aktiv meine Mutter zu verteidigen, gerieten auch wir aneinander.

Wenn Gerhard betrunken war, dann beschimpfte er meine Mutter und beleidigte sie auf das Übelste. Wenn er aus der Kneipe kam, machte er seine Runde durch die Wohnung und fragte meine Mutter, was sie noch in seinem Leben zu suchen hätte: »Verschwinde doch endlich! Bist du immer noch da?« Mir sagte er, ich solle meiner Mutter ausrichten, »die blöde Kuh« solle ausziehen.

War meine Mutter nüchtern, blieb es bei seiner kleinen Ansprache, wie unerwünscht wir seien. Wenn meine Mutter dann schwieg, legte sich Gerhard irgendwann ins Bett und schlief seinen Rausch aus. Hatte meine Mutter ebenfalls getrunken, ging es rund: Sie schrien sich an, beleidigten sich, wurden handgreiflich, gingen aufeinander los.

Auch der Versuch meiner Mutter, die Geldsorgen, die durch Gerhards Arbeitslosigkeit entstanden waren, zu beseitigen, sollte an diesen häuslichen Auseinandersetzungen nicht viel ändern. Durch ihre Kneipenbesuche und Ausflüge in Bars war meine Mutter im Gespräch mit anderen Frauen auf die Idee gekommen, in Nachtclubs hinter dem Tresen zu arbeiten, wo es gutes Trinkgeld geben würde.

Gerhard bestärkte sie darin und fuhr sie sogar zu ihren Jobs. Immerhin war sie die Alleinverdienerin, das war ihm klar. Ihre Arbeitszeiten waren sehr unterschiedlich. Meist fuhr Gerhard sie am Nachmittag zum Club und holte sie gegen Mitternacht wieder ab. Manchmal wurde es aber auch vier Uhr morgens, wenn dort viel Betrieb war.

Wenn Gerhard wusste, dass er sie abholen musste, blieb er nüchtern. Ansonsten ging er gerne auf Sauftour. Er suchte dann in der

Wohnung nach Geld und zog mit Kumpels los. Meine Mutter versteckte das Geld schließlich unter ihrem Kopfkissen oder bei mir im Zimmer.

Für mich war es wichtig, zu hören, wenn sie nachts nach Hause kam. Denn ich konnte immer erst tief schlafen, wenn ich sie sicher zu Hause wusste. Morgens schlief meine Mutter dann länger. Sie musste nachholen, was ihr durch die Nachtschichten an Schlaf fehlte.

Wenn das Gespräch auf ihre Arbeit kam, wurde sie stiller, lenkte ab. Was ich nicht wusste: Die Arbeit vergiftete die Seele meiner Mutter noch mehr. Erst später erfuhr ich, wie ihr Arbeitsumfeld ausgesehen haben muss. Die Bardamen in den Nachtclubs liefen oben ohne herum. Es floss viel Alkohol. Wer es schaffte, die männlichen Gäste lange am Tresen zu halten, und viel Umsatz machte, verdiente sich Extra-Provisionen. Meine Mutter wurde ständig angetrieben, es den anderen gleichzutun.

Ich wusste, dass meine Mutter nachts arbeitete, aber lange Zeit nicht genau, was sie tat. Bis zu dem Tag, als eine Nachbarin auf der Straße auf uns zukam und meine Mutter anherrschte, sie solle mir doch endlich einmal die Wahrheit sagen: Meine Mutter sei eine der Frauen, die sich vor Männern auszog. Mir als Kind sollte sie doch reinen Wein einschenken. Meine Mutter weinte. Es war ihr unheimlich peinlich. Sie schämte sich, gab aber dann zu, sich auszuziehen, sich auch anfassen zu lassen – von fremden Männern, für Geld.

Ich wusste in der Situation nicht, was schlimmer war: die Wahrheit über die Tätigkeit meiner Mutter zu erfahren oder die Peinlichkeit zu erleben, sich von der Nachbarin derart beschmutzen lassen zu müssen.

Immer schon hatte ich von einem geregelten Leben geträumt, immer schon hatte ich mir gewünscht, meine Mutter hätte einen stinknormalen Bürojob, von dem sie um 17 Uhr nach Hause kommen würde, und dass sie sich um ihre Tochter kümmerte. Ich hatte damit leben gelernt, dass die Arbeitszeiten meiner Mutter nicht wirklich zu den Bedürfnissen eines Kindes passten. Aber dass sie in ihrer Arbeit Dinge tat, über die man nicht sprechen konnte, die anrüchig waren, ja sogar unanständig – das traf mich hart. Ich war zwölf Jahre alt und musste mir vorstellen, wie fremde Männer von meiner halb nackten Mutter bedient wurden.

Aber sie verdiente unser aller Lebensunterhalt. Er trug Teile davon in die Kneipe. Ich war häufig ganz alleine, wenn meine Mutter arbeitete und Gerhard auf Sauftour war. Nur selten kochte er mittags oder nahm mich mit zum Einkaufen, wo ich meist große Mengen Milchprodukte einheimste. Wir achteten nicht allzu sehr auf Geld, kauften gerne gutes Fleisch, auch frisches Gemüse und Obst. Gerhard mochte gerne Nudeln mit eingemachten Pflaumen darauf, dafür konnte er mich ebenfalls begeistern. Er liebte Eintöpfe, so wie ich auch. Wenn wir aßen, hatten wir Berührungspunkte, und es gab einen Hauch von Zusammengehörigkeit und Nähe. Es gab dann seltene, aber nahezu lustige, friedliche Momente. Wir neckten uns mit Joghurt in allen Varianten, ich aß zu viel davon, und er bekam kaum etwas ab. Beim Essen hatten wir einiges gemeinsam – aber sonst auch nicht.

Immer häufiger – und irgendwann täglich – lief ich mit meinem Taschengeld zur Tankstelle einige Hundert Meter weiter. Dort gab es ein kleines Sortiment an Lebensmitteln. Ich deckte mich mit Fertig-Nudelgerichten und Süßigkeiten ein. Ab und zu unternahm ich auch einen längeren Spaziergang in einen Supermarkt, der zwei Kilometer entfernt in der Innenstadt lag. Dort war die Auswahl viel größer, der Nährwert der Lebensmittel, die ich einkaufte, jedoch nicht zwingend besser. Auch hier achtete ich auf unkompliziertes Zubereiten und den Genussfaktor, den Glücklichmacher für mein Leben. Ich schaute mich gerne im Supermarkt um. Das Bummeln durch die Gänge, vorbei an den Regalen voller Lebensmittel, war für mich ein toller Zeitvertreib, den ich sehr genoss.

Nur einmal kaufte ich etwas Nachhaltiges: Ich verliebte mich in eine Palme. Sie sollte nur mir alleine gehören. Ich schleppte sie nach

Hause und pflegte sie mit Stolz und Liebe. Diese Pflanze war etwas Lebendiges, was von mir abhängig war, von meiner Zuneigung, von meiner Verantwortung. Niemand sollte sie mir wegnehmen. Niemals sollte sie eingehen (ich habe sie übrigens noch heute und hüte sie wie meinen Augapfel).

Ich war glücklicher alleine als in Gesellschaft von Gerhard. Ich ging ihm aus dem Weg, so gut ich konnte. Denn mit der Zeit wurde der Umgangston dauerhaft rüde und beleidigend. Gerhard hatte jedes Maß verloren. Es gab keinen Satz mehr, der kein Schimpfwort enthielt. Meine Mutter nannte er nie mehr beim Vornamen, sprach – meist betrunken – von ihr nur noch als »Schlampe«. Nur nüchtern war er manchmal auszuhalten.

Im Alleinsein begann ich endlich, einen Vorteil gegenüber anderen Jugendlichen zu spüren: Ich hatte Freiheit, die sie nicht hatten. Mit dem Taschengeld, das ich von meiner Mutter bekam, versorgte ich mich ausreichend mit Jugendzeitschriften und Essen. Ich konnte machen, was ich wollte. Wenigstens etwas, was ich anderen Jugendlichen voraushatte, dachte ich trotzig.

Mein Zimmer war tadellos gepflegt: Wenn der Rest der Wohnung schon dreckig und vernachlässigt war, dann hatte ich doch wenigstens mein kleines, sauberes Reich. Auf meinem Bett durfte niemand sitzen, außer mir. Es war mein Rückzugsgebiet. Ich las haufenweise die Groschenromane meiner Mutter, die, wie ich, gerne in diese heile Welt flüchtete. Meine war bestimmt von Lesen, Essen und Musik.

Eine Schallplatte von James Last, die ich in Gerhards Sammlung gefunden hatte, hörte ich häufig. Ich durfte Gerhards Plattenspieler ausleihen, und so saß ich vor meinem Schrank auf dem Boden und hörte die schwermütigen Balladen. Ich genoss die Melancholie, den angenehmen Schmerz, der von dieser Musik ausging. Besonders intensiv berührte mich der Song *Ballade pour Adeline*. Er ging mir durch und durch. Ich sog den Refrain mit geschlossenen Augen ein. Dieser Trübsinn gab mir gleichzeitig Kraft, vielleicht weil ich selten so tief berührt wurde.

Wenn ich einmal mein Zimmer verließ, trieb ich mich im und um das Hochhaus herum. Denn ich hatte ja massig freie Zeit. Als ich zwischen sechs und zwölf Jahre alt war, kümmerte sich niemand um mich. So tobte ich durch die Wohnung, über Sofas und Sessel, trainierte Handstand im Flur, übte, so schnell wie möglich die Treppen im Hochhaus aus dem siebten Stock nach unten zu bewältigen. Ich war schneller als der alte Aufzug, den ich unbemannt als Wettkampfgegner ins Erdgeschoss fahren ließ. Andere spielten mit Freunden, ich rannte um die Wette mit einer Maschine.

Ansonsten blieb Essen ein wichtiger Bestandteil meines Tages. Ich kaufte an der Tankstelle Süßes, wartete auf den Eiswagen, plante das Abendessen. Dazwischen lief ich Rollschuh bis in die nahegelegenen Felder, fuhr mit dem Fahrrad umher, trieb mich auf dem Spielplatz herum, ohne wirkliche Freundschaften aufbauen zu können.

Der einzige Junge, der sich mit mir abgab und der mir keine Schläge androhte, war ein Rüpel namens Felix, der mir auffiel, weil er stets Kippen in den Containern draußen suchte. Er mochte mich und beschützte mich vor den anderen Jungs, die mich häufig umzingelten und mir eine »klatschen« wollten. Ich besorgte ihm dafür Zigaretten aus den Vorräten meiner Mutter. Wir hatten unbeschwerte Stunden zusammen. Meistens war ich jedoch alleine und aß oder strolchte herum.

Der Keller des Hauses war ein bisschen unheimlich und zog mich magisch an. In der Kellerparzelle neben unserer entdeckte ich ein Regal mit eingemachtem Obst. Ich kletterte über die Holzgitter in den anderen Keller und stibitzte dort ein Glas. Ich kam mir richtig verwegen vor.

Die geklaute Leckerei schmeckte besonders gut. So gut, dass ich in den folgenden Monaten immer wieder Diebeszüge in den Keller unternahm. Ich kam durch die Freiheit, die ich hatte, auf viele dumme Ideen. Sogar ein Paket, das auf den Briefkästen im Hausflur lag, entführte ich einmal in die Wohnung und öffnete es neugierig, im vollen Bewusstsein, dass ich etwas Strafbares tat. Ich hatte nie vor, das Paket zu behalten. Ich wollte einfach etwas Verbotenes tun und Einblick in die Privatsphäre eines anderen Menschen erhalten.

Es war eine Lieferung Fachbücher für eine Frau, die ich wegen ihrer grellroten, hochtoupierten Haare, ihres stark geschminkten Gesichts und der spitzen Nase immer als Hexe tituliert hatte. Ich legte das Paket nach Befriedigung meiner Neugierde wieder auf die Briefkästen zurück. Am nächsten Tag las ich einen Zettel an der Pinnwand, dass die Besitzerin des Paketes Anzeige gegen Unbekannt erstattet hatte. Es war mir den Kick wert gewesen.

Weil die Ankunft des Eiswagens in der Nachbarschaft im Sommer ein Highlight war, bereitete ich mich stets bestens vor, um schnell auf sein Signal reagieren zu können. Den Wohnungsschlüssel steckte ich früh genug in die Hosentasche, und dann musste ich sprinten. Denn ich musste ja sieben Stockwerke hinunterlaufen, um ihn noch zu erreichen. Er hielt lediglich eine knappe Minute, dann war er weg. Um nichts in der Welt wollte ich ihn verpassen.

Ich kaufte mir dort immer riesige Eismengen. Mindestens fünf Kugeln mussten es sein. Hatte ich noch mehr Geld zur Verfügung, durften es auch mal zehn sein. Ich war nie satt, mein Appetit, meine Gier selten gestillt. Wenn wir Wassereis-Stangen im Gefrierschrank hatten, lutschte ich manchmal 30 Stück am Tag, eine nach der anderen. Dabei hörte ich Marianne-Rosenberg-Kassetten im Wohnzimmer. Sie gehörten zu den wenigen Dingen, die meine Mutter nach der Scheidung von meinem Vater mitgenommen hatte. Mein Vater war wohl ein großer Fan gewesen. Warum meine Mutter diese Erinnerung erhalten wollte, wurde mir nie ganz klar. Vielleicht wollte sie ihm auch einfach etwas wegnehmen, was ihm viel bedeutete.

Immer mehr wurde ich abhängig von Essen, wurde immer hungriger und exzessiver bei den Mahlzeiten. So wurde ich auch Stammgast beim Imbiss um die Ecke. Ein oder zwei Hamburger aß ich auf dem Weg und stoppte an der Tankstelle für Nachtisch. Ich plante den ganzen Tag um das Essen herum.

Wenn ich etwas aß, konnte ich nicht genug bekommen. Ich weiß gar nicht, wo ich diese Unmengen an Kalorien als junger Mensch hinsteckte. Da ich wild, unruhig und viel in Bewegung war, wurde ich wohl als Kind und dann als Jugendliche nicht richtig dick. Ich war groß, die kleinen Pölsterchen verteilten sich zunächst gut. Es blieb erst einmal bei der stämmigen Figur, die später zu einer weiblichen mit ausgeprägten Rundungen wurde.

Die Flucht in die Welt von Fett und Zucker war mir die einzige Erleichterung in einem Alltag, der kaum noch zu ertragen war. Meine Mutter war kaum zu Hause. Gerhards Sauftouren wurden immer ausgedehnter. Seine Wutausbrüche richteten sich jetzt auch gegen mich.

Immer häufiger torkelte er nachts aus der Kneipe betrunken nach Hause. Nicht nur einmal nestelte er am Schlüsselloch herum und fluchte, weil ich nicht aufgestanden war und ihm die Tür geöffnet hatte.

Eine Situation habe ich noch besonders gut in Erinnerung: Ich schreckte mitten in der Nacht hoch. Voller Panik befürchtete ich Einbrecher. Verängstigt kauerte ich im Türrahmen meines Zimmers und wartete ab, was passierte, das Telefon fest im Blick. Ich war bereit, die Polizei zu alarmieren.

Als die Tür aufging, stand Gerhard sturzbetrunken da, Einkaufstüten in der Hand. Er war aus dem Supermarkt direkt in die nächste Kneipe gelaufen und dort geblieben. Jetzt strauchelte er, heftete seinen Blick auf mich, die immer noch erstarrt da stand, teils erleichtert, teils irritiert. Er geriet in Wut, schleuderte mir die Einkaufstüten entgegen und herrschte mich an: »Du blödes Schwein, warum hast du mir nicht die Tür aufgemacht? Du hast doch gehört, dass ich komme! Dumme Schlampe!«

Trotz meiner Panik blendete ich die Angst aus: Ich rastete aus. Unkontrolliert trat ich die auf dem Boden liegenden Lebensmittel durch die Gegend und schrie, was das Zeug hielt. Ich verlor völlig die Nerven, monatelanges Dulden, das lange Schweigen zu all den Beleidigungen – die letzte brachte das Fass endgültig zum Überlaufen.

Gerhard sah aus wie ein Wahnsinniger. Er trat auf mich zu und drohte mir mit Schlägen, wenn ich nicht sofort aufhörte. Da kam meine Angst zurück: Ich traute ihm zu, dass er in seiner Wut mir gegenüber zum ersten Mal tätlich werden könnte, und hatte das Gefühl, dass ihn diesmal auch nicht die Tatsache zur Besinnung bringen würde, dass er einem Kind gegenüberstand.

Ich begann zu heulen, knallte meine Zimmertür so heftig zu, dass ich fast Angst hatte, sie würde aus den Angeln springen. Aus dem Flur hörte ich Gerhard drohen, er würde gleich hinterherkommen. Er schimpfte laut vor sich hin, schrie, ich solle am nächsten Morgen die Schweinerei wegmachen, sonst würde er sich vergessen.

Ich fühlte mich gedemütigt und so alleine gelassen. Niemand half mir, niemand verteidigte mich, niemand beschützte mich. Ich war zutiefst verstört, konnte nur hören, wie Gerhards Wut vor dem Fernseher abnahm, seine Stimme leiser wurde, die Kraftausdrücke weniger. Er fluchte nur noch verhalten vor sich hin. Dann war er endlich still.

So merkwürdig es klingt, an Gerhards Schreiattacken und Brüllpredigten gewöhnte ich mich schließlich. Unser Leben plätscherte vor sich hin. Ich ging ihm weiterhin aus dem Weg. Wenn er nachts durch die Wohnung torkelte, lernte ich, wieder einzuschlafen. Meine Mutter sah ich kaum. Sie arbeitete weiterhin die Nächte durch in Bars und Kneipen. Und ich füllte die fehlende Nähe mit Essen.

Der Kühlschrank war mein Zufluchtsort, an dem ich mich gerne aufhielt, aus dem ich mich gierig bediente. Manchmal bekam ich nach dem ganzen süßen Zeug Hunger auf Wurstaufschnitt. Manchmal verputzte ich ein ganzes Paket gekochten Schinken –

ich mochte den saftigen, salzigen Geschmack. Käse schnitt ich fingerdick vom Stück. Dann bestrich ich Toastbrotscheiben dick mit Nutella, manchmal bis zu sechs Stück nacheinander. Es war fast schon ein Ritual, Scheibe für Scheibe zuzubereiten. Ich nahm alles mit in mein Zimmer, aß genüsslich, ging dann wieder zurück zu Kühlschrank und Toaster.

War Gerhard nicht zu Hause, breitete ich mich im Wohnzimmer aus und schaute fern. Die Angst vor Gerhards Eintreffen stieg mit jeder Stunde. Kam er früh, konnte er nicht besonders betrunken sein, und ich war erleichtert, wenn ich ihn an der Wohnungstür hörte. Dann war alles noch mal gut gegangen für den Abend, und ich konnte mich auf eine gute Nacht freuen.

War er jedoch sturzbetrunken, eskalierte die Situation zu Hause: Mehrfach warf er uns im Suff aus der Wohnung, nachdem er uns in lautstarken Hasstiraden klargemacht hatte, wie wertlos wir seien. Nicht nur einmal irrte ich im Schlafanzug, mit Pantoffeln und mit dem Schulranzen auf dem Rücken mit meiner Mutter durch die Dunkelheit. Wir hatten uns vor dem Verlassen der Wohnung das Nötigste zusammengesucht, manchmal reichte es dabei nicht mehr für Schuhe, Schulranzen oder Kleidung. Es war demütigend für mich, und ich quälte mich mit Selbstvorwürfen: Was hatte ich getan? Wieso war ich derart wertlos und verachtenswert? Ich konnte damals als Kind noch nicht verstehen, dass es die kranke Persönlichkeit dieses Menschen war, die uns zu psychischen Wracks machte, und dass uns keinerlei Schuld traf.

Einmal hatten meine Mutter und Gerhard einen derart heftigen Streit, dass er zum Schlafzimmerschrank mit den vielen schönen Kleidern meiner Mutter, die ich als Kind immer gerne anprobiert hatte, lief und sie vom Balkon werfen wollte. Er packte auch die beiden teuren Pelzmäntel, die meine Mutter im Laufe der Zeit von Verehrern aus den Clubs geschenkt bekommen hatte. Ich schrie panisch, um ihn davon abzubringen. Ich rannte ihm hinterher, packte die Mäntel und schaffte es irgendwie, ihm diese aus den Armen zu reißen. Er tobte und sah mich wie irre geworden an. Er schrie, dass er meine blöde Kuh von Mutter gleich auch vom Balkon schmeißen würde. Ich war außer mir vor Angst, schmiss die Mäntel auf das Bett im Schlafzimmer, rannte zurück zu meiner Mutter und umklammerte ihre Beine, hielt sie fest in meinem Klammergriff – aus Angst, er könnte seine Drohung wahr machen. Ich sah schon vor mir, wie sie in die Tiefe stürzte und unten aufprallte. Ich zitterte und jammerte, sie sollten aufhören.

Meine Mutter war so schockiert, dass sie nur stocksteif zusehen konnte. Mein Geschrei veranlasste Gerhard dann irgendwann aufzuhören. Er torkelte vor den Fernseher. Meine Mutter und ich zogen uns ins Schlafzimmer zurück. Ich war völlig aufgebracht und meine Mutter einfach nur hilflos, fast teilnahmslos.

An einem anderen Tag hörte ich, in meinem Bett liegend, die beiden zur Wohnungstür hereinkommen und verkrampfte augenblicklich. Die Lage schien nicht gut zu sein, sie stritten schon beim Hereinkommen. Das konnte nur schlimmer werden. Ich lauschte und war in Wartestellung, ob ich eingreifen musste. Es hätte ja sein können, dass sich die Lage wieder beruhigte, so war es ja schon mal gewesen. Aber es eskalierte. Es wurde immer heftiger, und auf einmal gingen sie aufeinander los.

Ich riss die Zimmertür auf, schrie und zerrte an meiner Mutter. Ich sah, dass Gerhard jammerte und immer wiederholte: »Du hast mir die Nase gebrochen.« Ich zerrte sie in mein Zimmer, mein Herz klopfte bis zum Hals, mein Atem ging stoßweise. Ich dachte, vor Panik ersticken zu müssen. Ich weiß nicht mehr wie, aber irgendwann wurde es wieder ruhig. Wie immer.

Die Situation kannte ich schon. Es war immer gleich: Kochtöpfe wurden geworfen und Messer aus den Schubladen gerissen und gedroht. Einige Male riefen meine Mutter oder ich die Polizei. Die Beamten konnten nicht mehr ausrichten, als Gerhard mit der Ausnüchterungszelle zu drohen, um ihn zu beruhigen. Dann zeigte er sich relativ ruhig und einsichtig, machte sogar noch Scherze.

Mehr als peinlich war es, wenn mich andere Mieter im Haus ansprachen, warum nachts bei uns so häufig geschrien würde. Ich gab offen zu, was bei uns an der Tagesordnung war. Aber niemand tat etwas. Die Leute wollten keinen Ärger. Lieber nicht einmischen, das war die Haltung im Haus.

13 Jahre ging das so. Gerhard demütigte uns, warf uns aus der Wohnung, wir kehrten zurück, er war reumütig. Meine Mutter hat in all den Jahren nie die Kraft für einen Absprung gehabt. Obwohl sie diejenige war, die das Geld ranschaffte und von der Gerhard abhängig war. Immer wieder bat ich sie, uns eine eigene Wohnung zu suchen, sich an das Jugendamt zu wenden, um Hilfe zu bitten. Sie hatte panische Angst vor dem, was sie für einen gesellschaftlichen Abstieg hielt. Sie war gepeinigt von der Sorge, alleine nicht zurechtzukommen, als alleinerziehende Mutter keine Wohnung zu bekommen, geächtet zu werden. Sie hat sich nichts zugetraut, ihr Selbstbewusstsein war durch all die Jahre der Beschimpfungen und des Frustes auf ein Nichts geschrumpft.

Nur selten gab es schöne, familiär anmutende Momente zu Hause. Ich erinnere mich an harmonische Abende vor dem Fernseher, wenn beide nüchtern waren. Es wurde gemeinsam gelacht über das, was auf dem Bildschirm flimmerte, über das, was er ausgesucht hatte. In solchen Situationen aß ich fast normal, keine übergroßen Portionen. Am Tag darauf hatte ich kaum Bedarf an Naschereien außer der Reihe.

Der Alltagsfrust war dennoch übermächtig, die Flucht in den Alkohol war Standardprogramm. Meine Mutter schuftete an Theken die Nächte durch, verdiente gerade genug, um uns alle durchzubringen. Gerhard weigerte sich nach wie vor, eine Arbeit anzunehmen. Wir ertrugen es stillschweigend. Seine Leistung bestand einzig und alleine darin, meine Mutter hin und wieder mal zu ihren Jobs zu kutschieren. Das hatte er mit meinem Vater gemeinsam.

Die Höhepunkte meines unruhigen, überreizten Lebens waren, wenn meine Mutter endlich nach Hause kam. Kribbelig und voller

Vorfreude wartete ich schon im Kinderzimmer auf ihre Rückkehr. Wenn Gerhard sie gegen Mitternacht vom Club abholte, wusste ich, dass dann beide nichts getrunken hatten und friedlich nach Hause kommen würden. Immer brachte sie mir Leckereien mit: Esspapier, geröstete, mit Honig überzogene Erdnüsse, Pudding, den wir am darauffolgenden Tag gemeinsam zubereiten und die unbeschwerten und seltenen Momente der Zweisamkeit genießen würden. Ich schlief dann abends befriedigt und zufrieden ein, meiner Beute bewusst.

An Nasch-Mitbringsel und von meinem Taschengeld bezahlte Süßigkeiten war ich täglich gewöhnt. Ich sah sie als Säule meines Alltags. Es war wohl schon ein Grundstein für meine Essstörung. Denn ich lernte früh, dass ich ohne Essen, dieses hemmungslose Essen, nicht überleben könnte. So stark war meine emotionale Abhängigkeit. Meine Gefühlslage war abhängig von der Nahrungsaufnahme. Satt. Glücklich. Satt, mit aufflackerndem schlechten Gewissen, das ich verdrängte.

Aus heutiger Sicht waren meine Bedürfnisse damals eigentlich minimal: Die vielleicht schönsten Tage meiner Kindheit und Jugend waren die, an denen ich mittags nach Hause kam, meine Mutter stand nüchtern am Herd und bereitete ein Mittagessen zu. Dann war ich der glücklichste Mensch. Ich hatte an so einem Tag berechtigte Hoffnung auf ein normales Familienleben, und wenn es nur für ein paar Stunden war. Dann war sie meine Göttin.

Das wäre für mich ein Leben gewesen, wie ich es gerne gehabt hätte: eine Mutter, die Zeit mit mir verbrachte, die für mich da war. An solchen Tagen waren wir uns sehr nah. Es fühlte sich anders an als die Abhängigkeit, die aus dem Wissen heraus existierte, ohne die andere in einem trostlosen Leben verloren zu sein.

Helfen konnten wir uns nicht. Ich war zu jung, sie war zu schwach. Bei meinen Problemen konnte sie nichts für mich tun, sie war zu sehr mit den eigenen beschäftigt. Meine Mutter war beladen mit ihren Sorgen. Aus heutiger Sicht kann ich das gut nachvollziehen, aber das ändert nichts an der Tatsache, dass sie fehlte, wenn ich sie dringend gebraucht hätte. Meinen ersten Liebeskummer, Probleme in der Schule und die Quälereien der Mitschüler musste ich ganz alleine bewältigen.

KAPITEL 3

Mächtig

Gutes Aussehen ist Macht. Das galt für mich lange Zeit nicht. Ich hatte mich während der Kindheit und Jugend ausgiebig an meine Rolle als hässliches Entlein gewöhnt, ohne Bedürfnis nach schicken Klamotten oder perfektem Make-up. Ich war damals das komplette Gegenteil meines heutigen Ichs. Als Kind ein burschikoser Wildfang, als Jugendliche farblos, heute mit Drang nach äußerer Perfektion.

Die Wende sollte mit 16 kommen: In der Schule wurde ein Schminkkurs angeboten. Eine stets aufgetakelte und zum Vorbild erkorene Mitschülerin erklärte sich bereit, uns Mädchen zu schminken, um zu zeigen, was man in Sachen Schönheit alles an Vorzügen betonen kann.

Dass bei Mädchen mit stabiler Figur ein schön betontes Gesicht auch ein Blickfang sein konnte, war mir nicht bewusst. Ich sah nur meine Mängel: Ich wog 70 Kilo, hatte einen recht dicken Po und stämmige Beine.

Ich fühlte mich erst nicht wohl, war stark eingeschüchtert von der Selbstsicherheit, die meine Mitschülerin umgab. Aber sie änderte mein bis dato eher blasses, farbloses Leben: Ich hatte zum ersten Mal in meinem Leben Wimperntusche und Lippenstift im Gesicht und war fasziniert, welch komplett andere Persönlichkeit, welch hübsches Mädchen mir im Spiegel begegnete, als ich mich zu Hause noch mal eingehend betrachtete und analysierte, was sie getan hatte.

Von da an experimentierte ich daheim mit Farben und Stylingprodukten und wurde immer stilsicherer.

In der Disco bekam ich Komplimente, zum ersten Mal in meinem Leben Aufmerksamkeit, Anerkennung für mein Äußeres. Eine Erfahrung, die mich richtig umwarf. Die Erkenntnis, dass alleine das Aussehen entscheidend sein kann, faszinierte mich zunehmend.

Da machte es Klick in meinem Kopf. Ich verstand: Mit einem attraktiven Äußeren konnte ich also etwas erreichen. Wenn ich auch sonst im Leben noch nicht viel vorweisen konnte – mit Attraktivität hatte ich plötzlich nie gekannten Einfluss und konnte endlich der Randgruppe entkommen! Der Zusammenhang zwischen Schönheit und Erfolg war mir immer bewusst. Paradoxerweise verhinderte dieses Wissen später nicht, dass ich immer fetter und fetter wurde.

*

Doch bevor die Welt der Töpfchen, Tübchen und Tuschen in mein Leben Einzug halten sollte, hatte ich noch einige freudlose Jugendjahre vor mir. Ich kam in die Pubertät, als ich 13 Jahre alt war. Da hätte meine Essstörung ins Gegenteil umschlagen können: Ich stand vor dem Kühlschrank und überlegte, dass es gut wäre, magersüchtig zu sein. Ich würde abnehmen und müsste mich nicht immer mit den schlechten Gedanken herumplagen, die mich heimsuchten, wenn ich so viel aß. Und ich würde mehr Aufmerksamkeit bekommen.

Im Alter von 14 Jahren hatte ich sogar eine Phase, in der ich nur etwas Obst und einen Joghurt am Tag aß und mein Gewicht mehrmals täglich kontrollierte. Auch versuchte ich eine Zeit lang, intensiv Sport zu treiben, eine Stunde lang stramm zu schwimmen oder im Park zu joggen. Danach ging es direkt auf die Waage, und ich war enttäuscht, wenn sie nicht etwas weniger Gewicht als vor dem Sport anzeigte. Ich betrieb sogar Kampfsport, zweimal in der Woche trainierte ich Taekwondo.

Die Waage dominierte meinen Tag. Meistens ging ich frustriert und wütend zum Kühlschrank, schaute, was ich essen könnte, was nicht viele Kalorien hatte. Dann schlug ich aggressiv die Kühlschranktür zu und sagte mir, dass ich mich um Himmels willen beherrschen solle, ich müsste schließlich rank und schlank werden. Ich hatte viele Gründe, wütend auf mich zu sein. In dieser Zeit fühlte ich mich körperlich und seelisch nicht gut. Aber ich war auch nicht stark genug, um durchzuhalten, und fiel wieder in meine Esswut zurück.

Das Verrückte: Die missglückten Versuche, magersüchtig zu werden, führten zu Fressattacken. Ich hätte mich selbst als Normalgewichtige wahrscheinlich viel zu dick gefühlt. Ich mochte mich selbst nicht leiden, obwohl ich für meine Größe und meinen Körperbau mit etwa 70 Kilo höchstens fünf Kilo zu viel auf den Rippen hatte. Ich hasste meinen Po, wegen dem ich schon häufiger gehänselt worden war, und trug deshalb gerne längere Blazer oder Blusen, die ihn verdeckten.

Mein Vorbild waren die dünnen Mitschüler. Und zu denen konnte ich nicht gehören, weil ich anders aussah. Aber ich hatte keine Chance, mein Verhalten zu ändern, wirklich gegen meine Sucht anzukämpfen. Wenn ich mich nicht mit dem Essen beschäftigen konnte, dann musste ich zu viel über unsere familiäre Situation nachdenken.

Meine Mutter trank immer regelmäßiger viel Bier, war sichtbar unglücklich. Ich konnte ihr nicht helfen, versuchte es aber dennoch ständig. Ich fühlte mich für ihr Glück verantwortlich. Ich versuchte, durch intensives Kümmern und viel Zuwendung ihrer Seele Linderung zu verschaffen. Das war sehr anstrengend und überforderte mich.

Mein körperlicher Abstieg war derart meiner ramponierten Psyche unterworfen, dass nichts stark genug war, dagegen anzugehen. Es gab die Sucht nach Kompensation. Es war der innige Wunsch, mich von meinen seelischen Belastungen abzulenken, da ich mir alles so sehr zu Herzen nahm.

Und es gab viel, was ich mir zu Herzen nehmen konnte.

Nehmen wir die Schule: Aufs Gymnasium ging ich aus eigenem Willen. Ich wollte etwas aus meinem Leben machen. Niemals mochte ich so enden wie mein familiäres Umfeld oder Gerhard, dem ich jahrelang zusehen durfte, wie er sein Leben verplemperte und dabei andere mit ins Unglück zog.

Leider war jeder meiner Neuanfänge durch meine unsichere, vor allem unangepasste Art stark erschwert. Ich schaffte es nie, zu den tonangebenden Jugendlichen dazuzugehören. Ich fühlte mich fehl am Platz, weil ich anders war als sie, mir andere Dinge wichtig waren.

Mein Essverhalten wurde immer zwanghafter: Der Gedanke ans Essen beherrschte meinen ganzen Tag. Schon morgens nach dem Frühstück zu Hause machte ich auf dem Schulweg halt beim Bäcker für ein köstliches Schokokuss-Brötchen. Beim Kauen überlegte ich, was ich in der Pause zu mir nehmen könnte. Meist besorgte ich mir am Schulkiosk eine Tüte Chips, gerne auch mal eine Bockwurst im Brötchen. Eine Freundin aus Kirchheim war auch immer ein kräftiges, leicht pummeliges Kind, und wir feierten die Pausen mit Knabbereien und Wurstbrötchen. Es war unsere gemeinsame Freude, bis sie mir später den Rücken kehrte wegen der Hänseleien, die ich alleine abbekam. Sie hatte wohl Angst, dass der Spott auch sie treffen könnte. Und die anderen hetzten sie gegen mich auf.

Ich war dann alleine auf dem Schulhof. Meine einzige Bezugsperson war weg. Das Essen blieb. Mehr denn je. Zweck-Freundinnen hatte ich schon. Mädels, die meist selber übergewichtig waren, sehr gerne aßen und mit denen ich meine Gelüste und Essenswünsche teilen und gemeinsam erfüllen konnte.

An mir als Teenie war alles sauber und gepflegt, zweckmäßig eben. Niemals hätte ich aber mithalten können mit den oberflächlichen Maßstäben, die das Leben Jugendlicher gerne prägt. Damals wie heute lief vieles über die richtige Marke: Trug man sie, gehörte man dazu, als würde man sich ausweisen. Es gab bestimmte Labels, die man zu tragen hatte, besonders bei Jeans gab es quasi Vorgaben. Die Exemplare, um die es hier ging, kosteten jedoch gleich dreimal so viel wie Jeans aus dem Kaufhaus. Ich sah nicht ein, für die gleiche Qualität so viel mehr Geld auszugeben.

Gegen den ersten Eindruck kann man sich kaum wehren. Er verleitet dazu, Menschen in eine Schublade zu stecken, wo sie dann erst einmal bleiben. Ich habe versucht, aus meiner wieder herauszukommen. Ich kaufte mir eine superteure Markenjeans mit einem auffälligen Label hinten auf der Gesäßtasche. Doch als ich damit zum ersten Mal an der Gruppe der Mitläufer vorbeiging, bekam ich die Quittung: Sie lachten über meinen ungelenken, so offensichtlichen Versuch, dazuzugehören. Noch schlimmer, sie verhöhnten mich genau dafür. Ich hatte also genau das Gegenteil erreicht. Ich zog mich wieder zurück in meine gewohnte, vertraute Rolle der Außenseiterin.

Fast überflüssig zu erwähnen, dass auch das Körperideal unter den Jugendlichen an meiner Schule festgelegt war. Man hatte schlank zu sein, sonst war man hässlich in den Augen der anderen. Das hat sich über all die Jahre hindurch nicht verändert: Will man akzeptiert werden, müssen sich Makel in Grenzen halten oder zumindest gut kaschiert sein.

Bei mir saßen an verschiedenen Körperstellen ein paar überflüssige Pfunde. Zu viel, um mit den kindlichen, teilweise fast knabenhaften Figuren der anderen Mädchen mitzuhalten. Mein Oberkörper war normal. Meine Extrakilos saßen an Beinen und Po. Objektiv gesehen war ich nicht wirklich übergewichtig in dieser Zeit, aber auffallend groß und kräftig.

Dass ich nicht dem Idealbild entsprach, war ein Problem. Hinzu kam, dass ich eigentlich sehr schüchtern war und schnell rot anlief, wenn ich angesprochen wurde. Dadurch signalisierte ich leider stets sehr deutlich: Ich bin schwach, ich bin angreifbar, ich bin ein leichtes Opfer!

Dabei war ich doch eigentlich stärker als die anderen. Ich hatte in vielerlei Hinsicht den Mut, mich abzugrenzen und mein eigenes Ding zu machen. Keiner der anderen hätte es in Kauf genommen, Dinge aus Überzeugung abzulehnen, wenn er dafür mit der Außenseiter-Rolle hätte bezahlen müssen. In dieser Zeit begann ich, Mitläufer und ihre Schwäche, ihre simplen Charakterzüge zu hassen.

Ich wechselte das Gymnasium nach diesen unglücklichen ersten Monaten und fühlte mich auf der nächsten Schule etwas wohler. Im Unterricht ging es nicht so steril und kühl zu, wie ich es kannte. Auf dem Schulhof und auf den Gängen kam ich jedoch vom Regen in die Traufe: Ich wurde nicht anerkannt und nicht gemocht.

Wir waren mitten in der Pubertät, mein Äußeres noch langweilig. Meine Haare waren zu einer praktischen Kurzhaarfrisur gestutzt. Die anderen Mädchen waren schon sehr gestylt, schick und souverän im Umgang mit den Spielregeln, die Teenager draufhaben müssen. Ich war immer größer und kräftiger als andere. Anders als die anderen – das reichte. »Fettarsch« hörte ich regelmäßig. Auch eine nur kleine Abweichung von der Norm reichte zur Karriere als Mobbing-Opfer.

Oft wurde ich beispielsweise für meine Kleiderkombinationen und mein ungelenkes Verhalten ausgelacht. Ich war mit Sicherheit intelligenter als der Rest des Haufens. Das schützte aber nicht, sondern unterstützte in diesem Fall die Opferrolle erst recht.

Umso mehr stand ich unter dem Zwang, mich mit Essen abzulenken, zu trösten und auch zu belohnen. Wahrscheinlich gab es sogar einen direkten Zusammenhang zwischen der Zunahme der Schimpfwörter und der des Gewichts.

Ich tat mich mit einem anderen Mädchen zusammen, die auf die schwarz gekleidete und stark geschminkte Gothic-Band The Cure stand und auch so hergerichtet war. Sie war von normaler, schlanker Statur, nur Kleidung und Schminke waren anders, ausgeflippt eben. Damit entsprach sie nicht der Norm, so wie ich.

Wir Außenseiterinnen hockten gemeinsam in den Pausen in einer Ecke. Ein Kind, das Schlimmes erlebt oder erlebt hat, ist in den Augen der anderen Kinder immer irgendwie seltsam. Ein traumatisiertes Kind grenzt sich meist ab, ob gewollt oder ungewollt, ist häufig Außenseiter und wird als Opfer auserkoren. Es ist fast wie in der Tierwelt: Die starken, gesunden Tiere stürzen sich auf die verletzten oder kranken.

Die Attacken wurden zunehmend schlimmer: Es ging so weit, dass sich ein Mädchen aus meiner Klasse einen Spaß daraus machte, mir auf dem Schulhof in der Pause ständig in den Hintern zu treten und um mich herumzuhüpfen. Sie genoss das Gelächter und den Applaus der anderen so sehr, dass sie nicht mehr damit aufhören wollte.

Über Wochen schwieg und litt ich still. Meine Peinigerinnen fühlten sich stark, cool und sicher. Niemals zogen sie in Erwähnung, dass ich ausrasten würde.

Auch andere suchten immer wieder neue Möglichkeiten, uns zu triezen: Einmal trieb es ein Mitschüler, der vorlaute Klassen-Clown, zu weit. Erst provozierte er mich und meine Gothic-Freundin unendlich und kränkte uns mit Worten. Dann packte er unser mit Schulutensilien und unseren Taschen vollbepacktes Pult und kippte es in unsere Richtung. Gerade noch konnten wir reagieren und aufspringen, fast wäre der schwere Tisch auf uns gefallen. Der Schock war groß.

All meine Wut über die anhaltenden Demütigungen staute sich auf, und eines Tages explodierte ich: Ich flippte gegenüber der Anführerin aus, trat zu, mit voller Wucht. Ich hatte mich nicht mehr unter Kontrolle.

Auch später im Leben kam dieser Jähzorn immer wieder zum Vorschein, jedoch stets nur verbal. So emotional, wie ich bin, so sehr, wie ich leiden kann, dürste ich nach Rache und nach einem Ventil für Wut.

In diesem Fall linderte es die Quälereien zumindest zeitweise. Ab diesem Tag, an dem ich mich wehrte, ließen die Gehässigkeiten etwas nach. Zumindest eine Zeit lang.

Und ich fühlte mich stärker. Ich hatte gelernt, dass es sich lohnt, in bestimmten Situationen aggressiv zu reagieren. Irgendwie schöpfte ich Mut, etwas verändern zu können. Ich war anders aufgewachsen als andere. Ich war ein Scheidungskind. Aber ich wollte kein Opfer mehr sein, nur weil ich anders war als andere.

Vielleicht hätte ich dieses Schicksal kompensieren können, wenn ich einen festen Freundes- und Bekanntenkreis gehabt hätte, in dem Werte eine Rolle gespielt hätten. In dem ich gelernt hätte, was Bindung, Vertrauen und Unterstützung bedeuten. Wenn ich Menschen um mich herum gehabt hätte, die herzlich und offen mit mir umgegangen wären, dann hätte ich einen objektiven Blick auf mich selbst zulassen können, wäre nicht in Traumwelten meiner Groschenromane geflüchtet, hätte nicht Fett, Zucker und Kohlehydrate gebraucht, um den dauerhaften Schmerzzustand zu lindern.

Von wem hätte ich lernen können, was normaler Umgang miteinander bedeutet? Wie man klug und manchmal diplomatisch auf andere Menschen zugeht? Wann man sich zurückzuhalten hat und wann Offenheit gefragt ist? Wie stark darf, kann und soll man seine Emotionen zulassen? Niemand hatte mir das beigebracht, und niemand nahm mich nach Auseinandersetzungen in der Schule in den Arm und half mir, die Situationen aufzuarbeiten, zu reflektieren und Lösungen für einen noch zu bestehenden Konflikt zu finden.

Niemand sagte mir, welche Stärken ich hatte. Niemand sagte mir, was ich richtig machte und woran ich arbeiten könnte. Niemand half mir, Selbstbewusstsein aufzubauen. Ich hatte keins.

Ich war bis dahin fast komplett auf mich alleine gestellt gewesen, musste alleine entscheiden. Ich hatte keine Vorbilder und keine Anhaltspunkte.

Auch heute ecke ich häufig an, bin aber stolz auf meine Unangepasstheit. Ich mag mein Leben. Es gibt immer etwas Neues, was mich begeistert, und ich setze mir ständig neue Ziele. Wenn ich damals die Fähigkeit gehabt hätte, ein Ziel bis zum Ende zu verfolgen, dann hätte ich es im Leben weiter bringen können.

Während der Schulzeit auf dem Gymnasium schaffte ich es nicht, irgendwo dazuzugehören. Und egal, auf welche Schule ich auch wechselte, ich war immer die Außenseiterin. Ich konnte dem Stoff auf dem Gymnasium irgendwann nicht mehr folgen, und meine Noten verschlechterten sich rapide. Der Klassenlehrer bestellte meine Mutter ein. Er erklärte ihr, dass ich für meine 13 Jahre sehr intelligent sei, aber im Unterricht nicht mehr aufpasse. Er hatte in der Vergangenheit beobachtet, wie ich, ohne auch nur das Geringste für die Schule zu tun, anständige Noten schrieb. Jetzt aber hätte ich total abgeschaltet und den Anschluss an den Stoff verloren. Mein Lehrer suchte nach einer Möglichkeit, meinen Antrieb zu fördern. Er meinte es wirklich gut mit mir. Sein Appell blieb ohne Wirkung. Ich hatte auf den Aus-Knopf gedrückt. Ich verließ das Gymnasium schließlich.

Der Wechsel zur Hauptschule war für mich ein ganz pragmatischer Entschluss. Ich war mir sicher, ich würde den Hauptschulabschluss ohne große Anstrengung schaffen, und konnte mir dadurch eine gedankliche Auszeit für das Thema Schule nehmen. Ich sagte mir, ich könne ja immer noch auf eine weiterführende Schule gehen. Ich täuschte mich selbst, machte mir etwas vor.

Im Prinzip war jetzt alles wie Urlaub: Ich konnte seelenruhig im Unterricht sitzen und die Gedanken spazieren gehen lassen, ohne dass ich Angst vor dem Sitzenbleiben haben musste. Ich hatte vieles zu bewältigen: Meine Sorgen kreisten um meine Mutter. Fast ununterbrochen stellte ich mir vor, in welcher Situation sie gerade war: ob sie in der Nähe von Alkohol war, ob sie entspannt war, ob sie lächelte oder litt.

Ich wusste nie, in welchem Zustand ich meine Mutter vorfinden würde, wenn ich von der Schule kam, ob sie noch schlief, ob sie schon die ersten Dosen Bier zu sich genommen hatte, in welcher Laune, in welchem seelischen Zustand sie war.

Ich wünschte mir immer, sie noch schlafend zu finden. Dann könnte ich sie wecken, ihr dabei zusehen, wie sie langsam wach wurde, ein Bier trank, um zu sich zu kommen. Dann wäre sie nur leicht angeheitert, ich könnte mich mit ihr unterhalten und sie vielleicht davon abhalten, zu viele Flaschen zu sich zu nehmen.

Immerhin griff sie nie zu Schnaps, Likör oder anderem Hochprozentigen. Oft hielt ich meiner Mutter Gardinenpredigten, sie solle vom Alkohol lassen, aber das war zwecklos. Ich hatte immer geahnt, dass sie massiv abhängig war. Aber sie konnte es lange einfach nicht zugeben und leugnete vehement.

Zum Glück ging wenigstens in der Schule mein Konzept auf: Der Unterrichtsstoff war für mich einfach zu bewältigen, meine Hausaufgaben erledigte ich in der Pause. Auf dem Schulhof wartete sowieso niemand auf mich, auch hier war ich wieder die Außenseiterin, die nicht dazugehört.

Meine türkischen oder polnischen Schulkameraden waren besser erzogen, sie agierten immer etwas respektvoller als meine deutschen Mitschüler. Trotzdem wagte ich mich eines Tages zu Letzteren und begleitete sie zu ihrem bevorzugten Versteck im Gebüsch. Dort fingen alle an zu rauchen und boten mir eine Zigarette an: »Komm, rauch mit, dann gehörst du auch zu uns.« Aber ich hatte meine Prinzipien. Meine Mutter war schon seit frühester Jugend Kettenraucherin, und ich hatte gelernt, Zigaretten zu verabscheuen. So entschied ich schon sehr früh, dass ich auf keinen Fall mit dem Rauchen anfangen und lebenslange gesundheitliche Schäden riskieren würde. Ich antwortete daher: »Wenn ich anfangen muss zu rauchen, um zu euch zu gehören, will ich lieber nicht zu euch gehören.« Damit drehte ich mich um und ging.

So war es oft in meiner Schulzeit. Ich habe mich einfach nicht mit Dingen beschäftigen oder Leuten anschließen wollen, die für mich keinen Sinn ergaben. Dafür stand ich dann auch alleine da. Ich wollte keine Busenfreundinnen haben. Mein einziger Wunsch war es mittlerweile, Frieden zu haben. Ich hätte mir gewünscht, dass ich mit meinen Mitschülerinnen einfach neutral ausgekommen wäre. Es hätte gereicht, wenn sie mich in Ruhe gelassen hätten. Das war alles, was ich wollte, aber nie bekam. Keine intakte Familie, kein Freundeskreis.

Dafür gab es in meinem Leben, vor allem in einer Phase, erträumte Beziehungen zu unerreichbaren Menschen. Unrealistische Suche nach Glück. Bei einem Platzkonzert in Euskirchen sah ich zum ersten Mal einen Auftritt der fahrenden Musikerfamilie Kelly Family. Ich saß an diesem Tag mit meiner Mutter im Bistro auf dem Alten Markt und trank einen alkoholfreien Cocktail. Ich nutzte die Gelegenheit des sehr harmonischen Treffens und die Tatsache, dass meine Mutter noch verhältnismäßig nüchtern war, um sie dazu zu bringen, einen Schritt weiter zu gehen und zuzugeben, dass sie Alkohol brauchte und zwar täglich. Ich dachte, ihr Eingeständnis könnte ein erster Schritt sein, um gegen diese Sucht zu kämpfen. Ich hatte schon oft gehört, dass ein Süchtiger erst einmal einsehen muss, dass er ein Problem hat, damit man ihm überhaupt helfen kann. So redete ich sanft, aber bestimmt auf sie ein, und nach einigem Herumdrucksen schaffte sie es tatsächlich, zu sagen, dass sie abhängig war.

Ich war unendlich erleichtert, und ich glaube, meine Mutter auch. Wir konnten jetzt offen darüber reden, und sie war mit dem Problem nicht mehr allein – auch wenn sie es noch viele weitere Jahre nicht schaffen sollte, die Finger von der Droge Alkohol zu lassen, im Gegenteil. Dennoch, in diesem Moment hatte ich Hoffnung geschöpft und fühlte mich ihr mehr denn je verbunden.

Und in diese Stimmung hinein hörte ich auf einmal eine wunderschöne Stimme, die zu harmonischer, traditionell klingender Musik sang. Die sentimentalen Melodien passten absolut zur Situation und lullten mich ein. Es erfüllte mich ein schmerzlich-schönes Gefühl.

Mich faszinierte die hippieähnlich gekleidete irische Truppe. Besonders der kleine blonde Angelo, der mit einer Engelsstimme ein wunderschönes Lied sang, hatte es mir angetan. Und ich schwärmte sehr für seinen älteren Bruder Patrick. Seine forsche Art beeindruckte mich und weckte Sehnsüchte in meinem ansonsten einsamen Leben. In ihn war ich binnen kürzester Zeit hoffnungslos und schmerzlich verliebt.

Ich besorgte mir am nächsten Tag schon eine Kassette mit Musik der Gruppe und wurde wohl einer ihrer größten Fans. Ich schlief mit der Kelly Family ein und wachte mit ihr auf. Oft weinte ich mich in den Schlaf mit ihrer Musik. Ich verfiel diesen Musikern regelrecht. Es schmerzte mich, nicht Bestandteil ihrer Familie sein zu können, und ich fokussierte mich nur auf sie, ging auf Konzerte, kaufte alle Videos und hängte mein Zimmer mit Postern voll. Ich war besessen davon, mit ihnen durch die Welt zu ziehen, schrieb einen langen emotionalen Fan-Brief.

Ich entschwand mehr und mehr der Realität, so gefangen war ich in meiner übersteigerten Abhängigkeit von einer unerreichbaren Band, in der anhaltenden Sehnsucht nach einer intakten, ja perfekten Familie, nach Harmonie.

Wo Musik nicht helfen konnte, tröstete ich mich umso mehr mit Süßigkeiten.

Mit 16 Jahren half der besagte Schminkkurs, mich als halbwegs wertvolles Mädchen wieder zurück in die Realität zu bringen. Ich entdeckte mich quasi neu. Nachdem ich mit Farbe im Gesicht und gestyltem Haar erste Komplimente gehört hatte, lechzte ich danach.

Ich wurde Stammgast im Euskirchener Nachtleben. Ich war beflügelt von der Beachtung, die ich auf einmal bekam.

Anfangs wagte ich mich nur mit meiner Mutter auf die Piste. Sie war meine Seelenverwandte. Sie war die Einzige, die mich wirklich verstand und alles von mir wusste. Sie konnte mit mir umgehen, verzieh mir vieles an Eigenarten. Bei ihr musste ich mich nicht verstellen. Es war mir zu viel, mich auf neue Leute einzulassen, mir einen richtigen Freundeskreis aufzubauen. Dazu fehlte mir die Kraft. Ich war zu sehr damit beschäftigt, überhaupt den Schritt unter so viele Menschen zu wagen, um deren Beachtung ich mich bemühte.

Als ich sicherer wurde und mehr Selbstbewusstsein bekam, wagte ich es, auch ohne meine Mutter auszugehen. Oft war ich alleine unterwegs und ließ mich treiben. Ich besuchte unter anderem eine Tanzschule, die hin und wieder Partys für ein jüngeres Publikum veranstaltete. Mindestens eine Stunde verbrachte ich an den Wochenenden damit, mich für diese Termine zu duschen, die Haare zu waschen und mich sorgfältig zurechtzumachen. Es war ein richtiges Ritual, und ich war sehr perfektionistisch.

Meine Mutter machte sich seinerzeit manchmal Sorgen um mich, so aufregend wie ich mich zurechtmachte. Ich schminkte mich stark, hatte immer knallrote Lippen, das war lange Zeit mein Markenzeichen. Ich liebte hautenge Kleidung, enge Hosen, Leggings, manchmal auch Miniröcke. Ich trug Pumps, Bodys ohne BH, gerne schulterfreie Tops, darüber jedoch immer noch einen Blazer, denn ich war dauerhaft geprägt von den aus heutiger Sicht unnötigen Komplexen wegen meines angeblich zu dicken Pos. Meine langen Haare föhnte ich zu einer wilden Mähne. Meine Mutter meinte, ich sähe aus wie eine Barbiepuppe. Aber sie lächelte, wenn sie das sagte, und wirkte trotz ihrer Bedenken stolz.

Ich brauchte meine Sexy-Außenwirkung so sehr. Sie war mein Elixier, mein neuer Treibstoff, die Blicke der anderen, die Bewunderung der Jungs. Mit Schmetterlingen im Bauch stieg ich an diesen

Tagen die Treppe zum in eine Disco umgewandelten Tanzsaal der Tanzschule hoch und mischte mich unter die anderen Teenager, die meist mindestens zu zweit oder in Gruppen dort waren. Ich kam immer alleine.

An einem Karnevalstag beobachtete ich in der Tanzschule ein Mädchen, das beim Schwofen den Kopf leicht nach oben reckte. Sie sah etwas hochnäsig aus, außerdem trippelte sie beim Tanzen. Ihr Stil war sehr speziell, irgendwie lustig. Aber sie interessierte mich, und ich schaute immer wieder zu ihr hinüber. Es sah so aus, als ob sie ebenfalls alleine dort war. So war es auch. Irgendwie fühlte ich mich mit ihr auf eine spezielle Weise verbunden. Hin und wieder fiel auch ihr Blick auf mich. Ich tanzte in ihrer Nähe.

Es stellte sich heraus, dass genau dieses vermeintlich eingebildete Mädel die Freundin eines gemeinsamen Bekannten war, der in meiner Nähe wohnte. Mit ihm und anderen Kumpels war ich sogar am Wochenende schon unterwegs gewesen, eine lockere Clique, der ich mich manchmal anschloss.

Joppi, so war sein Spitzname, erzählte mir bei einem Treffen von einem Mädchen. Melanie hieß sie. Er war sehr verliebt in sie. Aber ihre Eltern durften auf keinen Fall wissen, dass sie seine Freundin war. Sie käme aus gutem Hause. Ihr Hintergrund passe in keiner Hinsicht zu seinem eher halbseidenen Umfeld. Eines Tages begegneten mir die beiden in der Stadt, und ich erkannte in dieser Melanie das Mädchen aus der Disco wieder. Ich war platt. Joppi stellte sie mir vor, und wir unterhielten uns kurz. Sie wirkte sehr nett, aber zurückhaltend.

Mir wurde sie durch ihre Männerwahl erst sympathisch. So hochnäsig und oberflächlich konnte sie nicht sein. So kam es, dass wir uns kennenlernten und sich daraus eine intensive Freundschaft entwickelte. Unsere Lebensläufe waren grundverschieden, aber wir verstanden uns blind, verbrachten wie Seelenverwandte jede freie Minute zusammen. Melanie war meine erste richtige Freundin. Sie war auch 16 Jahre alt. Wir waren gleich groß. Und sie hatte fast die gleiche Figur wie ich, vielleicht vier Kilo weniger, aber ähnlich proportioniert. Sie hatte honigblonde Korkenzieherlocken und volle Lippen, sah aus wie ein Püppchen, viele hielten uns für Schwestern.

Wir beide naschten gerne und gingen nach der Disco häufiger zum Imbiss, nicht weit von der Disco entfernt, und aßen Pommes frites mit Currysoße und Mayonnaise. Oft besorgten wir uns bei Stadtbummeln Nussecken oder ein paar Kugeln Eis im Hörnchen. Es war ein gemeinsames Hobby von uns – genauso wie die Manie, ständig auf das Gewicht zu achten, abnehmen zu wollen, sich zu üppig zu finden und unser Gewicht zu vergleichen. Ständig redeten wir vom Abnehmen. Nie schafften wir es wirklich.

Unsere gemeinsame Sturm-und-Drang-Zeit war beschwingt und unbeschwert. Wenn wir unterwegs waren, war es für mich immer ein schöner Ausflug, und ich freute mich unbändig auf unsere gemeinsamen Wochenenden.

Später, als ich den Führerschein hatte, fuhren wir meist auf meine Initiative hin gemeinsam in Großraumdiscos, gingen auf Partys und erlebten die schönste und aufregendste Zeit meines Teenagerlebens zusammen. Wobei ich immer die Provozierende war, die zu flirten wusste und Leute animierte, mit uns zu tanzen. Oft kam es zu richtigen Gruppentänzen. Melanie war eher schüchtern. Das lag wohl an ihrer »Höhere-Töchter-Erziehung«.

Ich weiß noch, als ich mich einmal in der Disco bei einem süßen blonden Holländer eingehakt hatte, eine Aktion, zu der ich die halbe Tanzfläche animierte. Er hieß Sandy und war in meinem Alter. Wir grinsten uns die ganze Zeit an, später tauschten wir Adressen aus und ich schrieb ihm am nächsten Tag eine Karte. Einmal telefonierten wir noch. Aber dann verpuffte seine Begeisterung für mich.

Es war eine mir sehr bekannte Situation: Die Männer, die ich toll fand, waren meist Hallodris, flirteten überall herum, weckten Hoffnungen in mir und verloren dann schnell das Interesse. An einer Beziehung war nie wirklich einer von ihnen interessiert.

»Melli« freute und amüsierte sich über mein ausschweifendes Temperament und meine Antriebskraft bei allem, was wir unternahmen. Genau das sollte unserer Freundschaft aber leider später zum Verhängnis werden.

Ich war oft bei ihr zu Hause, was Melanies Mutter ein wenig argwöhnisch duldete. Ich war ihr, wie mir schien, erst einmal suspekt wegen meines eher einfachen Familienhintergrunds. Melli zu mir einzuladen traute ich mich nicht. Die meist schlampige, unsaubere Wohnung von Gerhard bot nicht das Umfeld, in dem ich jemanden wie Melli treffen konnte. Ich schämte mich sehr dafür, dass ich niemanden zu mir bitten konnte, und musste das auch immer verbergen.

Melli wusste, dass ich eine chaotische, von Alkoholismus und Gewalt geprägte Kindheit hinter mir hatte und dass ich belastet war durch die Verantwortung, die ich für meine labile Mutter übernahm. Es war klar, dass es bei uns zu Hause nicht gerade vorzeigbar aussah. Sie sagte, dass es ihr nichts ausmache. Sollte sie aber eines Tages bei mir übernachten wollen, würden ihre Eltern darauf bestehen, ihr Bettzeug vorbeizubringen.

Die Vorstellung war toll: Wenn Melli bei mir übernachten dürfte, könnten wir die Partynacht so lange ausdehnen, wie wir wollten. Denn ich stand ja nicht unter Beobachtung und konnte tun und lassen, was ich wollte. Aber ihre Eltern konnte ich unmöglich in die Wohnung lassen. Sie würden Melli dann nicht bleiben lassen, da war ich sicher. Also schmiedeten wir andere Pläne.

Zu Hause konnte man schließlich auch über die Stränge schlagen: Wir beschlossen eines Tages, uns zum ersten Mal ausgiebig zu betrinken. Wir wollten endlich erfahren, wie es sich anfühlte, sternhagelvoll zu sein. Wir planten dieses Ereignis regelrecht und begannen mit einer Fressorgie in der Küche ihres Elternhauses.

Wir setzten uns in der Küche an den Tisch, und Melli räumte den Kühlschrank aus. Sie fand eine Schüssel mit einem Rest Pudding, den wir uns teilten. Dazu gab es Schokoladenriegel und Spaghetti aus dem Kühlschrank, die wir kalt mit den Fingern aßen. Als Nachtisch wurden Kartoffelchips, Salzstangen und Erdnüsse gefuttert. Wir witzelten dabei herum, dass in dem Moment alles erlaubt war. Wir wollten ein schlechtes Gewissen nicht aufkommen lassen und uns nur auf unseren Fress-und-Sauf-Abend konzentrieren.

Als alles verputzt war, machten wir uns auf den Weg in den Keller und schlüpften in bequeme Klamotten. Der Gedanke an das anstehende Besäufnis versetzte uns in Hochstimmung. Wir kamen uns so verwegen dabei vor, etwas Verbotenes zu tun, und waren auf die Wirkung gespannt. Hätten wir nicht so viel gegessen, wären Melli und ich wahrscheinlich im Krankenhaus gelandet.

Hochprozentigen Rum aus den Vorräten ihres Vaters verdünnten wir mit Cola. Das Mischungsverhältnis geriet in Schieflage. Wir nahmen mehr Rum als Cola und tranken zu schnell zu viel. Unser Ziel war erreicht: Wir waren betrunken. Zum ersten Mal in unserem Leben.

Wir mussten es bitterlich büßen. Uns beiden ging es sehr schlecht. Melli sogar noch mieser als mir. Wie immer wollte ich die Kontrolle behalten. Doch es war zu spät. Melli musste sich mehrmals heftig übergeben, und in ihrer Verzweiflung und Benommenheit patschte sie überall mit den Händen herum. Ich begann panisch, das Zimmer zu reinigen. Was würden ihre Eltern von mir denken? Natürlich würden sie mir, dem Mädchen aus zerrütteten Verhältnissen, die Schuld geben. Ich schaffte es trotz meines Zustandes, das Zimmer halbwegs zu säubern. Mellis Mutter hat später nie ein Wort darüber verloren. Sie muss etwas gemerkt haben, aber vielleicht erkannte sie, welche Bemühungen wir beziehungsweise ich aufgebracht hatten, keine Spuren unseres Saufgelages zu hinterlassen. Dieser Abend festigte unsere Mädchen-Freundschaft, die ich nun erst recht für unerschütterlich hielt.

Noch mehr Zeit füreinander hatten wir, als sich Melli von ihrem Freund Joppi trennte. Zusammen genossen wir das Nachtleben als Singles. Zwei junge Mädels, die sich ausgiebig zurechtmachten und ihre fraulichen Figuren perfekt in Szene zu setzen wussten. Uns beiden war klar, dass gutes Aussehen Macht bedeutete. Je besser wir aussahen, desto mehr Spaß und Aufmerksamkeit würden wir bekommen. Es gab jedoch keine sexuellen Abenteuer, keine One-Night-Stands. Das Reizen, das Erhaschen von Aufmerksamkeit und die Bewunderung beschwingten uns ausreichend. Wir beide sogen die Bestätigung der Jungs immer gierig auf und zehrten über Tage davon. Es wäre schön gewesen, wenn unsere Freundschaft Bestand gehabt hätte.

KAPITEL 4

Dünn sein

Ich möchte niemals dünn sein. Schlank ja. Wohlgeformt ja. Aber niemals dünn. Dünn sein ist für mich auch wieder nicht perfekt, weil man die ganzen Knochen sieht. Dünn ist für mich negativ besetzt, weil ich so viele Frauen kennengelernt habe, die unglücklich darüber waren, dass sie zu mager waren. Für meinen Geschmack muss eine richtige Frau auch Kurven haben.

Ich möchte einfach nur eines Tages mein absolutes Wunschgewicht erreichen: 75 Kilo. Das wären noch einmal gut fünf weniger, als ich jetzt wiege. Und dabei geht es mir nicht darum, in die gesellschaftliche Norm hineinzupassen. Von der habe ich mich emanzipiert. Aber ich wäre dann für mich perfekt.

Mein Leben ist jetzt wieder gut, jetzt, da ich nicht dünn bin, aber auch nicht fett. Wohlgeformt, ästhetisch, adrett. »Medium« halt, wie ich immer betone. So, wie ich war, bevor ich ein unförmiges Trumm wurde.

*

Eines Abends, als Melli und ich unterwegs waren, aufgebrezelt und perfekt gestylt und chic, wie 16-Jährige es auf dem Weg in die Disco sein können, rief jemand hinter uns: »Wow, von hinten sieht sie schon mal super aus. Die würde ich gerne mal von vorne sehen!« Daraufhin drehten wir uns um und die Stimme jubelte: »Treffer, die sieht von vorne genauso gut aus wie von hinten.« Ich dachte nur: Mann, was für ein überdrehter Idiot …

Die Stimme gehörte Daniel, der mit seiner Clique unterwegs war. Trotz der eher ungewöhnlichen Anmache war er mir sympathisch. Daniel und ich verstanden uns auf Anhieb, aus lockerer Freundschaft wurde schließlich meine erste richtige Beziehung.

Meine ersten sexuellen Erfahrungen mit 13 zählen wohl nicht. Ein 19-jähriger Junge hatte beim intensiven Kuscheln die Situation einfach ausgenutzt. Ich war überrumpelt gewesen, hatte es geschehen lassen. Es war eine Erfahrung ohne Schmerz, aber auch ohne Genuss. Aber die Episode wirkte nach. Ich war danach ernüchtert, glaubte nicht mehr an die große Leidenschaft mit intensiver Zärtlichkeit und Gefühlen. Ich ließ mich in meinem Leben zwar auf Beziehungen ein, aber sie gaben mir eher Aufmerksamkeit oder Geborgenheit.

Daniel und ich waren etwas unbeholfen. Von meiner Seite gab es keine große Hingabe. Sex gehörte einfach nur dazu. Ich fand andere Arten von Leidenschaft: Daniels Vater konnte gut kochen und zauberte uns am Wochenende leckeres schlesisches Essen, mit selbst gemachten Klößen, Ente in reichlich Soße und Salat, angemacht mit geschmolzener Butter.

Immer wieder rückte ich das Essen in den Mittelpunkt, um mich von tristen Situationen abzulenken und zu trösten. Zu meinen liebsten Tätigkeiten gehörte daher auch, Lebensmittel für Daniels Eltern einzukaufen. Dabei konnte ich mich auch mit Naschereien im Tante-Emma-Laden des Dorfes eindecken.

Daniel war vier Jahre älter als ich. Das entsprach nicht unserem Größenverhältnis: Er war ein wenig kleiner als ich und auch wesentlich schlanker. Nicht nur einmal wurden wir als Paar ausgelacht. Den meisten Spott bekam er zu spüren, weil er der Kleine war. Ich verspürte einen Beschützerinstinkt und verteidigte ihn immer. Aber er hatte eine Riesenklappe und konnte damit selbst vieles kompensieren und sich Respekt verschaffen. Ich sah aber in ihm auch die sensible Seite, die er gerne versteckte, um nicht angreifbar zu sein.

Daniel kam, wie ich, aus zerrütteten, wenn nicht gar asozialen Verhältnissen. Auch er hatte es bisher nicht gerade leicht gehabt. Er lebte zusammen mit seinen Eltern, die beide sehr mit ihrem gesundheitlichen Zustand zu kämpfen hatten, und seinen drogensüchtigen Geschwistern, einer Schwester und einem Bruder, in einem vom Staat finanzierten Haus in einem Dorf nahe Euskirchen. Die ältere Schwester hatte eine kleine Tochter, die bei Daniels Eltern lebte. Der Freund der älteren Schwester, eigentlich aus guten Familienverhältnissen, war in diese Drogensucht mit hineingerutscht und konnte die kleine Tochter nicht versorgen. Er kam manchmal zu Besuch. Dann saß ich neben den dreien auf der Couch, wenn sie sich gerade einen Schuss gesetzt hatten. Die Köpfe sanken immer wieder nach vorne, sie waren kaum aufnahmefähig. Es war für mich schrecklich, das zu beobachten.

Die Schwester und der Bruder lebten in einem Anbau im Garten des Hauses, waren arbeitslos und hatten tagein, tagaus lediglich das Ziel, sich Stoff zu besorgen. Und wie das aussieht, kann sich jeder denken, der zum Beispiel *Wir Kinder vom Bahnhof Zoo* gesehen hat.

Niemandem in der Familie gefielen diese Zustände, aber sie wurden hingenommen. Daniel war der einzige Macher in dem Kreis. Er musste die Einkäufe erledigen, versorgte seine Mutter mit Tabletten, kümmerte sich um seine kleine Nichte – dabei half ich auch manchmal, ich hatte großes Mitleid mit dem Mädchen.

Daniel war fleißig, schulterte den kompletten Druck, alles hing an ihm. Außerdem verdiente er als einziger Geld, arbeitete als Malergehilfe. Frühmorgens ging er aus dem Haus und kam penetrant riechend wieder nach Hause. Ich versuchte, ihn zu überreden, eine Lehre zu machen. Er litt unter Legasthenie. Nie ließ er sich von mir helfen, nie wollte er mit mir lernen, obwohl ich es ihm immer wieder anbot.

Ich konnte nicht verhindern, dass ich ihn dafür ein wenig verachtete. Er wollte nicht für ein besseres Leben kämpfen. Wollte er denn nicht aus diesem Milieu heraus? Aber es war eben für ihn nicht so leicht, solche Ideen umzusetzen. Die Situation mit seinen Eltern hemmte und belastete ihn sehr.

Ich verstand mich nicht gut mit seiner Mutter und seinem Vater. Sie sahen es nicht gerne, wenn ich ab und zu etwas ohne Daniel unternahm, und unterstellten mir, dass ich ihn bewusst quälen wolle. Sie hielten mir vor, ich würde ausnutzen, dass ich ihm offensichtlich intellektuell überlegen war, und unterstellten mir, die Beziehung zu ihrem Sohn nicht ernst zu nehmen. Die Vorwürfe kamen ungeschickt durch die Blume. Die Botschaft jedoch war deutlich. Genauso gut hätten sie sagen können: »Was willst du denn eigentlich hier?« Aber Daniel verehrte mich und trug mich auf Händen. Das saugte ich auf wie ein Schwamm. Es war das, was ich so dringend brauchte. Ich war nicht verliebt. Aber es war Balsam für meine Seele. Er bot mir seine ungeteilte Aufmerksamkeit.

Die belastete mich jedoch im Verlauf der Beziehung mehr und mehr, weil Daniel sich als krankhaft eifersüchtig entpuppte und mich kaum noch einen Schritt ohne ihn machen ließ. Seine Eltern beschrieben mir bei einer Gelegenheit in aller Deutlichkeit, wie fix und fertig er einmal durchs Haus getigert war, nur weil ich mit Melanie unterwegs gewesen war. Wir stritten uns immer häufiger.

Es war Zeit, diese Episode zu beenden. Es fiel mir schwer. Aber ich fühlte mich unendlich erleichtert, wieder frei zu sein. Es tat mir für Daniel sehr leid. Aber auch er musste gespürt haben, dass wir in eine Sackgasse geraten waren, aus der wir nicht mehr herausfanden.

Ich war frei und merkte umso mehr, wie sehr mir die gemeinsame Zeit mit Melanie gefehlt hatte. Jetzt hatte sie aber keine Zeit mehr für gemeinsame Mädelsabende. Denn sie war frisch verliebt in Christian. Melanie hatte auf einer Party an diesem raubeinigen Typen Gefallen gefunden.

Parallel baggerte er aber auch mich massiv an, und ich warnte Melanie: Christian machte auf mich einfach nicht den Eindruck des treuen Freundes. Melanie war blind vor Verliebtheit. Sie gab mir die Schuld und misstraute leider meinem Urteil mehr als seiner angeblichen Ehrlichkeit.

Unsere Freundschaft bröckelte. Das musste ich schmerzlich feststellen. Immer seltener telefonierten wir. Und eigentlich hatten wir uns nicht mehr viel zu sagen. Gemeinsame Unternehmungen gab es nur noch sporadisch.

Ich fühlte mich plötzlich wie halbiert. Die fehlende Hälfte ersetzte ich zunächst durch Essen, suchte aber auch bewusst nach Alternativen. Ich meldete mich in einem Fitnessstudio an, in dem ich exzessiv trainierte. Bis zu drei Stunden am Tag machte ich Zirkeltraining mit Gewichten, Stepper und Laufband. Außerdem aß ich verhältnismäßig wenig, viel Salat, Obst, sehr einseitig. Ich steigerte mich richtig hinein und reduzierte mein Gewicht auf 68 knackige Kilo. Körperlich ging es mir deswegen aber nicht wirklich gut. Ich war angeschlagen, wurde immer schwächer.

Ich war zwar stolz auf meine Figur, trug enge Kleidung, genoss Komplimente, aber das tröstete mich nicht ganz. Mir fehlten das Essen, das Schlemmen, das Planen der nächsten Mahlzeit.

Irgendwann verlor ich die Lust am harten Training wieder, ließ mich gehen und kam schnell wieder auf mein altes Gewicht von 78 Kilo zurück. Ein erneuter Versuch, dem Fressen zu entkommen, war misslungen. Der exzessive Sport hatte mich nur kurzzeitig davon abhalten können.

Ich hätte so dringend jemanden zum Reden gebraucht. Doch Melanie hielt mich auf Distanz, verbrachte lieber Zeit mit ihrem zwei Jahre älteren Freund, der schließlich im Gegensatz zu mir aus gutem Elternhaus war und gerade sein Abitur baute.

Bei den wenigen gemeinsamen Unternehmungen sagten mir Christian und Melanie nicht nur einmal, ich solle doch auch Abitur machen und studieren. Melanie hätte wissen müssen, wie sehr mich diese herablassende Art und die Bevormundung kränkten. Denn ich hatte den Kopf nicht frei, um mich auf eine höhere Ausbildung zu konzentrieren. Ich war enttäuscht, dass sowohl Melanie als auch Christian mich als minderwertig betrachteten. So fühlte ich mich nun in ihrer Gegenwart.

Dabei wusste Melanie genau, um wie viele Sorgen mein Leben kreiste und dass meine zu der Zeit extrem labile Mutter auch eine seelische Belastung für mich war und meine ganze Aufmerksamkeit erforderte. Melanie war mir als Vertraute so wichtig gewesen. Jetzt wurden unsere Telefonate und Treffen immer seltener, wir entfernten uns immer weiter voneinander.

Mir wurde klar, dass unsere Zeit zu Ende war. Sie zog einen Schlussstrich unter unsere wilde Zeit, kappte den Draht zu mir und wendete sich ganz und gar Christian zu. Vielleicht hätte ich besser meinen Mund gehalten und Melanie ihre eigenen Erfahrungen machen lassen sollen. Es war sehr traurig. Ich hatte sie verloren. Ich hatte nie wieder eine solche Freundin wie sie, die mir so vertraut gewesen war.

Zu Hause bekam ich nach wie vor keinen Halt. Meine Mutter arbeitete zu dieser Zeit in einer Bar rund 20 Kilometer von Euskirchen entfernt. Daheim eskalierten die Querelen. Gerhard hatte sich mittlerweile eine thailändische Freundin zugelegt, die er während eines Kuraufenthaltes in einem Bordell kennengelernt hatte. Sie lebte mit uns in der Wohnung, schlief mit Gerhard im Wohnzimmer. Ich erinnere mich an skurrile Situationen: Die junge Frau, die im Prinzip wohl nur einen Unterschlupf und Versorgung suchte, lag eines Morgens mit Gerhard auf dem Sofa und schaute mich unschuldig an, als ob das die selbstverständlichste Sache der Welt wäre. Sie nickte freundlich und sagte Guten Morgen. Sie wusste wahrscheinlich auch nicht um die Verhältnisse, in die sie geraten war.

Später kam sie in mein Zimmer und schenkte mir ihr Kettchen, das sie um den Hals trug. Ich wollte erst ablehnen, aber sie drängte es mir nahezu auf. Gerhard löste das Problem auf seine Weise: Mit bitterböser Miene kam er in mein Zimmer, entriss mir die Kette und machte mir derbe Vorwürfe.

Ich hatte abends dann noch die wunderbare Aufgabe, meiner Mutter von unserer neuen Mitbewohnerin zu erzählen. Meine Mutter gab der jungen Thailänderin keine Schuld. Sie duldete sie dann sogar widerwillig. Ihr Versuch, der Prostituierten einen Teil der Hausarbeiten abzugeben, scheiterte. Die Frau ging spazieren, wenn Gerhard nicht zu Hause war. Einen Monat ging das so. Ich ging ihr aus dem Weg, wo ich nur konnte. Wir redeten kaum. Ich war vorwiegend in meinem Zimmer, meine Mutter bei mir oder im Schlafzimmer.

Meine Mutter quartierte sich dann bei einem langjährigen Bekannten ein, den wir Ohm Georg, also Onkel Georg, nannten. Sie hielt es bei Gerhard nicht mehr aus – trotz des Alkohols, von dem sie mehr denn je getrunken hatte, um ihren Schmerz zu lindern.

Georg war über 70, ein gepflegter, grauhaariger Mann mit Gehstock und freundlichem Gesicht. Er lebte in einem alten, etwas muffigen Haus mit kleinen Räumen. Meine Mutter hatte dort ein Zimmer bezogen, ging nur noch selten arbeiten, besorgte Georg nun den Haushalt.

Ich versuchte, sie daran zu hindern, immer mehr zu trinken. Unser Verhältnis verschlechterte sich, und ich gab sie fast auf. Ich hatte keine Kraft mehr. Wir hatten beide genug mit unserer Wohnsituation zu tun. Georg wurde meiner Mutter gegenüber zudringlich. Auch mir fasste er einmal an die Brust, als ich mich nach einem Besuch verabschieden wollte.

Zu Hause stritt ich immer häufiger und intensiver mit Gerhard, zog dann endlich aus. Ich konnte im Dachgeschoss eines Bekannten unterkommen. Ich nahm alles mit, was meine Mutter angeschafft hatte: Waschmaschine, Föhn, Staubsauger, Fernseher – alles lud ich innerhalb weniger Stunden in einen kleinen Lieferwagen. Meine Rache für so viele Leidensjahre.

Der Umzug verschaffte mir Erleichterung, aber er brachte mich nicht vom Essen weg. Ich dachte ununterbrochen daran. Ich hatte niemanden. Meine Mutter kommunizierte nur noch mit der Bierflasche, mein Opa war mittlerweile an Krebs gestorben, meine Zeit mit Melanie war zu Ende. Ich war allein.

KAPITEL 5

Abhängig

Essen ist eine Droge wie andere Drogen auch. Essen kann für mich heute noch unverändert Belohnung, Ablenkung und Halt sein. Wenn es mir nicht gut geht oder ich über ein bestimmtes Problem einfach nicht nachgrübeln möchte, dann denke ich über Nahrung nach, so wie sich andere eine Flasche Schnaps vorstellen, um ihr Gehirn abzuschalten.

Nahrung ist eine Droge, bei der ich zwar grundsätzlich klar bei Verstand bin, mich aber dennoch von den Dingen, die mich eigentlich beschäftigen, ablenken kann.

Ich wollte niemals die Kontrolle verlieren, meinen Geist nicht benebeln, deshalb kam wahrscheinlich für mich nur die Abhängigkeit von Essen infrage. Die Begleiterscheinungen sind aber denen anderer Drogen ähnlich: Du denkst, während du isst, darüber nach, was du als Nächstes essen könntest. Es ist die Suche nach dem nächsten kleinen, jämmerlichen Kick, dem kurzen Glücksgefühl.

*

Ich hätte mir auf lange Sicht dauerhaftes Glück gewünscht. Nach dem Hauptschulabschluss war ich 16 Jahre alt und wusste erst einmal nicht so recht, was ich nun mit meinem Leben anfangen sollte, mit meiner Zukunft. Was ich wohl immer wusste, war, was es als Nächstes zu essen geben sollte. Ich plante Mahlzeiten und Naschereien als Tagesinhalt. Längst hatte ich mit dem Kampfsport aufgehört, die Tankstelle mit ihrem reichhaltigen Angebot war meine liebste Anlaufstelle geworden. Statt zur Turnhalle wanderte ich lieber in die Stadt zur Eisdiele.

Mir fehlten Ziele. In schulischer Hinsicht schien mir einzig und allein die mittlere Reife oder Fachabitur realistisch. Ich hatte von einer Art Handelsschule, einer Berufsfachschule für Wirtschaft und Verwaltung, in meiner kleinen Stadt gehört. Dort sollte es auch möglich sein, Fachabitur zu machen. Ich wollte mich eigentlich nicht mehr mit einem Hauptschulabschluss zufriedengeben. Ich träumte manchmal davon, Tierärztin zu werden oder Psychologie zu studieren.

Die Psychologie fand ich reizvoll, weil ich dachte, durch solch eine Wissenschaft auch mein eigenes Verhalten besser ergründen und vielleicht meiner Mutter helfen zu können. Bücher über Verhaltenspsychologie hatte ich bereits gelesen. Ich fand darin meine Verhaltensweisen und mein Suchtverhalten wieder. Was ich schon in der frühen Pubertät geahnt hatte, bestätigte sich dadurch. Ich war süchtig nach Essen. Leider fand ich in diesen Büchern nichts darüber, wie ich mich entziehen könnte.

Ein Titel vor meinem Namen hätte mir gut gefallen. Die Menschen hören eher auf die Meinung derer, die irgendeinen Titel vorweisen können, auch wenn deren Gedanken durchaus absurd oder irrational sein können. Was den Schulabschluss anging, machte mir mein aufgewecktes, aber aus bekannten Gründen leider abgelenktes Köpfchen allerdings einen Strich durch die Rechnung.

Der Einstieg in die Fachschule war zunächst besser, als ich es von meinen bisherigen Schulwechseln gewohnt war: Ich stand nicht ganz alleine da, wurde sogar in einer Gruppe von Mädels akzeptiert. Meine Leistungen waren zunächst ausreichend. Doch durch heftige Stimmungsschwankungen, weil ich einfach überfordert war mit der privaten Belastung, konnte ich mich nicht konstant auf die Fächer konzentrieren. Immer wieder plagten mich auch Zukunftsängste, die Sorge, keine Perspektive zu finden, schon wieder die Chance zu verpassen, etwas Solides auf die Beine zu stellen. So war ich nie ganz bei der Sache.

Die angesagte Mädelsgruppe ließ mich mehr und mehr links liegen. Irgendwie habe ich es immer geschafft, dass die Leute früher oder später den Draht zu mir verloren. Ich war gedanklich nie richtig bei ihnen. Sie mussten wohl spüren, dass ich irgendwie anders ticke, dachte und auch zum Einzelgängertum tendierte.

Als ich bereits darüber nachdachte, die Handelsschule nach zwei Jahren zu schmeißen, lernte ich einen Mann kennen, der mein Leben und mein Seelenheil extrem prägen sollte. Und zwar nicht wirklich zum Guten. Zunächst fing alles ganz harmlos an.

Meine Mutter und ich verbrachten in dieser Phase häufiger unsere Freizeit zusammen. Sie half in einem gut besuchten und recht beliebten kleinen Bistro in unserer Stadt aus, auf meinem Weg von der Schule kam ich direkt daran vorbei. Nachmittags war nie viel los. Nur ein paar Stammgäste tranken schweigend ihr Bier.

Meine Mutter und ich nutzten die Ruhe dort, um uns gemütlich auszutauschen. Der Wirt, ein Libanese, grinste schon von Weitem, wenn er mich kommen sah, und schäkerte mit mir herum. Die Leichtigkeit zwischen uns gefiel mir, obwohl Khari, wie der Wirt Kharim von seinen Freunden gerufen wurde, fast 24 Jahre älter war als ich – mit 43 hätte er mein Vater sein können. Ich genoss seine Nähe und die Flirts am Abend.

Einziger Wermutstropfen war, dass ich immer mit ansehen musste, dass meine Mutter tagsüber schon Bier trank. Ich hätte sie viel lieber absolut nüchtern bei mir gehabt. Aber der Alkohol spielte bei ihr eine ähnlich dominante Rolle wie bei mir das Essen.

Ich würde sagen, dass ich durch die Alkoholabhängigkeit meiner Mutter und ihre Labilität sehr früh eine Art Rollentausch durchlebt habe. Ich übernahm irgendwann in früher Kindheit die Mutterrolle. Das hat mich derart überfordert, dass ich so eine Verantwortung, also eigene Kinder, nie im Leben haben möchte. Ich hatte immer ein großes Kind. Meine Mutter ist sehr lieb, sehr emotional, sehr nah am Wasser gebaut, sehr schwach, und sie kann wenig aushalten. Ich versuchte, Trost und Stütze zu sein und sie gleichzeitig bei jedem Treffen dazu zu bringen, weniger zu trinken.

So auch in Kharis Kneipe. An einem Nachmittag fing ich, wie so oft, an, auf sie einzureden und ihre Drinks zu zählen. Und Khari kommentierte: »Lass sie doch, gönn doch deiner Mutter auch mal ein Bier.« Wir gerieten in eine Diskussion. Er verstand durchaus, warum ich es so hasste, wenn sie trank, aber spielte es immer herunter. Sie war nicht nur eine Aushilfe, sondern auch eine Stammkundin und Khari ein Geschäftsmann.

Ganz traute ich ihm nicht, auch wenn ich ihn spannend fand. Er wirkte mitunter etwas verschlagen. Er spielte gerne. Für mich wurde es mehr als nur ein Spiel. Ich wurde Stammgast.

Khari war bekannt dafür, dass er gerne tanzte. Er war ein ziemlich temperamentvoller und lockerer Mensch. Und er ließ keinen Widerspruch zu. Da ließ ich mich also von ihm einmal lachend mitschleppen, und wir tanzten ziemlich wild. Er fuhr mir mit der Hand zärtlich über den Rücken, und da erstarrte ich kurz und dachte: Du meine Güte, steht dieser über 20 Jahre ältere Mann etwa auf dich? Das war für mich als 19-Jährige sehr faszinierend.

Es tat außerdem meinem Ego gut. Denn viele Frauen interessierten sich für ihn, und ich war nicht seine einzige Tanzpartnerin. Ich sagte später einmal scherzhaft: »Khari tanzt mal wieder alle Frauen durch.«

Dennoch merkte ich, dass er mir besonders zugewandt war. Es war ein Muster, das ich kannte und auch später wiedererkennen sollte: Es brauchte keine große Liebe von meiner Seite, ich war geschmeichelt und froh, wenn ich so viel Bestätigung von einem Mann bekam.

Immer häufiger war ich Gast bei ihm und blieb bis zum Schluss. Wenn die anderen Gäste gegangen waren, wurde es besonders gemütlich. Khari machte sehr guten Kartoffelsalat und Steaks. Wir aßen und tranken zusammen. Jeder große Portionen, auch viel Reis und Fleisch mit Gemüse.

Er war ein sehr guter Esser, auch wenn er schlank war. Ich hatte zu dieser Zeit noch relativ viel Bewegung, da ich unter anderem zu Fuß zur Schule und zurück ging, und war mit meinem Gewicht noch im Rahmen. Ich wog an die 78 Kilogramm, die sich auf meine Größe von 1,78 sehr wohlproportioniert verteilten.

Khari verwöhnte mich und zeigte mir durch seine Zuwendung sehr deutlich, wie groß sein Interesse an mir war. So kamen wir uns immer näher. Es tat mir gut, begehrt zu werden. Gleichzeitig stand ich unter Beobachtung meiner Mutter, die diese Entwicklung mit gemischten Gefühlen sah. Auf der einen Seite fand sie es interessant, wie wir beiden doch sehr unterschiedlichen Menschen uns einander näherten. Auf der anderen Seite blieb sie misstrauisch dem viel älteren, erfahrenen Lebemann gegenüber.

Khari und ich hatten ein lockeres Verhältnis. Ich kann mich gar nicht mehr erinnern, wann wir uns den ersten Kuss gaben. Ich empfand ohnehin nichts bei kleinen Zärtlichkeiten. Es gehörte eben dazu. Aber generell war ich davon überzeugt, dass ich nie einen Mann treffen würde, der es ernst mit mir meinen und für den auch ich wirklich Liebe empfinden könnte.

Ich half nun hinter dem Tresen aus. Waren alle Gäste gegangen, kamen Khari und ich einander näher.

Hinter vorgehaltener Hand tuschelte die Stammkundschaft schon länger über unsere Beziehung. Akzeptieren konnten es die meisten nur schwer. Da ich eine sehr junge und ziemlich attraktive Frau war, verstanden es viele nicht, warum ich mich auf ihn einließ.

Ich war zudem nicht offiziell die Frau an seiner Seite. Er lebte bei einer anderen, die älter war als er. Seine Lebensgefährtin Edith war eine selbstbewusste, gepflegte Frau, die mir gegenüber immer sehr freundlich war. Sie ahnte wohl schon damals, dass er eine Affäre hatte, ertrug es aber, ohne ihn bloßzustellen. Manchmal sah sie mich mit prüfendem Blick an, als ob sie sagen wollte: »Ich weiß, was läuft!« Ich fühlte mich immer sehr unwohl in ihrer Nähe. Das schlechte Gewissen plagte mich.

Khari sprach gut von ihr: Sie sei klug und hinge sehr an ihm. Dennoch erwidere er ihre Gefühle nicht in gleicher Intensität. Dankbar sei er ihr. Sie hätte ihm auf die Beine geholfen, als er nach Deutschland kam, um hier ein neues Leben anzufangen.

Jetzt schmiedete Khari neue Pläne. Er beschloss, ein Tanzlokal zu eröffnen. Er hatte einen leer stehenden Club am Ende der Stadt im Auge. Ich war skeptisch, ob sein Konzept so weit draußen aufgehen könnte. Es war riskant. Er wollte für den neuen Laden sein gut gehendes Bistro ganz aufgeben. Aber er war überzeugt von seiner Idee.

Ich unterstützte ihn bei seinem Vorhaben und übernahm das Management am Tresen. Bei der Neueröffnung rannten ihm die Gäste die Bude ein. In der ersten Zeit war das Lokal gerammelt voll. Die Gäste standen in Dreierreihen vor der Theke. Ich kam kaum mit dem Zubereiten der Getränke und dem Bestücken des Personals nach.

Wie manche durchblicken ließen, war angeblich auch ich ein Grund dafür, dass so viele Gäste kamen. Immer noch war ich allerdings in Wahrheit ein wenig schüchtern und schaute meist auf die Gläser und nicht den Gästen in die Augen, was mir wiederum häufig als Arroganz ausgelegt wurde. Wenn Khari mal für ein paar Wochen nach Beirut zu seiner Familie reiste, managte ich Lokal und Personal in dieser Zeit alleine.

Ich arbeitete hart. Die Nächte im Lokal waren anstrengend. Dazu kam, dass ich nun eine Lehrstelle antrat. Ich war über drei Ecken durch Bekannte zu einem Vorstellungsgespräch für eine Lehrstelle als Rechtsanwaltsfachangestellte gekommen. Der Chef der Kanzlei bot mir nach unserem Treffen sofort einen Ausbildungsvertrag an. Ich fühlte mich gut, hatte etwas erreicht. Für die Lehre verkürzte ich die Zeit an der Fachschule offiziell um drei Monate.

Was mein Thema Lust und Leidenschaft angeht, sollte auch die Lehre mich nicht glücklich machen. Der Alltag in der Kanzlei entpuppte sich als ermüdend: das Tippen von Kostennoten und Anschreiben nach Banddiktat, Akten aus den Schränken heraussuchen, Kaffee kochen, kopieren, faxen, Schriftstücke mit der elektrischen Schreibmaschine erstellen, Briefe kuvertieren, die Unterschriftenmappe zusammenstellen. Das alles langweilte mich, und mit den Leuten in der Berufsschule hatte ich nicht viel zu tun.

Einzige Ausnahme war meine spätere gute Freundin Tatjana, mit der ich mir die Begeisterung für Mahlzeiten als Ritual, Droge, Trost und Freund in einem teilte. Im Gegensatz zu mir wurde Tatjana jedoch nie dick. Sie naschte gerne, aber bei ihr uferten die Mahlzeiten nicht so aus wie bei mir. Nur wenn wir zusammen waren, schlemmten wir übermäßig.

Und dass Essen für mich jetzt noch stärker im Mittelpunkt stand, lag auch an meinem Job. Ich schaffte es nicht, die Belastungen durch die Kanzlei nicht persönlich zu nehmen. Der Rechtsanwalt hatte zu dieser Zeit selbst private Probleme, die er gerne an mir ausließ. »Anwaltsbremse« nannte er mich, wenn kein Papier im Drucker war, oder »zu blöd zum Faxen«, wenn das Fax besetzt war oder streikte.

Das polierte mein Selbstbewusstsein nicht gerade auf. Es wurde immer schlimmer, je länger die Ausbildungszeit dauerte. Es gab einmal eine Situation, bei der ich die Nerven beinahe komplett verloren hätte. Am liebsten hätte ich randaliert. Ich war allein mit dem Rechtsanwalt im Büro, und wieder erfüllte ich irgendwelche seiner Erwartungen nicht. Er beleidigte mich wieder einmal, und ich rastete aus. Meine Nerven lagen blank. Mir liefen die Tränen übers Gesicht. Ich rannte zur Toilette, knallte die Tür zu und musste mich unheimlich zusammenreißen, nichts auseinanderzunehmen. Ich wusste nicht wohin mit meiner Wut und Aggression. Ich hätte mir sehr gewünscht, es körperlich herauslassen zu können. Stattdessen tröstete ich mich mit dem Gedanken an die Mittagspause oder Botengänge. Ich würde mich dann ausführlich belohnen – mit Naschereien.

Wenn ich nicht essen konnte und arbeiten musste, trank ich viel Kaffee, um mich von dem Gedanken ans Essen abzulenken. Ich konnte kaum arbeiten durch meinen ständigen Appetit. Ich war innerlich so unruhig, unzufrieden und unglücklich, freute mich auf den Nachhauseweg und die Nahrungsbeschaffung unterwegs, speziell im Bahnhof. Dort gab es einen Crêpes-Verkäufer, bei dem ich oft haltmachte. Außerdem ein Burgerrestaurant und Automaten, an denen man Fruchtgummis, Chips, kandierte Nüsse und Schokoriegel für die Heimfahrt ziehen konnte.

Die einzige Stütze und der Grund, warum ich es auf der Arbeit überhaupt so lange aushielt, war der Bürovorsteher. Er blieb stets ruhig, nett und souverän, und er verstand seinen Job. Er wirkte wie ein guter Mediator, schlichtete manche Eskalationen. Außerdem konnte er mich davon überzeugen, dass ich keine Schuld an den Beleidigungen des Chefs hatte. Das war eine wichtige Erkenntnis für mich, suchte ich doch stets die Ursache für Streit und Ablehnung bei mir selbst.

Aber belastend war die Situation trotzdem. Und so suchte ich jede Gelegenheit, andere Dinge außerhalb der Büros zu erledigen, und meldete mich für jede noch so kleine Besorgung stets freiwillig. Gerne war ich ständig unterwegs, und sei es nur, um Akten bei Gericht zu holen. Dabei besorgte ich mir unterwegs Puddingplunder, Marzipanhörnchen, Schokocroissants, Laugenbrezeln, belegte Brötchen am Kiosk, in Bäckereien, im Supermarkt. Die Wege erledigte ich immer zu Fuß, damit ich möglichst viel Zeit damit verbringen konnte. Alles war besser, als in der Kanzlei herumzuhocken und Briefe nach Banddiktat zu tippen.

Konnte ich die Kanzlei nicht verlassen, arbeitete ich immer auf die Mittagspause hin, den Höhepunkt meines Tages. Dann ging ich in die Stadt und kaufte mir etwas zu essen, meist in einer Bäckerei oder beim Koreaner, dessen Gerichte ich liebte.

Ich habe diese Lehrzeit nur mit viel Willenskraft überstanden. Einmal im Leben wollte ich etwas zu Ende bringen und meine berufliche Zukunft einigermaßen absichern. Den Abschluss schaffte ich gerade so mit Hängen und Würgen. Der Stoff hatte mich nie interessiert. Ich wollte nach der Ausbildung auf keinen Fall weiter Rechtsanwaltsgehilfin sein.

Das Angebot, übernommen zu werden, lehnte ich ab, auch aufgrund der mehr als spärlichen Bezahlung, die mir angeboten wurde. Es war mir alles irgendwie suspekt. Ich war doch in den Augen des Rechtsanwalts eine »Anwaltsbremse« und zu nichts nutze. Trotzdem wollte er mich als Mitarbeiterin behalten.

Eine Zeitungsannonce sollte mir vier Tage später einen Lichtblick präsentieren. Eine Zeitarbeitsfirma suchte Arbeitskräfte für den kaufmännischen Bereich. Dort bewarb ich mich und wurde nach einem Vorstellungsgespräch umgehend eingestellt. Ich wurde gleich an eine große Tochter einer Telefongesellschaft vermittelt, die sich im Aufbau befand und Leute brauchte. Ich war unter anderem zuständig für die Auftragsprüfung und -bearbeitung der internen Kunden für Mobilfunkgeräte.

Nach Ablauf des befristeten Vertrages konnte ich als Festangestellte einsteigen. Ich war sehr stolz: Ich hatte mich bewährt, war also sozusagen »von der Straße« als Quereinsteigerin gekommen und bekam nun einen festen und guten Job. Ich verband mit dieser Entwicklung die große Hoffnung, endlich etwas aus meinem Leben machen zu können. Eine Wende schien geschafft. Ich betone: schien.

Auch mit Khari war scheinbar alles in Ordnung. Nach der Lehre und dem Einstieg in meinen neuen Job wollte ich ihn nicht im Stich lassen, gehörte ich doch fast schon zum Inventar des Lokals. Nachmittags ging ich vom Bahnhof aus direkt zum Lokal und verbrachte die meiste Zeit dort. Wir aßen dann zusammen, Khari kochte oft typisch libanesische Speisen, die mir sehr schmeckten. Wenn er aus seinen Libanon-Urlauben zurückkam, brachte er mir Massen an Nahrungsmitteln mit: Klebrige, leckere Süßigkeiten, selbst eingelegte Oliven, viel Gebäck lagerte er im Kneipenkühlschrank. Ich naschte viel zwischendurch.

Aber: Ich machte meine Wege auch immer noch zu Fuß, vom Bahnhof aus waren es beispielsweise zwei Kilometer bis zur Kneipe. Schwimmen ging ich ebenso noch gerne. Durch die Bewegung nahm ich zunächst nicht wirklich zu. Mein Gewicht verteilte sich gut auf meiner Körperlänge.

Das Lokal wurde für mich eine Art Ersatzzuhause, Khari für mich eine Art Vaterfigur. Hatten wir am Ende des Abends Zeit für uns, duldete ich körperliches Zusammensein. Spaß hatte ich nicht dabei. Ich machte mit, weil es zu einer Beziehung, die wir ja nun irgendwie führten, dazugehörte. So lief es rund fünf Jahre. Ich hatte zumindest einen Platz, an dem ich mich zu Hause fühlte. Einen Menschen, der mich erwartete, wenn ich kam.

Meine Mutter sah ich in dieser Zeit seltener. Sie hatte ein paar lockere Beziehungen und war mal hier, mal da. Um in meiner Nähe zu sein, kam sie dann mal ins Tanzlokal, aber unser Verhältnis war angespannt. Weil ich sie ständig kritisierte und auch manchmal schief anschaute, wenn sie es mit dem Alkohol übertrieb, was ja die Regel war.

Und auch mit Khari blieb die Welt nicht immer himmelblau. Es gab häufig Wortgefechte zwischen uns, die manchmal auch dramatisch endeten. Er versuchte häufig, mich kleinzumachen. Oft hörte ich Sprüche wie: »Du kannst nichts, bist nichts und wirst nichts.« Oder: »Du bist faul, du denkst, Arbeit macht alt, was?« Dabei ackerte ich fast rund um die Uhr: Tagsüber in der Telekommunikationsfirma, an den Wochenenden bis morgens um vier am Tresen, und manchmal machte ich noch tags darauf den Laden sauber.

Ich kann es mir nur so erklären, dass Khari zu stark unter Druck stand: Wir hatten nur am Wochenende Hochkonjunktur. Unter der Woche war tote Hose, und nur wenige Gäste verirrten sich ins Lokal. Der Laden konnte nur bestehen, weil das Geschäft am Freitag und Samstag so gut lief und es brechend voll war.

Die Demütigungen hielt ich lange aus, bis eines Abends ein Streit derart eskalierte, dass ich kopflos auf die Straße rannte, ohne Jacke bei Minusgraden, nur um ihm zu zeigen, wie verletzt ich war. Doch das Fatale: Niemand kam mir nach. Und so trottete ich wieder zurück und arbeitete weiter. Ich stellte mir häufig die Frage, wie lange ich diesen unglücklichen Zustand aufrechterhalten wollte. Aber ich war immer noch desorientiert und unsicher in meinem Leben. Khari gab mir immerhin Halt.

Trotz unserer Streitigkeiten wollte er sich von seiner Partnerin trennen und mietete eine Wohnung, in der er mit mir gemeinsam leben wollte. Wir suchten alle Möbel gemeinsam aus, von der Küche bis zum Schlafzimmer.

Auf Dauer wurde mir die Arbeit zusätzlich zum Job zu anstrengend, und so bat ich Khari, nicht jedes Wochenende am Tresen stehen zu müssen. Er willigte ein, verlangte jedoch im Gegenzug penibelste Ordnung und Sauberkeit in unserer neuen Wohnung. Und auch da konnte ich ihm nicht genügen. Er zeigte mir ständig Stellen, die angeblich nicht richtig sauber waren. Das führte wieder zu Streitereien, wir kamen immer weniger miteinander zurecht.

Als er mir eines Tages seinen Wunsch nach vier Kindern mitteilte, schnürte sich mir endgültig der Hals zu. Er hatte doch schon zwei fast erwachsene Söhne mit seiner Exfrau, warum wollte er noch vier von mir? Wenn überhaupt, wäre nur ein Kind für mich infrage gekommen, aber selbst dafür fühlte ich mich mit Anfang 20 zu jung. Diese unterschiedlichen Lebenspläne sollten das Aus bedeuten.

Khari suchte sich eine Alternative und beschloss, eine Libanesin zu heiraten. Man hätte ihm eine Frau aus der Verwandtschaft empfohlen, die bereit sei, seine Frau zu werden. Stolz präsentierte er mir ein Foto seiner Zukünftigen. Klein, zierlich und hübsch war sie. Vier Jahre älter als ich. Sie sah aus wie ein Schulmädchen. Ich war tief gekränkt. Es tat höllisch weh, ich war verletzt, fühlte mich verraten, weggeworfen und hasste die zukünftige Frau. Nach einer durchtrunkenen Nacht in unserer Wohnung fand ich mich mit der Situation ab. Es war besser so.

Am Ende war ich sogar erleichtert. Ich wusste, dass wir keine wirklich realistische Zukunft gehabt hätten. Wir waren zu verschieden. Zumindest unser Beziehungsende gestaltete sich friedlich: Khari half mir, auf demselben Flur eine kleine Wohnung einzurichten. Er ging mit mir Möbel kaufen, die ich ihm Stück für Stück von meinem Gehalt zurückzahlen konnte.

Ich war mit 25 Jahren wieder Single. Ich war wieder mein eigener Herr. Aber ich war auch wieder einsam. Nachts hörte ich durch die Wände Kharis Liebesspiel mit seiner neuen Frau. Selbst das machte mir nach einiger Zeit nichts mehr aus. Seltsam, wie leidensfähig man ist. Irgendwann gab ich mir einen Ruck und beschloss, wieder am Leben teilzunehmen und mich in meine Arbeit zu stürzen.

KAPITEL 6

Ausgeliefert

Manche fetten Menschen ziehen sich immer mehr zurück, machen nichts mehr aus sich, werden immer ungepflegter. Sie riechen nicht gut, waschen sich nur oberflächlich. Sie haben größere Schwierigkeiten, sich zu bewegen, sind aufgrund der Körperfülle manchmal eingeschränkt. Es gibt für sie keinen Grund, irgendetwas aus sich zu machen. Bloß nicht unter Leute gehen, lieber zu Hause in zeltförmiger Schlabberkleidung vor dem Fernseher auf dem Sofa verkümmern.

Die meisten kämpfen aber um Würde und dagegen, von der Gesellschaft isoliert zu sein. In meiner schwersten Zeit habe ich besonders das Essen im Restaurant genossen, schick gemacht, unter Leuten zu sein, in der Öffentlichkeit. Bei diesen Gelegenheiten habe ich stets besonders langsam gegessen, jeden Bissen genossen. Es gab schon diese besonderen Momente, in denen ich bewusst gegessen habe.

Gleichwohl gab es phasenweise Zeiten, in denen ich maßlos war und mehr Mahlzeiten am Tag zu mir nahm als mein Freund oder mehr Nachschlag auf meinen Teller häufte als andere am Tisch. Mein engstes Umfeld hielt sich mit Kommentaren sehr zurück. Es hatte keinen Zweck. Jeder Versuch von Gespräch über mein Essverhalten löste bei mir hochaggressive Reaktionen aus. Den Menschen um mich herum war klar: Es wäre ein verlorener Kampf, mich anzusprechen.

Ich kann mit Kritik nicht gut umgehen. Es ist auf mein mangelndes Selbstwertgefühl zurückzuführen. Wer kaum Selbstbewusstsein hat, kann nicht ertragen, wenn auch noch der letzte kleine Rest an Ego infrage gestellt wird. Wenn zudem noch die Sucht übermächtig ist, kann niemand dagegen bestehen.

*

Ich konzentrierte mich mit vollem Elan auf meine neue Festanstellung. Dass ich mit einer guten Stelle anerkannt wurde, tat meinem Selbstbewusstsein sehr gut. Ich hatte viel Zeit mit den Schulwechseln vertan. Die Lehre hätte ich eigentlich viel früher beginnen können. Der Unterricht in der Handelsschule war hilfreich gewesen, ich konnte nun sehr gut und schnell tippen. Die elektrische Schreibmaschine – ja, so etwas gab es zu dieser Zeit noch – beherrschte ich wunderbar.

Jeden Tag fuhr ich nach Bonn, saß acht Stunden auf meinem Bürostuhl und war, da ich mit öffentlichen Verkehrsmitteln unterwegs war, mit dem Pendeln meist mehr als elf Stunden außer Haus. Meinem Gewicht war das nicht gerade zuträglich. Zu diesem Zeitpunkt wog ich etwas über 90 Kilo. Bei mangelnder Bewegung blieb mein Essverhalten gleich. Ich war gestresst, musste mich in die neue Situation einfinden, den langen Tag bewältigen, insgesamt drei Stunden Arbeitsweg hin und zurück inklusive. In dem riesigen Gebäude wuselten viele hektische Menschen um mich herum.

Trotzdem waren die Bedingungen in meinem neuen Arbeitsleben eigentlich gut. Viele Kollegen waren nett, und an meiner Tätigkeit hatte ich nichts Gravierendes auszusetzen. Ich war zuständig für die Erfassung von Auftragsdaten und die telefonische Kundenbetreuung. Der Job war nicht sehr aufregend, aber das überraschte und störte mich nicht sehr. Ein Schreibtischjob eben. Grundsätzlich wird mir aber sehr schnell langweilig. Die Arbeit machte ich stets eher beiläufig. Ich konnte meinem Gedankenkarussell wieder freien Lauf lassen.

Zur Einsamkeit nach der Trennung von Khari kam Traurigkeit, weil ich nicht richtig wusste, in welche Richtung mein Leben gehen würde und könnte. War meine Entscheidung richtig, der neue Job zielführend? Sorgte ich genug für meine Mutter? Hatte ich etwas übersehen? Hätte ich nach einem anderen Weg suchen müssen, oder reichte es, endlich zufrieden zu sein mit dem momentanen Zustand? Wie könnte ich meiner Gefühlslage aus eigener Kraft eine Wendung geben, um zufriedener zu werden und weniger kritisch?

Mein bester Freund und ständiger Begleiter war das Essen. Ist man esssüchtig, dann greift man aus den verschiedensten Anlässen zu Nahrung, sei es aus Nervosität, Stress, Anspannung und Leistungsdruck, Unzufriedenheit, Frust und Langeweile. Egal, ob meine Gefühle positiv oder negativ waren: Moderiert wurden sie durch Essen. Die Nahrung, der Zucker, die Würze, also das Stimulieren der Geschmacksnerven und das Füllen des Magens, lenkten kurzzeitig ab. Ich fühlte mich immer schon dadurch getröstet, belohnt und abgelenkt. Essen war mein ständiger Wegbegleiter, mein Tröster und vermeintlicher Freund. Es gab mir ein Gefühl, auf das ich mich verlassen konnte. Stand ich vor einer schwierigen Situation, wurde gegessen, um die Lösung hinauszuzögern. Beim Essen ließ Druck einfach nach.

Was hätte ich vor 15 Jahren dafür gegeben, wenn wie heute bei Shootings, bei einer Fahrradtour oder beim Friseur das Essen in den Hintergrund rückt! Heute vergesse ich sogar schon einmal eine Mahlzeit.

Damals hatte ich für meine Sucht den Dealer und die Droge direkt vor der Nase. In der Firma bot eine sehr gut sortierte Kantine ein breites Sortiment an. Ich war dort mehrmals am Tag Kundin und besorgte mir Schokoriegel, Chips und jede Menge Milchreis, Joghurts, Pudding. Dazu trank ich literweise Softdrinks. Während meiner Pausen war ich mit meinen Drogen beschäftigt und während der Arbeit durch den Gedanken daran von der Langeweile abgelenkt.

Durch das viele Sitzen – abends landete ich auch immer auf dem Sofa – fing ich an, zuzunehmen. Das fiel auch meinen Kollegen auf, was mich noch zusätzlich belastete. Aber ich konnte die Nahrungsmenge nicht reduzieren. Ich war heftig gereizt und konnte mich selbst und den Rest der Welt nicht ausstehen.

Es wurde sogar noch schlimmer, wenn ich versuchte, mein Essverhalten zu ändern, und mich an diversen Diäten und Ernährungsumstellungen versuchte. Irgendwann baute ich auch Sport in meine spärliche Freizeit ein. Aber nichts hielt ich lange durch. Immer wieder scheiterte ich an mir selbst.

Nach wenigen Jahren erreichte ich schließlich die Dreistelligkeit. Meine Waage zeigte 100 Kilo an. Zunächst war ich ziemlich erschrocken und erschüttert. Ich resignierte jedoch schnell: Jetzt war es auch egal. Ich hatte eine Dimension erreicht, in der es auf zehn, 20 oder 30 Kilo mehr oder weniger nicht mehr ankam.

Das ist wohl ein unglaublich großes Problem aller Übergewichtigen: Wird eine Hemmschwelle überwunden, wie zum Beispiel die Eins mit zwei Nullen, nimmt das Schicksal ungebremst seinen Lauf. Die meisten stellen sich dann einfach nicht mehr auf die Waage.

Auch ich erlaubte mir keinen weiteren Gedanken mehr daran, arrangierte mich mit der Annahme, dass ich wohl eines Tages von selbst wieder abnehmen würde. Zehn Kilo später startete ich doch noch einmal neuerliche Abnehmversuche. Ich begann mit Ernährungsumstellung, mal ließ ich nur Süßigkeiten weg, dann reduzierte ich Fett, dann verzichtete ich auf alles gleichzeitig und probierte es mit Sport. Es folgten neue Diäten, jeden Versuch brach ich nach wenigen Tagen ab. Mein Durchhaltevermögen war sehr schnell erschöpft.

Während dieser Zeit schleppte ich mich mies gelaunt und aggressiv durch den Alltag. Man konnte meine Stimmung auch als depressiv bezeichnen. Auf Entzug. So war es, denn ich war ja eine Süchtige und bin es heute noch. Essen als Droge. Darauf zu verzichten richtete mich fast zugrunde. Ich musste wieder essen, damit es mir besser ging. Ich war in einem Teufelskreis gefangen.

Meine Diätversuche provozierten, dass ich exzessiver denn je aß. Ich holte instinktiv alles nach, worauf ich für kurze Zeit verzichtet hatte. Diesen Zustand mochte ich ebenfalls nicht. Ich war wütend auf mich selbst. Frustriert. Dirk hätte meine Rettung sein können.

Den lernte ich im Stammbistro meiner Mutter kennen. Die regelmäßigen Treffen mit ihr, die ein wenig Leichtigkeit in mein Leben brachten, waren die einzige Abwechslung in dieser Zeit. Wir gingen häufig zusammen in ihr Stammbistro.

Ich war durchaus noch attraktiv mit meinen langen Korkenzieherlocken, üppigem Busen und schicker Kleidung. Ich sah Dirk dort häufiger. Er beobachtete mich dann den Abend über auffällig, hatte kaum Augen für andere, obwohl er sich bewusst war, wie beliebt er bei den meisten anderen Gästen war. An einem Abend stand er auf einmal neben mir, und wir unterhielten uns. Ich machte ihm noch Komplimente, dass er viel jünger wirke, als er war. Denn er verriet mir, dass er 43 war.

Ich verfiel seinem Charme. Er gab mir das Gefühl, interessant für ihn zu sein, und das wiederum reizte mich noch mehr. Ich interessierte mich sowieso mehr für ältere Männer, die sich schon die Hörner abgestoßen hatten. Es war zunächst eine Herausforderung für mich, ihn für mich zu gewinnen, und mein Interesse verwandelte sich in eine Art Verliebtheit. Anfangs war mir nicht klar, dass die Frau, die meist neben ihm saß, seine Gattin war – so wenig strahlten sie Zusammengehörigkeit aus. Irgendwann war es zu spät. Ich hätte meine Gefühle sowieso nicht mehr ändern können.

Als ich erfuhr, wer die Frau in seiner Begleitung war, setzte ich auf meine Wirkung: Groß, blond, langes Haar, jung – es konnte doch nicht so schwer sein, das Objekt meiner Begierde für mich zu gewinnen. Es konnte nicht alles in Ordnung sein in dieser Beziehung, wenn er mir so immens viel Aufmerksamkeit widmete. Die beiden wirkten alles andere als glücklich miteinander. Es war keine böse Absicht dabei, ich wollte seine Frau nicht verletzen oder kränken, aber ich wollte diesen Mann. So oder so, ich hatte nicht wirklich ein schlechtes Gewissen.

Nicht dass er verheiratet war, reizte mich. Dass er an mir interessiert war, forderte mich heraus. Ich war verliebt in den Gedanken, endlich mal wirklich verliebt zu sein. Vielleicht wollte ich aber auch nur verliebt sein – nach der bösen Enttäuschung mit Khari, der mich für eine Frau, die er kaum kannte, verlassen hatte. Wie lange hatte ich dieses Gefühl des Verliebtseins nicht gespürt.

Dirk und ich tauschten bei jeder sich bietenden Gelegenheit intensive Blicke aus. Ich merkte, dass er mich jedes Mal wie ein hypnotisiertes Kaninchen anstarrte. Das gab mir einen Kick, und ich verspürte Genugtuung gegenüber meinem Ex, von dem ich mich weggeworfen fühlte. Dieses Kribbeln mit Dirk war Balsam für meine gekränkte Seele. Und so konzentrierte ich mich auf ihn.

An Silvester trafen wir uns im Bistro wieder. Dirk war dort mit seiner Ehefrau. Sie hatten sich nicht viel zu sagen, sie wandte sich dem Alkohol zu, er suchte meine Nähe. Den ganzen Abend schon war ich kribbelig und ahnte etwas. Zum Feuerwerk ging ich nach draußen. Plötzlich stand er neben mir. Ich erschauerte, er kam immer näher. Dann legte er den Arm um mich und raunte mir ins Ohr: »Ich glaube, ich Depp habe mich total verliebt. Aber es kann und darf nicht sein. Denn ich habe meiner Frau versprochen, für immer bei ihr zu bleiben!«

Andere hätte dieses Geständnis vielleicht abgeschreckt. Dass er mir nun gestand, starke Gefühle für mich zu haben, trieb mich aber weiter an. Ein Machtgefühl erfasste mich. Ich war überzeugt, dass ich ihn für mich gewinnen konnte. Ich wollte, dass er seine Ehe für mich aufgab. Hätte ich ein glückliches Paar vor mir gesehen, wäre ich nicht zum Angriff übergegangen.

Ich verfiel Dirk nicht zuletzt wegen meiner Siegessicherheit. Nach einem Abend im Bistro sprang er mir kopflos ins Taxi hinterher, legte wie ein Ertrinkender den Arm um mich und ließ mich bis zur Haustür nicht mehr los. Wir sprachen kein Wort auf der Fahrt. Ich war zu schockiert über sein Verhalten und auch überglücklich. Seine Jacke, sein Portemonnaie sowie seine Ehefrau ließ er im Bistro zurück.

Wir verbrachten eine mehr als leidenschaftliche Nacht. Sie manifestierte meine tiefe Sehnsucht, von ihm geliebt zu werden. Ich war selig – und siegessicher. Nun hatte ich es geschafft. Ich hatte diesen Mann für mich gewonnen, dachte ich. Das Drama fing aber erst richtig an. Das ganze Stammpublikum im Bistro, das die Szene beobachtet hatte, schlug sich nun auf die Seite der betrogenen Ehefrau. Natürlich hatte auch die, obwohl sie nicht mehr ganz nüchtern war, den überstürzten Abgang ihres Mannes mitbekommen. Alle schoben die Schuld nun auf mich.

Die Folgen für mich waren drastisch: Ich bekam tatsächlich Hausverbot im Bistro, während Dirk weiterhin als Stammgast willkommen war. Ich musste vor der Türe bleiben – die Wirtin war eine Freundin seiner Frau. Er scherte sich nicht sonderlich um meine Nöte. Das allein hätte mich schon stutzig machen sollen. Trotzdem kam er eine Zeit lang regelmäßig zu mir nach Hause, bepackt mit Aufschnitt und Brötchen.

Ich zierte mich ein wenig mit dem Essen. Für mich war während seiner Besuche das Frühstück nur Nebensache. Ich war zu aufgeregt, ihn zu sehen. Ich klagte manchmal über mein erhöhtes Gewicht und zeigte ihm Klamotten aus früheren Zeiten. Er versicherte mir, dass ich schön sei und dass ich mir über ein paar Röllchen keine Gedanken machen solle.

Unsere gemeinsame Zeit war immer kurz, und es lief immer auf Sex hinaus. Er besuchte mich ausschließlich morgens und blieb nie lange. Mehr Zeit war für mich nicht übrig. Aber es reichte mir schon. Ich freute mich immer irrsinnig auf seine Besuche. Die Aufregung war jedes Mal groß. Einen richtigen Alltag hatten wir nie. Es beschränkte sich nur auf diese Besuche. War er wieder weg, fühlte ich mich leer. Aber ich lebte für diese Momente mit ihm – und dachte, er täte es auch. Weit gefehlt.

Zum ersten Mal seit Jahren, vielleicht zum ersten Mal überhaupt, war ich richtig und wahrhaftig verliebt. Ich hatte tiefe Gefühle und Leidenschaft entwickeln können, hatte jemanden gefunden, der mich aus der Lethargie herausholte. Dirk war mein Retter nach den Fußtritten aus der Beziehung mit Khari und meiner familiär schwierigen Vergangenheit gewesen, er hatte so viele positive Gefühle bei mir ausgelöst. Ich hatte all seine Komplimente, seine zärtlichen Worte, seine Zuneigungsbekundungen geglaubt.

Doch die Affäre war aufgefallen. Die Leute tuschelten. Wir standen unter Beobachtung. Dirk war mit Leib und Seele in der Politik engagiert, genoss, dass die Leute zu ihm aufschauten, blühte im Rampenlicht noch mehr auf und legte immer sehr souveräne Auftritte hin. Er wollte die Bewunderung nicht verlieren und versuchte, seinen Ruf zu retten. Sein Geltungsbedürfnis stand über der Leidenschaft zu mir. Und so beschloss er, bei seiner Frau zu bleiben.

Meine Welt stürzte endgültig ein, als mir klar wurde, dass dieser Mann, den ich glaubte, für mich gewonnen zu haben, nicht mehr mit mir zusammen sein wollte. Ich war am Ende. Ich hatte geglaubt, angekommen zu sein. Ich hatte gedacht, geborgen, gewollt, geliebt zu sein. Nun musste ich erkennen, dass das ein Trugschluss gewesen war. Was normale Menschen belastet hätte, empfand ich als traumatisch. Für mich begann eine traurige, grausame Zeit, in der ich dem Essen noch mehr verfiel. Dieser unglückliche Abschluss unseres Verhältnisses war der endgültige Auslöser für meine krankhafte Adipositas. Ich besorgte mir jede Menge Becher Milchreis, stellte sie vor mich auf den Tisch und aß sie alle auf, einen Topf nach dem nächsten. Dabei krampfte sich vor psychischem Schmerz mein

Magen zusammen. Ich aß wie besessen, aber es hörte nicht auf. Fressen, Trauern – nichts anderes bestimmte mein Leben. Ich heulte tagelang, traute mich kaum vor die Tür mit den dicken Augen. Nur zum Einkaufen riss ich mich zusammen. Ich besorgte Fertiggerichte wie Hühnerfrikassee, Steak, Lasagne, Eis aus der Eisdiele, ich aß und aß. Sonst wäre ich nicht durch den Tag gekommen. Ich musste irgendwie funktionieren.

Die Affäre war zwar offiziell zu Ende. Meine emotionale Abhängigkeit von diesem Mann begann jedoch gerade erst. Denn anstatt auf Abstand zu bleiben, fing er an, mir zu schreiben. Und ich konnte nicht von ihm lassen und hielt verzweifelt den Kontakt per Brief aufrecht. Die Hoffnung keimte immer noch, ich wollte und konnte es nicht glauben, dass es zu Ende sein sollte, zu schmerzhaft wäre dies gewesen. Ich schrieb ihm an seine Arbeitsstelle und er mir an meine. Er machte mich dauerhaft emotional abhängig, indem er jede Zeile beantwortete und filmreif beteuerte, wie sehr er das Ende unserer Affäre bedauerte und wie sehr er mich dennoch liebte. Einzig und allein seiner Frau zuliebe halte er an der Ehe fest, weil er ihr das vor dem Altar versprochen habe. Die Zuneigung zu ihr sei nach wie vor groß. Aber dennoch liebe er mich wahnsinnig. Seine wahren, tiefen Gefühle gehörten angeblich mir.

So war es mir lange Zeit unmöglich, mich von ihm zu lösen. Ich kämpfte und kämpfte und klammerte mich an jeden Strohhalm. Am Ende fühlte er sich wohl bedroht von mir. In einem seiner letzten Briefe schrieb er: »Kennst du den Film *Eine verhängnisvolle Affäre*? Und weißt, was da mit der Frau passiert ist?« Er spielte auf die Schlussszene an, in der die Frau der Hauptfigur die wahnsinnig gewordene und stalkende Geliebte ermordet.

Das rüttelte mich auf. Ich war entsetzt. Es half mir, den Absprung zu schaffen. Vom Kontakt zu Dirk. Doch nicht vom Essen. In der Nähe meiner kleinen Wohnung war ein Supermarkt. Dort kaufte ich ständig Eis, Joghurts, Steaks, Nudelgerichte und diverse andere Dinge, die ich gerne aß. Auch Salat und Gemüse standen auf dem

Plan. Ich war ständig damit beschäftigt, mir entweder etwas zuzubereiten oder zu überlegen, was ich noch essen könnte. Hauptsache, es hinderte mich daran nachzudenken. Während ich all diese Dinge aß – ich aß wohlgemerkt, niemals stopfte ich –, schaffte es die Nahrung aber zum ersten Mal nicht mehr vollständig, alles andere zu überdecken und mich gänzlich vom Liebeskummer abzulenken.

Es schmerzte so sehr, dass ich vor Verzweiflung nur schreien wollte, nur schreien, bis zur Heiserkeit, bis zur Besinnungslosigkeit. Ich wollte nichts mehr spüren, nichts mehr denken. Manchmal lag ich auf dem Teppichboden im Wohnzimmer und hörte meine damalige Lieblings-CD von Toni Braxton, gefühlvolle, melancholische Liebesballaden, und heulte vor mich hin. Am schlimmsten war es bei dem Song *Unbreak My Heart*. Ich dachte manchmal, dass ich lieber nicht mehr leben wollte, als diesen Schmerz noch länger zu spüren. Aber den letzten Schritt zum Selbstmord ging ich nie.

Es dauerte ewig lange, bis ich mich wieder gefangen hatte und einigermaßen stabil am Leben teilhaben konnte. Oberflächlich funktionierte ich, auf der Arbeit und in der Gesellschaft. Zu Hause jedoch verzweifelte und aß ich. Ich war einsam und alleine. Zu diesem Zeitpunkt traf ich Frank. Würde das die Wende bringen?

KAPITEL 7

Kontrolle

Kleidergrößen und Gewicht waren immer wichtig. Ich war schon als Kind immer proper. Mit 13 fing ich an, mich mehrfach am Tag zu wiegen, drei- oder viermal täglich. Die Zahlen schwirrten den ganzen Tag über durch meinen Kopf. Ich wusste, ich war immer ein bisschen zu schwer. Dieses kleine bisschen Gewicht zu viel, um richtig zu sein, dem zu entsprechen, was als normal gilt. Ähnlich war es bei den Kleidergrößen. Häufig kaufte ich Oberteile zu klein. Einmal kaufte ich einen leuchtend roten Body in Größe 36. Es war eine unglaubliche Kraftanstrengung, ihn anzuziehen und die Knöpfe zu schließen. Atmen war kaum möglich, aber ich war glücklich: Ich trug ein Kleidungsstück in Größe 36. Es sollte nicht größer als Größe 38 sein. Ich wollte größere Kleidungsstücke einfach nicht kaufen.

*

Zwischen dem ersten Mal, als Frank mich sah, und dem ersten Mal, als ich ihn bewusst wahrnahm, lagen auch Kleidergrößen. Frank hatte mich schon ein paar Monate, bevor wir uns richtig kennenlernten, wahrgenommen. Schon vor der Zeit mit Dirk. Da war ich ihm mit sehr guter Figur, 80 Kilo, auf das Beste herausgeputzt und an der Seite von Khari aufgefallen. Frank erzählte mir später, er sei euphorisch und enttäuscht zugleich gewesen. Er hatte sich wohl ziemlich in mich verguckt und gleich einen Dämpfer bekommen, als ich aus dem Auto eines anderen Mannes stieg. Jetzt, ein paar Monate später – nach Dirk –, hatte ich unaufhörlich zugenommen. So begegneten wir uns im damaligen Stammbistro von meiner Mutter und mir. Dort trafen sie und ich uns häufig an den Wochenenden. Es waren typische Frauenabende.

Meiner Mutter fiel Frank auf. Er stand an einem Abend mit einem Bekannten in Karnevalsuniformen, nur ein paar Meter von uns entfernt, an der Theke. Der Bekannte ging nach einiger Zeit nach Hause und ließ Frank zurück. Da stand er nun, etwas schüchtern, mit einem nachdenklichen Gesichtsausdruck. Meine Mutter lud ihn zu uns an den Tisch ein. Ich hatte da kein großes Interesse an Gesprächen mit Männern, mein Herz war gebrochen, meine Seele erschüttert. Meine Mutter, die gut drauf war zu dieser Zeit, war die treibende Kraft hinter unseren Unternehmungen. Sie lud mich immer wieder ein.

Zum Auftakt der Karnevalssaison traf ich Frank wieder. Auf unserem Marktplatz war viel los: Eine Bühne und Buden waren aufgebaut, viele Menschen trafen sich und feierten den Beginn der närrischen Jahreszeit. Wir verbrachten den ganzen Abend zusammen. Es waren lustige Stunden, wir lachten viel und waren unbeschwert und ausgelassen miteinander.

Eines Nachts, ich lag mit einer heftigen Grippe im Bett, klingelte das Telefon. Ich schoss aus den Federn. Mitten in der Nacht rief jemand an. Das konnte nichts Gutes bedeuten. Meiner Mutter musste etwas zugestoßen sein. Mir schnürte es die Luft ab, und ich griff zitternd zum Hörer.

Tatsächlich meldete sich meine Mutter. Allerdings war sie hellwach und fröhlich. Sie saß in unserem Stammbistro, neben Frank, mit dem sie gerade mehrere Stunden gesprochen hatte. Irgendwie verabredete ich mich dann mit ihm für den nächsten Morgen zum Frühstück. Auch dieses Treffen war schön. Und es folgten weitere. Wir lernten uns immer besser kennen. Ich war mittlerweile bereits über 100 Kilogramm schwer, hatte in kurzer Zeit mächtig zugelegt. Frank war etwas schockiert, wie ich später erfuhr, ließ es sich aber nicht anmerken.

Als er das erste Mal bei mir übernachtete, schlief er auf der Couch. So nah waren wir uns da noch nicht. Ich war sehr vorsichtig – in seinem Fall wohl auch, weil er mir so vertraut war und ich nichts übereilen wollte.

Als er am Morgen dann in seinen Boxershorts im Türrahmen meines Schlafzimmers stand, war ich überrascht, wie schlank er war. Lediglich 80 Kilo brachte er bei einer Größe von 1,81 Metern auf die Waage. Ich war baff. Frank trug zu der Zeit noch vorwiegend Kleidung aus üppigeren Zeiten, die seine Figur verbarg. Ich merkte, dass er sich gerne zu mir gesellen wollte, klopfte auf die Matratze und sagte ihm, er solle sich zu mir legen. Es war unser erstes Mal körperlicher Nähe.

Ich lernte seine verlässliche, ehrliche und fürsorgliche Art schätzen. Er gab sich außerordentlich Mühe, mir Gutes zu tun. Es tat mir gut, mit ihm zusammen zu sein. Er war mir gegenüber immer loyal und respektvoll, hielt sich weitestgehend zurück mit Äußerungen zu meinem Gewicht. Er tischte immer ordentlich auf und gab sich richtig Mühe, um mir ein tolles Frühstück zu bieten. Er machte dann einen tollen Aufschnitt-Teller zurecht, mit Koch- und Räucherschinken, Fleischwurst, Käse, Konfitüre und Eiern. Dazu gab es frische Brötchen, wir aßen meist mehrere, prachtvoll belegt. Mir gefiel, dass Frank stets alles frisch besorgte. Nichts war eingeschweißt, sondern liebevoll beim Bäcker oder an der Fleischtheke ausgesucht. Wenn wir beide gemeinsam aßen, breitete sich ein wohliges Gefühl in mir aus, ich fühlte mich geborgen und angekommen.

Frank kochte auch für mich, zauberte leckerste Hausmannskost wie Rinderrouladen mit einer tollen Sauce, Kartoffeln und Gemüse. Er war ein Fan frisch zubereiteter Speisen, hatte seine Imbissbuden-Zeit hinter sich gelassen, als er von zu Hause auszog. Sein Wechsel von Fast Food zu gesunder Ernährung war ein Schritt in die Unabhängigkeit vom Elternhaus gewesen.

Wäre Frank ein asketischer Rohkost-Fanatiker gewesen, wäre mein Essverhalten an seiner Seite anders gewesen. Vielleicht hätten wir dann aber auch keine langjährige Beziehung gehabt. Frank aß immer schon genauso gerne wie ich. Nicht so ausufernd und nie so viel wie ich. Er ist nicht süchtig nach Naschen, aber er zelebriert eine gute Mahlzeit genauso wie ich. Unterbewusst habe ich mir immer solche Menschen ausgesucht. Nur dass die anderen dem Essen nicht so ausgeliefert waren wie ich.

Ein weiterer Punkt, der mich für Frank einnahm, war, dass er seine Wohnung pflegte, die für die Räumlichkeiten eines Junggesellen beachtlich aufgeräumt und ordentlich war. Dazu bewies er Geschmack bei der Einrichtung. Er imponierte mir sehr.

Es dauerte dennoch einige Monate, bis wir uns so nah waren, dass wir beschlossen, dass ich aus meiner einsamen Wohnung im Dorf zu ihm in die Dreizimmerwohnung zog. Ich hatte länger gezögert, weil ich mich nach den fünf Jahren mit Khari und meiner schlimmen Erfahrung mit Dirk nie wieder binden wollte. Die aufeinanderfolgenden Beziehungsdesaster hatten mir nicht gutgetan. Ich hatte mich zu sehr in meinem Kummer verloren. Und obwohl Frank der Lichtblick war, konnte ich mich zu Beginn nicht voll und ganz auf ihn konzentrieren. Ich war gedanklich noch zu sehr mit den anderen Beziehungen beschäftigt. Und in der ersten Zeit unseres Kennenlernens war ich völlig überfordert mit Franks überbordender Zuneigung.

Frank hatte keinerlei Probleme mit meinem molligen Körper. Seine unbeschwerte Art, mit meinen Kurven umzugehen, bildete den Grundstein für unser tiefes gegenseitiges Vertrauen. Frank äußerte sich nie konkret zu meinem Körper. Er betonte nur immer wieder, dass er mich mochte, wie ich war, ob mit ein paar Kilo mehr oder weniger. Er fand mich in jeder »Gewichts-Phase« meines Körpers anziehend. Nie sah ich ihn zögern oder mich kritisch betrachten. Ihn erschreckte lediglich das Tempo, in dem ich zunahm. Aber selbst dazu sagte er nur, ich solle abnehmen, wenn mein Gewicht meine Gesundheit und Lebensqualität beeinträchtige. Er fände mich auch pummelig attraktiv.

Doch aus einer pummeligen wurde eine sehr dicke Frau. Eines Morgens entdeckte ich an meinem Körper zum ersten Mal Dehnungsstreifen. Ich war gerade dabei, unter die Dusche zu gehen, als ich die roten Rillen wahrnahm. Sie krochen wie Maden über meine bisher so bildhübsche Brust. Es waren eindeutig die ersten Auswirkungen meiner heftigen Gewichtszunahme.

Ich war so schockiert, dass ich Frank ins Bad rief. Sein Gesichtsausdruck war leicht erschrocken, und er versuchte, mich zu beschwichtigen. Es sei alles nicht so schlimm. Das würde ich doch wieder hinbekommen. Ich würde jetzt eine Diät machen, bei der er mich unterstützen würde.

Eigentlich hatte ich mich seit meinem 16. Lebensjahr auf einen ansehnlichen Körper verlassen können. Nun wurde er zerstört. Ich war panisch.

Leider reichte der Schock nicht aus, mich zu einer besseren Ernährung zu bewegen. Frank und ich liebten beide mit Leib und Seele alle erdenklichen Arten von kulinarischen Genüssen. Wir liebten sie nicht nur, wir lebten sie hemmungslos aus. Beide waren wir – mit mehr als gutem Appetit ausgestattet – daran gewöhnt, weit über den normalen Sättigungspunkt hinaus zu schlemmen. Es waren halbe Tage, die wir uns durch die umliegenden Pizzerien, Eisdielen und Restaurants arbeiteten: Wenn wir im Sommer mit einer Eiswaffel mit fünf Bällchen begannen, legten wir am Imbiss um die Ecke noch eine riesige Spinatlasagne mit Knoblauch und viel Käse nach.

Ich verführte Frank zu den meisten Genüssen, und er aß fleißig mit, wenn wir uns trafen. Das kam letztendlich mindestens dreimal in der Woche vor. Später holte er mich dann jeden Tag vom Bahnhof ab, und wir planten unsere »Fressorgie«, zu der ich Frank nur allzu gern animierte.

Meine Klamotten passten schon lange nicht mehr und ich musste mich nach und nach um neue Sachen kümmern. Die Bekleidungsindustrie war damals hinsichtlich großer Größen noch nicht so gut ausgestattet wie heute, und so waren es nicht gerade die attraktivsten Kleidungsstücke, die angeboten wurden. Da mein Körper immer mehr aus der Form geriet und immer üppiger wurde, musste ich nun zu weniger körperbetonter Kleidung greifen. Meist waren es Oberteile in Dunkelblau, Grau und Schwarz. Bloß keine Farben, bloß nicht auffallen. Ich wollte meine Figur um nichts in der Welt betonen, und so änderte sich mein Kleidungsstil radikal.

Ich fühle mich schon lange nicht mehr wohl in meiner Haut. Immer seltener stieg ich auf meine Waage. Ich wollte gar nicht mehr wissen, wie viel ich wieder zugenommen hatte. Mein Doppelkinn bildete sich aus, und mein eigentlich hübsches Gesicht wurde dadurch nicht gerade attraktiver. Meine Beweglichkeit wurde eingeschränkt und mein Gang schwerfälliger.

Anfangs konnten meine Muskeln die schnelle Gewichtszunahme und mangelnde Bewegung überhaupt nicht verkraften, und ich watschelte wie eine Ente. Aber da ich mir ohnehin schon so unattraktiv vorkam, arbeitete ich zumindest an einem einigermaßen würdevollen Gang und einer akzeptablen Haltung.

Wenn ich anfing, über mein Aussehen und die damit verbundene Schwerfälligkeit zu jammern, startete Frank erste Unterstützungsversuche. Er selbst übte keinerlei Kritik, hielt tapfer zu mir. Er riet vorsichtig, es doch mit weniger essen und mehr Bewegung zu probieren. Das war leicht gesagt, und es machte mich eher wütend. Wie sollte ich auf meine Droge so einfach verzichten?

Andererseits konnte es mit dem Abnehmen doch nicht so schwer sein. Auch Frank war eine Zeit lang sehr dick gewesen und hatte es aus eigener Kraft geschafft, fast 40 Kilo abzunehmen. So ganz nebenbei, als er zu Hause ausgezogen war. Als er noch in der Enge seiner Familie mit seiner etwas dominanten Mutter gelebt hatte, hatte auch er mit Nahrung kompensiert. Sogar unmittelbar nach einem üppigen Mittagessen konnte er in der nahe gelegenen Imbissbude noch eine Portion nachlegen. Essen ohne Grenzen. Doch als es ihn beruflich nach Köln verschlug und er auszog, nahm er fast automatisch ohne große Anstrengung kontinuierlich ab. Es tat ihm gut, sein eigener Herr zu sein, niemand setzte ihn unter Druck, niemand engte ihn ein. Er hatte nichts mehr zu kompensieren.

Auch heute nimmt er ab und zu ein paar Kilo zu, meistens wenn wir viel Zeit miteinander verbringen. Unser liebstes gemeinsames Hobby ist es nach wie vor, uns schöne Mahlzeiten zuzubereiten, Rezepte auszuprobieren, zu naschen, Kuchen zu backen und in ein schönes Restaurant zu gehen. Bei Frank artet es aber nie in extremes Übergewicht aus. Wenn er aus beruflichen Gründen wieder weiter weg ist, relativiert sich das Gewicht wieder.

Ich beneidete ihn oft, es schien ein lockeres Verhältnis zwischen Frank und seinen Kilos zu sein. Spielerisch, von selbst, kamen und verschwanden sie wieder. Bei mir türmten sie sich auf und vermehrten sich, und ich war scheinbar machtlos. Meine schwierige Kindheit konnte ich doch nicht immer vorschieben. Ich war doch ausschließlich selbst für meinen Zustand verantwortlich, oder? Wie sollte ich nur aus der Misere herauskommen?

Ich schaffte es einfach nicht, die Gier nach Essen abzustellen. Zu viele negative Gedanken hätten ohne diese Beschäftigung Raum gehabt, sich auszubreiten. Das konnte ich einfach nicht ertragen. Ich wollte nicht über meine Probleme nachdenken. Mein Gewicht steigerte sich weiter. Als ich mich nach einer langen Pause noch einmal auf die Waage traute, wog ich 126,5 Kilo.

So langsam wurden meine vor nicht allzu langer Zeit neu erworbenen Jeans zu eng, und auch die Oberteile kniffen, und darunter zeichneten sich deutlich die Röllchen und Dellen meines Körpers ab. Es mussten wieder neue Klamotten her. Für mein neues Kampfgewicht gab es noch weniger Auswahl als noch ein paar Monate zuvor. Schöne Sachen in Größe 50 bis 52 gab es nicht in Hülle und Fülle. Davon abgesehen, machte es für mich ohnehin kaum noch Sinn, Kleidung nach modischen Aspekten auszusuchen, schlanker und schöner wurde ich doch nicht. So machte auch mein einst heiß geliebtes Shopping keinen Spaß mehr. Ich ging dazu über, immer mehr online zu kaufen.

Als ich nach gut zwölf Monaten bei Größe 54 angelangt war, bestellte ich nur noch über Internet-Versandhandel. Das ersparte mir die unangenehmen Einkäufe in Kaufhäusern und Boutiquen. Ich hüllte meinen mittlerweile 138 Kilo schweren Körper weiterhin in dunkle und weite Kleidung. Ab und zu wagte ich den Kauf von farbenfrohen Blusen, die mich aber doch älter wirken ließen und zudem bieder aussahen.

So langsam fing auch mein Umfeld an, negativ zu reagieren. Oder ich fing an, es zu registrieren. Wahrscheinlich hatte ich die Ohren vorher auf Durchzug gestellt gehabt. Fälle offener Verachtung häuften sich. Als ich einmal mit dem Rad in der Stadt unterwegs war, sagte zum Beispiel ein etwa acht Jahre alter Junge zum anderen: »Wow, guck mal, das arme Fahrrad. Es bricht gleich zusammen!«

Bei einer gemeinsamen Radtour mit Frank begegneten wir einer Familie mit zwei Kindern, einem Jungen und einem Mädchen im Vor- beziehungsweise Grundschulalter. Das Mädchen sagte zu seinem Bruder: »Da fahren ein dünner Mann und eine dicke Frau auf dem Fahrrad.«

Und das waren nur die harmlosen Varianten, die ich schnell wieder verdrängen konnte. Es waren eben Kinder, die einfach nur aussprachen, was sie dachten. Kinder sagen ja meist nur laut die Wahrheit. Und auch wenn die verdammt wehtut, war es etwas anderes als die Reaktionen Erwachsener auf meine Erscheinung. Nie vergessen werde ich, als mir eine Frau im Vorbeigehen mit Verachtung in die Augen schaute und sagte: »Mann, bist du hässlich, pfui, du bist so hässlich!« Sie war selbst nicht die Attraktivste, was es für mich noch schlimmer machte. Aber es wäre so oder so ein Schlag ins Gesicht gewesen.

Die Mahlzeiten, die mich in einen Zustand brachten, den andere Menschen offen auf der Straße kommentieren zu müssen meinten, starteten morgens mit einer größeren Menge Brötchen. Zwischendurch auf dem Weg zur Arbeit und zurück genoss ich ausreichend Schokoriegel und Fruchtgummis. Beim Bäcker verfiel ich weiterhin Teilchen. Dazu gab es fast immer noch einen Cappuccino zum Mitnehmen.

Natürlich kam auch ich nicht ohne Besuche in Fast-Food-Restaurants aus. Hähnchen-Nuggets nahm ich mir gerne für die Zugfahrt mit oder einen Crêpe mit Schokocreme von der Bude auf dem Weg zum Bahnhof. Zu Hause bereitete ich mir noch ein »richtiges« Essen zu: Meist kochte ich gutes, nährstoffreiches Essen. Es gab immer Gemüse zu Steaks, Putenschnitzeln oder Hähnchenschenkeln. Gerne auch mal einen Salatteller mit Hähnchenbrust. Hätte ich sonst nur noch zwei andere geregelte Mahlzeiten zu mir genommen, hätte man von einer ausgewogenen, gesunden Ernährung sprechen können. Aber ich aß ja rund um die Uhr in zahllosen Einheiten.

Nach meinen Abendessen fand sich noch der ein oder andere Joghurt oder Pudding im Kühlschrank. Außerdem kochte ich gerne große Portionen Milchreis, die ich nach und nach vorwiegend alleine verspeiste. Frank aß nur selten eine Schale mit. Ich ging immer wieder an den Topf, kaum, dass ich die vorherige Portion in Ansätzen verdaut hatte. Ich war regelrecht süchtig nach Milchprodukten.

In der Kantine in der Firma aß ich ebenfalls täglich ausgiebig zu Mittag, verschiedene Gerichte, nicht nur fettige oder reichhaltige Speisen. Auch hier gab es oft Gemüsegerichte und Salate, ab und an mal Milchreis als Hauptgericht. Der Nachtisch durfte allerdings nicht fehlen: Pudding und Milchreis auch hier.

Das Tragische war: Ich wurde niemals richtig satt. Noch während des Nachtischs kreisten meine Gedanken um die nächste Nahrungsbeute.

Während der Bürozeiten zwischen den Mahlzeiten zog ich mir immer wieder Schoko- und Müsliriegel aus Automaten. Eine Zeit lang versuchte ich, dieser Gier mit zuckerfreier Diät-Cola zu begegnen. Die konnte ich aber nicht gut vertragen. Der Süßstoff verursachte bei mir ein Ziehen in den Schläfen, Grummeln im Magen und Übelkeit. Der Versuch scheiterte also. So oder so hätte ich nicht erfolgreich sein können, da Süßstoff, wie seit Längerem bekannt ist, extra Appetit verursacht.

Meine Situation geriet immer weiter außer Kontrolle: Meine Kniegelenke und Achillessehnen fingen an zu schmerzen, wenn ich etwas längere Strecken zu Fuß zurücklegen musste. Beim Treppensteigen klopfte mein Herz bis zum Hals, und ich musste Pausen einlegen, weil mir die Luft wegblieb. Es dauerte immer einige Minuten, bis ich wieder bei Atem war nach dem Treppensteigen. Ich hasste Treppen damals. Die Wut auf meine Unfähigkeit ließ mich alles hassen, was mir Schwierigkeiten bereitete.

Diese Ausbrüche sind mir geblieben: Es ist auch heute noch so, dass ich mich sehr schnell über etwas aufregen kann, was ich nicht auf Anhieb schaffe. Als fetter Mensch war ich zu einem hochemotionalen Menschen geworden, der sehr schnell aggressiv wurde und die Wut über die eigene Situation auf andere übertrug.

In meiner Not machte ich für fast alles, was mit mir geschah, meine Umwelt verantwortlich. Ganz abwegig war es ja nicht. Ich fühlte mich verraten von der Gesellschaft, von meinen Mitmenschen. Ich fühlte mich betrogen und ausgenutzt und weggeworfen: von meiner Mutter, meinen Mitschülern, dem damaligen Freund meiner Mutter, den Jungs, meiner besten Freundin und vor allem von Dirk, dem verheirateten Mann, der mich eiskalt abserviert hatte und der letzte Auslöser dafür gewesen war, dass ich dem Essen ganz verfallen war. Natürlich war ich es, die gegessen hat. Aber ich war wie ferngesteuert, hatte keine Kontrolle mehr über mein Verhalten. Wo war die Bedienungsanleitung, um aus diesem Strudel herauszukommen?

KAPITEL 8

Schön oder nicht schön

Die Gesellschaft definiert Schönheit. Dicke Menschen gelten als hässlich, ungepflegt und undiszipliniert. Die Gesellschaft macht Druck: Je schlanker, desto besser. Zum Glück ist aktuell etwas kurviger erlaubt. Die Magermodels sind out.

Ich möchte nie wieder fett sein. Ich habe aber meinen Frieden damit gemacht, etwas kurvenreicher und üppiger zu sein als die strenge Norm. Damit konnte ich mich arrangieren.

Ich habe immer noch zwischen 78 und 83 Kilo auf den Rippen, mein Gewicht schwankt stark. Aber ich finde mich jetzt in Ordnung, habe eine normale Figur mit ausgeprägten Kurven. Jetzt wieder. Denn ich war mit 80 Kilo in mein dickes Leben gestartet und war mit dem bis dato größten Liebeskummer meines jungen Lebens innerhalb weniger Wochen von 95 auf über 100 und dann bis zum Horrorgewicht von 158 Kilo angewachsen. Ich hatte mich verdoppelt.

*

Das Zunehmen habe ich ab der Dreistelligkeit gar nicht mehr richtig registriert. Ich habe zwar die Zahlen auf der Waage gesehen, konnte aber die Eigenwahrnehmung komplett ausschalten. Ich habe meinen Körper einfach aus meinem Kopf gestrichen und dann auch jeden Bezug zu dem, was eine normale Figur ausgemacht hätte, abgeschaltet. Tatsächlich habe ich mich ausschließlich auf das konzentriert, was ich an mir immer noch hübsch fand: mein Haar und mein Gesicht. Den Rest ignorierte ich total.

Als ich 138 Kilo schwer war, waren meine körperlichen Beschwerden immens. Ich lebte nur noch in den Tag hinein, erledigte das Nötigste und verbrachte fast alle Zeit damit, mein Essen zu planen. Nebenher musste ich meinen Arbeitsalltag bewältigen und meine miese Stimmung in den Griff bekommen. Das Leben fiel mir in diesem Zustand sehr schwer. Alles war mühsam und anstrengend. Jeder Tag war eine Hürde: Ich stand mit Unlust auf, wusch mich und suchte mir irgendwelche sackartigen Kleidungsstücke aus meinem Schrank zusammen. Wenn ich manchmal meine Klamotten aus schlanker Zeit, die ich alle aufbewahrt hatte, herausnahm und sie vor mich hielt, konnte ich nicht glauben, wie ich mich so hatte verändern können. Ich fragte mich beklommen, ob ich diese Kleidung jemals wieder tragen können würde. Aber ich war Meisterin im Verdrängen.

Ich hatte keine Pläne mehr, keine wirklichen Bedürfnisse, keine Erwartungen, kaum noch Hoffnungen. Nur den Alltag wollte ich irgendwie bewältigen und auf bessere Zeiten warten. Auf der Arbeit fühlte ich mich häufiger fehl am Platz. Ich war – und bin – stolz darauf, in meiner Firma arbeiten zu dürfen. Aber eintönige Bürotätigkeit lag mir nicht. Vielleicht waren es die Aufgabengebiete, die sich vorwiegend um Zahlen drehten. Mathematik war nie mein Lieblingsfach gewesen. Das Großraumbüro setzte mir außerdem zu, Menschentrauben und Enge bedrückten mich.

Linderung versprach die Entscheidung, dass wir Dreier- und Vierer-Büros bekommen sollten. Das Problem: Mit einigen Kollegen, die mit mir eines dieser Büros bezogen, passte es menschlich nicht. Wir waren grundverschieden, hatten absolut konträre Lebenseinstellungen. Es gab auch nette und kompetente Kollegen um mich herum. Aber mit den meisten harmonierte ich aufgrund unserer Verschiedenheit nicht. Mehr Distanz hätte uns besser getan. In Büros zusammengewürfelt zu sein, setzte mich unter Druck. Dazu kam, dass ich mich latent schuldig fühlte, weil ich mich wegen meiner persönlichen Schwierigkeiten nicht immer voll und ganz auf die Arbeit konzentrieren konnte.

Ständig brauchte ich Nahrung, um mich von unangenehmen Dingen abzulenken. Während meines Berufsalltags war die Kantine meines Arbeitgebers mein Zufluchtsort. Ich arbeitete mich bis zur Mittagspause vor und freute mich etwas auf die Ablenkung mit den leckeren Dingen dort. Immerhin gab es dort auch gelegentlich Treffen mit drei lieb gewordenen Arbeitskollegen, Tanja, Sabine und René, die gleichzeitig mit mir in der Firma angefangen hatten.

Tanja war eine sportliche, sehr zuvorkommende und liebe Kollegin, die sehr viel Mitgefühl allen Lebewesen gegenüber hatte. Sie hatte stets ein offenes Ohr, mit ihr konnte man sich gut unterhalten und diskutieren, genau wie mit Sabine und René, die etwas ruhiger und gediegener waren. Drei Menschen von der sehr sensiblen und freundlichen Art, die gewissenhaft arbeiteten, um zu leben, und nicht umgekehrt, wie viele meiner anderen Kollegen, die anscheinend nur lebten, um zu arbeiten und Karriere zu machen. Tanja war es, die mir während Pausenschwätzchen über Leben, Ansichten und Probleme zu Maßnahmen wie Kuren und Therapien riet, die ich auch schon in Erwägung gezogen hatte.

Wir besprachen verschiedene Möglichkeiten. Ich legte sehr viel Wert auf ihre Meinung, weil sie sehr rational und realistisch ist. Sie hielt nicht allzu viel von Psychotherapie. Sie nahm sie einfach nicht so ernst, ohne dagegen zu argumentieren. Ich hatte ihr erzählt, dass ich diesen Weg versucht hatte und mich von den Therapeuten, die ich aufsuchte, nicht so richtig ernst genommen fühlte. Dass ich mich von ihnen falsch eingeschätzt sah und mir ihre Diagnose in die falsche Richtung zu gehen schien.

Die Gespräche mit Tanja taten mir gut, waren Momente des Aufatmens im Büroalltag. Sie wurde eine verlässliche Freundin, die viel über mein Privatleben, die Diätversuche, die Kuren wusste. Sie bedauerte meine Gewichtskarriere am meisten. Die anderen beiden wussten nicht ganz so viel, aber beobachteten meine negative Entwicklung auch mit Erstaunen.

Auf jeden Fall waren es diese drei Menschen, mit denen die Chemie stimmte und mit denen ich von allen Kollegen die meiste Zeit verbrachte. Es ist eine bestimmte Art Mensch, mit der ich zurechtkomme. Ich würde sagen: Es sind meist emotionale, intelligente und mitfühlende Menschen. Windmaschinen, Karrierehengste und Leute, die nur auf ihr eigenes Wohl bedacht sind, erkenne ich auf 100 Meter Entfernung und distanziere mich.

Ich hätte gerne mit Tanja, Sabine und René zusammen im Büro gesessen. Dann wäre es vielleicht alles ein bisschen entspannter und lustiger gewesen. So aber saß ich mit Kollegen zusammen, zu denen ich keinen Zugang bekam. Ihre Gesellschaft mied ich. Sie waren nett, aber nicht auf meiner Wellenlänge. Instinktiv bekam ich in ihrer Gegenwart einen regelrechten Fluchtreflex.

Dank vieler Mahlzeiten konnte ich mich irgendwie durch meinen Bürotag hangeln. Abends auf dem Nachhauseweg gab es dann wieder etwas Leckeres für den Weg zum Bahnhof. Überall waren die Verlockungen für mich sehr groß. All die Geschäfte, die auf meinem Nachhauseweg lagen. Wenn ich nicht überall kaufte, war ich nicht gut gelaunt. Ich investierte fast meinen ganzen Verdienst in Essen. Nur manchmal gab ich auch Geld für Zeitschriften aus. Weiteres Geld für Zerstreuung. Ich war immer kurz vor der Pleite. Aber es waren alles Maßnahmen zur Ablenkung von meinem Unglück.

Frank hörte mir immer zu. Reden ließ ich ihn nicht. In der ersten Zeit mit Frank war ich noch sehr traumatisiert von der Affäre mit Dirk. Frank war für mich zu dieser Zeit noch mehr mein bester

Freund als mein Geliebter. Er war einfach der Mensch in meinem Leben, der sich wirklich für mich interessierte, für mich, die Person Sandra, nicht nur eine Hülle. In der Trauerphase hatte Frank noch keine Chance gehabt, richtig zu mir durchzudringen. Aber er gab nie auf, ließ mir Zeit, duldete meinen Zustand. Er hatte Hoffnung, dass ich mich wieder fangen würde. Frank war immer an meiner Seite, und ich war gerne mit ihm zusammen. Ich sprach mit ihm über Schwermut, Melancholie und meinen Wunsch, wieder schlank zu werden, meinen Hunger zu bändigen. Er konnte alles nachvollziehen und litt mit mir. Aber meinen seelischen Zustand konnte er nicht heilen. Er bedauerte mich und meine Sorgen sehr, aber mit eigenen Ideen drang er nicht richtig zu mir durch.

Er verlangte nie etwas von mir, gab mir Geborgenheit und Treue. Das imponierte mir sehr. Er beeindruckte mich als Mensch, Freund und Seelenverwandter. Und so konnte ich ihn lieben: Er duldete meine Stimmungen, stand mir zur Seite, versuchte, mir zu helfen, hörte mir zu. Er wusste, wie sehr ich ihn schätzte und wie sehr ich ihm vertraute. Unsere Bindung wurde immer intensiver und schließlich so unerschütterlich, wie sie es heute ist – nach einer Berg-und-Tal-Fahrt durch alle Phasen.

Dass er sich so lange mit Ratschlägen und Tipps zurückhielt, rechnete ich Frank hoch an. Einzig einen Vorstoß machte er: Etwas Bewegung würde uns beiden nicht schaden, führte er klug an. Er überredete mich dazu, ein neues Fahrrad in einem kleinen Laden um die Ecke zu kaufen. Ich war erst skeptisch, da ich etwas schwerfällig geworden war und mir nicht vorstellen konnte, wie ich in meinem Zustand Rad fahren sollte. Aber Frank wollte mir einen Teil des Kaufpreises zum Geburtstag schenken, und es schien ihm sehr wichtig. So stimmte ich zu.

Wir nutzten die Räder dann tatsächlich häufiger gemeinsam. Ich habe meines noch heute und pflege und nutze es regelmäßig bewusst als Mittel zur Körperertüchtigung. Ganz anders als damals, als mein Leben wie ein verschwommener Film an mir vorbeizog.

Ich fuhr Rad mit Frank, ich ging mit Frank oft aus, ich aß mit ihm gemeinsam oder ging mit ihm auf ein Bier in das Bistro, in dem ich ihn kennengelernt hatte. Ich nahm mich selbst nicht richtig wahr, weder als hübsch noch als unattraktiv. Eher war es so, als ob ich diese Frau, diese Sandra, in ihrem Alltag begleitete, ohne großen Einfluss darauf zu haben, was sie gerade tat. Es war, als wäre ein Schleier über meine Empfindungen und Wahrnehmungen gelegt. Ich war wie in der Zeit stehen geblieben, dachte im Körper einer anderen, jüngeren, schlanken Sandra. Irgendwas stimmte nicht, aber ich konnte es nie konkret definieren. Ich wollte auffallen und toll sein wie früher. Aber irgendetwas irritierte mich. Es war ein innerer Kampf zwischen den Gefühlen, mich attraktiv zu finden oder mich als Mensch am Rande der Gesellschaft wahrzunehmen, der keine Kraft hat, aus seinem Fettpanzer zu fliehen. Auf der anderen Seite hatte ich den Wunsch, mich wieder »hinzubiegen«.

Es gab dann zwar diesen Tag, an dem es mich wie der Schlag traf, mir glasklar war, was meine Stimmung die ganze Zeit so negativ beeinflusste. Es war mein enormes Übergewicht und die große Hoffnungslosigkeit, dem Gefängnis Fettpanzer jemals zu entfliehen, meinen Hunger zu stoppen. Ich war fett!!! Aber es änderte sich dadurch nichts. Mein Leben ging einfach mit diesem entsetzlichen Bewusstsein weiter. Ungerührt, unbekümmert, gnadenlos nahm das Schicksal seinen Lauf.

Zum Beispiel in Form von Karnevalsveranstaltungen am laufenden Band. Frank war leidenschaftlicher Jeck, wie die Karnevalsfans bei uns im Rheinland heißen. Er ließ keinen Sessionstermin aus, und ich war ja nun seine Begleitung. Für die Karnevalstradition und die damit verbundene Gruppendynamik, diese organisierte Lustigkeit, konnte ich mich überhaupt nicht begeistern. Die Aufgabe der Tischdame nahm ich deshalb auch mehr oder weniger lustlos wahr. Hinzu kam, dass ich nie ein Karnevalskostüm finden konnte, in dem ich ansprechend aussah. In früheren Zeiten hatte ich mich immer sexy hergerichtet.

Auch unsere Spaziergänge, Städtetrips oder Einkaufsbummel machten mir keinen Spaß. Frank konnte an Aktivitäten vorschlagen, was er wollte: Für alles fehlte mir die Lust, nichts erfreute mich wirklich. Es war alles viel zu anstrengend. Ich fühlte mich in meinem Körper gefangen. Ich war schwerfällig geworden, zu jeder Bewegung musste ich mich aufraffen. Das starke Übergewicht machte mir nicht nur mental, sondern auch körperlich Schwierigkeiten. Dazu kam eine dauerhaft dunkle Stimmung, in der ich gefangen war. Schwermut. Mein Gewicht stieg immer weiter an, ich wurde noch schwerfälliger, noch gereizter, noch lustloser.

Eine Lösung musste her. Dringend!

KAPITEL 9

Übergewicht

Menschen machen Kuren. Zum Beispiel Mutter-Kind-Kuren, wenn die Frauen völlig überlastet sind und das auch ihren Kindern zu schaden droht. Oder etwa Luftkuren, wenn etwas mit Bronchien oder Lunge nicht in Ordnung ist. Die Menschen lernen in Kuren, ihren kaputten Rücken zu schonen oder wie sie aus einer Depression herauskommen können. Immer geht es darum, eine Krankheit zu bekämpfen, oder gelegentlich auch darum, sie zu verhindern, also prophylaktisch aktiv zu werden.

Seit es die Erkenntnis gibt, dass auch Fettleibigkeit eine Krankheit ist, werden auch in diesem Bereich Kuren angeboten – die Medizin beziehungsweise die Krankenkassen versuchen dabei, bei Kindern wie Erwachsenen, bei denen sich Adipositas abzeichnet, so früh wie möglich gegenzusteuern. Schon in jungen Jahren leiden die Betroffenen oft an ernst zu nehmenden Folgeerkrankungen wie Diabetes, Herz-Kreislauf-Beschwerden oder an aus ihrer Krankheit resultierenden psychischen Erkrankungen.

Die Auslöser für ungesundes Übergewicht sind vielfältig: Medikamente sowie bereits vorhandene psychische Störungen, Vererbung, falsche Ernährung und Bewegungsmangel gehören dazu. Oft ist es die Kombination mehrerer dieser Faktoren. Die Patienten brauchen sehr genau auf sie zugeschnittene Hilfe, damit die Kuren erfolgreich sein können.

*

Mein erster Rettungsversuch: Ich wendete mich zwecks einer Kur in einer Klinik an meine Krankenkasse. Ich spürte, dass ich aus diesem Teufelskreis nicht alleine herauskam. Mein Lebenswille setzte kurzzeitig wieder verstärkt ein. Deshalb bemühte ich mich zum ersten Mal in meinem Leben um fremde Hilfe. Bisher waren alle meine Abnehmversuche gescheitert. Auch durch mehr Bewegung konnte ich mein Gewicht nicht reduzieren, da ich dadurch stets noch mehr Appetit bekam und noch mehr aß.

Ich kannte kaum noch Maß. Einmal, als Frank zu einer Karnevalsversammlung unterwegs war, saß ich daheim auf dem Sofa und zappte durch die Fernsehprogramme. Wie ferngesteuert ging ich wieder und wieder zum kleinen Zweitkühlschrank im Flur. Darin lagerte eine kleine Kartonage mit Milchreis, etliche verschiedene Sorten. Ich langweilte mich bei *Big Brother* und holte ein Töpfchen Milchreis nach dem anderen. So ging es weiter, mit schlechtem Gewissen, aber mit steigender Gier. Meine einzige Bremse war der Gedanke, Frank noch etwas aufzubewahren. Einen Becher ließ ich ihm übrig. Mit Himbeeren – das hat er nie vergessen!

Bei einem Gewicht von zu diesem Zeitpunkt 140 Kilogramm teilte mir die Krankenkasse mit, dass ich einen Antrag stellen und natürlich auf Bewilligung warten müsse. Sie genehmigte mir schließlich eine sechswöchige Kur in einer psychosomatischen Klinik im Sauerland. Ich war 26 Jahre alt und sah Licht am Horizont. Hoffnung keimte auf.

Mit gemischten Gefühlen wartete ich auf den Tag, an dem ich zur Klinik aufbrach. Sollte mir dort vielleicht in ein neues Leben geholfen werden? Natürlich war ich auch bedrückt, sechs lange Wochen müsste ich außerhalb meiner gewohnten Umgebung verbringen. Weg von meinem Zuhause, meinem Rückzugsgebiet, meinem Anker Frank.

Ich, die den engen Umgang mit zusammengewürfelten Menschen hasste, sollte mich mit Fremden in Gruppengesprächen auseinandersetzen und gemeinsam Kunsttherapie angehen. Das war nicht so ganz mein Ding. Alleine das Wort »Gruppe« löste bei mir schon Beklemmungen aus.

Frank fuhr mich hin. Am Tag meiner Ankunft stand ich etwas verloren in der Eingangshalle der Klinik. Die Stimmung war allgemein bedrückt. Natürlich war sie das. Niemand hier war aus freudigen Beweggründen angereist. Ich wäre am liebsten wieder mit Frank nach Hause gefahren.

Ich wurde von einer Mitarbeiterin der Klinik in Empfang genommen und zu meinem Zimmer im zweiten Stock gebracht. Es war ein Einzelzimmer wie in einem Hotel, das war mir wichtig. Patienten brauchen nach diesem ganzen Therapiestress schließlich auch eine Rückzugsmöglichkeit. Ich richtete mich also etwas ein und schaute mir die Klinik genauer an. Mein erster Termin war beim Abendessen im Speisesaal. Dort sollte ich meinen ersten Ernährungsplan bekommen. Ich entdeckte beim anschließenden Rundgang durch die Klinik eine kleine Schwimmhalle, was bei mir gleich die nächsten Komplexe auslöste. Zwar fühlte ich mich im Wasser wie ein Fisch, aber ich war mir meiner Körpermasse schließlich bewusst. Ich versuchte, mir in Erinnerung zu rufen, dass ich mit meinem Problem nicht alleine war. Ich würde jetzt Menschen treffen, die noch viel massiger waren als ich.

Schon bei diesem ersten Rundgang sah ich Menschen mit starrem, apathischem Blick umherwandeln, die kaum noch Hoffnung in ihrem Gesicht hatten. Dürre, ausgemergelte Körper, manche mit vielen Schnittwunden an den Unterarmen, verursacht durch Selbstverletzungen, zum Beispiel mit Rasierklingen. Das sogenannte Ritzen ist eine Zwangsstörung, die sehr oft bei misshandelten Menschen auftritt. Sie müssen sich selbst verletzen, um sich zu fühlen. Ich war sehr traurig und hatte großes Mitleid. Mit wie viel schwerwiegenderen Problemen als ich sie zu kämpfen hatten, wurde mir bei der ersten Gruppentherapie-Sitzung klar.

Aber alle hatten wir gemeinsam, dass wir gewissermaßen in einen anderen Körper geschlüpft waren. Wir hatten unsere alten Körper quasi verlassen, es war eine Flucht vor etwas, was tief in unserem Unterbewusstsein lastete. Auch wenn wir alle verschieden aussahen und auch teilweise gegensätzliche Panik-, Angst-, Zwangs- und Essstörungen hatten, so waren wir doch alle vor unserem alten Leben geflohen, weil wir unser altes Ich nicht mehr ertragen konnten, uns nicht mehr damit identifizierten.

Hier saßen anorexie- und bulimiekranke Männer und Frauen verschiedenen Alters neben Menschen mit Adipositas. Fett- und Magersüchtige sollten sich in einem Raum im Kreis austauschen. Jeder Einzelne stellte sich vor und erzählte von seinem Problem. Es war alles dabei. Die Patienten meiner Gruppe berichteten, wenn es ihnen möglich war, von zurückliegenden Erlebnissen. Ich konnte die Traurigkeit und Depression, die über uns schwebte, kaum aushalten.

Nicht selten hatte ich einen dicken Kloß im Hals. Vor allem, wenn die Missbrauchsopfer von ihrer Vergangenheit erzählten. Meine eigenen Probleme wurden dabei ganz klein und unwesentlich. Ich saß anschließend in meinem Zimmer am Schreibtisch direkt am Fenster und starrte auf den Zettel, den ich täglich ausfüllen sollte: Wir mussten unsere Stimmung zu verschiedenen Tageszeiten notieren. Ich konnte nur Worte wie Trauer, Melancholie, Aggression, Ratlosigkeit, Schwermut und Mitleid in meinen Bericht bringen. Denn nach der Gruppentherapie fühlte ich eine schwer lastende Traurigkeit in mir, die ich ja nun nicht mehr mit Essen ausfüllen durfte.

Ich eignete mir eine Art Gleichgültigkeit an, die sich mit Melancholie und Desorientierung abwechselte. Ich wusste nicht, wie es weitergehen sollte. Da es mir sehr schwerfiel, mich nicht ständig ins Essen zu stürzen, und ich einen Erfolg erzielen wollte, fing ich an, mich zu bewegen. In der freien Zeit machte ich lange Spaziergänge, die mir anfangs noch sehr schwerfielen, später aber halfen, den Kopf etwas frei zu bekommen. Mein großes Ziel war, in den sechs Wochen mindestens 20 Kilo zu verlieren.

Es tat gut, nach einem langen Spaziergang die Muskeln, den Körper, die Gelenke zu spüren. Auch eine Art, sich wieder wahrzunehmen. Manches Mal dachte ich, dass das Gefühl der Selbstverletzung ähnelte, nur harmloser und effektiver. Es befriedigte mich irgendwie, die leichten und süßen Schmerzen der Anstrengung zu spüren. Es hebelte für eine kurze Zeit mein unbändiges Verlangen nach Nahrung aus.

Tatsächlich traute ich mich in Begleitung der anderen Schwergewichte sogar in die Schwimmhalle. Unter uns brauchte sich keiner zu schämen. Selbst dann nicht, wenn sich mal ein Magersüchtiger zu uns gesellte. Denn die schämten sich für ihre verletzten und knochigen Körper genauso wie wir Dicken uns für unsere Polster und Dellen.

Die ersten Kilos purzelten. Ich fühlte mich wohler. Die Bewegung tat nicht nur meinem Körper, sondern auch meiner Seele gut. Ich fühlte mich recht wohl auf meinen Spaziergängen und in der Schwimmhalle. Abends spielten wir Dicken hier und da Badminton. Obwohl es für Schwergewichte nicht gerade die beste Einstiegssportart war, tat es schlicht und einfach gut, sich auszupowern. Es ging ganz schön auf die Gelenke, hob aber die Stimmung. Ich hatte das Gefühl, etwas geleistet zu haben, das war erhebend.

Zweimal in der Woche wurden wir Adipositaskranken gewogen, was für mich zweimal in der Woche ein Erfolgserlebnis bedeutete, so wie es für die Magersüchtigen Horror pur war. Ich war zufrieden mit mir und hoffnungsvoll.

Einzig die Entspannungstherapie trieb mich zur Verzweiflung. Es handelte sich dabei um Fantasiereisen und eine Art Meditation. Damit konnte ich in meinem ständig aufgewühlten seelischen Zustand überhaupt nichts anfangen. Es machte mich regelrecht aggressiv. Die ruhige und beschwichtigende Stimme der Therapeutin regte mich auf. Ich saß mit geschlossenen Augen auf meinem Stuhl und wurde zappelig, fühlte eine innere Hitze. Manche Patienten schliefen tatsächlich dabei ein und schnarchten leise vor sich hin. Ich war fassungslos.

Anschließend sollten wir erzählen, was wir empfunden hatten. Ich holte tief Luft und schimpfte los über die Sinnlosigkeit und Lächerlichkeit, die ich empfunden hatte. Nach einigen Versuchen ließ ich es sein. Auch die Kunsttherapie konnte mich nicht überzeugen, obwohl ich ein kreativer Mensch bin. Aber ich hatte andere Vorstellungen von Therapie, als mit Wasserfarbe irgendwelche Muster auf Papier zu malen. Wir sollten einfach drauflosmalen, so wie wir gerade empfanden. Halbherzig machte ich mit. Ich wollte nicht als Querulantin dastehen. Aber ich wusste nicht, was ich zu Papier brachte, und empfand nur Wut dabei, Langeweile.

Die Einzelgespräche mit meiner Therapeutin brachten mir rein gar nichts. Sie verstand mein Problem nicht. Sie bekam keinen Zugang zu mir. Die Chemie stimmte nicht. Ich hatte es früher, in der Lehrzeit, bereits mit Therapie versucht. Mein Hausarzt hatte mir wegen meiner andauernden Schwermut und der Stimmungsschwankungen geraten, Hilfe in Anspruch zu nehmen, da war ich gerade 19 Jahre alt. Aber ich tat mich schwer mit Psychotherapeuten. Ich fand zu keinem einen Draht. Sie hatten für mich alle gemeinsam, dass sie unheimlich viel auf Papier kritzelten, ich mich aber trotzdem nicht im Ansatz verstanden fühlte. Ich registrierte häufig eine gewisse Gleichgültigkeit in ihren Gesichtern, was ich ihnen nicht verdenken kann, wenn man jeden Tag mit gemütskranken Menschen zu tun hat. Ich brauchte und suchte jemanden, der meine Probleme tatsächlich begreifen und nachvollziehen konnte.

Sich hineindenken konnte. Aber so jemanden zu finden schien mir unmöglich. Ich wollte einen Anschub, war bereit, hart an mir zu arbeiten, wenn ich zumindest Hilfe beim Ansatz bekäme.

Und nun saß ich erneut vor einer Therapeutin, die sich meinem Empfinden nach problemlos in eine Reihe mit ihren Vorgängern stellen konnte. Ich nahm sie nicht ernst, ließ sie spüren, wie sehr ich sie ablehnte. Sie schien ebenso wenig an mir interessiert. Ihren Gesichtsausdruck empfand ich als geradezu lethargisch.

Einmal während einer Gruppensitzung bekam ich Probleme wegen meiner Allergie gegen Haselnüsse, die hatte ich wohl im Frühstücksmüsli übersehen. In meinem Brustkorb machte sich ein intensives Brennen breit, das über die Schultern bis in den oberen Rücken strömte. Dazu kamen Schüttelfrost und Hitzewallungen im Wechsel. Ich kannte die Symptome. Als ich Frank kennenlernte, servierte er mir einmal ein mariniertes halbes Hähnchen aus dem Backofen. Ich reagierte heftig, offensichtlich auf die Zusatzstoffe oder Gewürze in der Marinade. Ein Arzt im Notdienst diagnostizierte dann einen Allergieschock.

Mir war also der Ernst der Lage bewusst, und ich wendete mich erschreckt an die Psychologin. Die fertigte mich lapidar ab, ich solle ruhig bleiben und nach der Therapiesitzung zu ihr ins Praxiszimmer kommen. Sie beachtete mich nicht weiter.

Ich nahm zur Vorsicht ein mir vertrautes Antihistamin, ein Allergiemittel, ein und fühlte mich ein wenig besser. Stinksauer stapfte ich nach der Sitzung zu ihrem Praxiszimmer. Sie bat mich, Platz zu nehmen, und fuchtelte dann mit einer komischen Handpuppe vor mir herum: »Das ist Karl! Karl hat Angst ...« Ich sagte ihr, sie solle sofort mit diesen Albernheiten aufhören. Das könne ich nun wirklich nicht als ernst zu nehmende Therapie akzeptieren.

Sie war von ihrer Idee überzeugt: Sie wollte mir begreiflich machen, dass ich unter einer Panikstörung litt. Ich war baff. Was interpretierte diese Frau in Allergiesymptome hinein? Sie war in diesem Moment ganz und gar für mich erledigt. Mir ihr war ich fertig.

Das einzig wirklich Gute an der sechswöchigen Kur war, dass ich stolze zehn Kilo abnahm, mich viel bewegt und mich etwas mit meinen Problemen auseinandergesetzt hatte. Sie waren mir jetzt viel bewusster als vor der Therapie. Gelöst waren sie nicht. Melancholie lastete nach wie vor auf mir. Durch das Elend der anderen Patienten in der Klinik war sie sogar noch verstärkt worden.

Wieder zu Hause, schaffte ich es ein paar Wochen lang, meine neuen Essgewohnheiten und Bewegungseinheiten fortzuführen, alleine weil die Erleichterung in mir vorherrschte, wieder frei, mein eigener Chef zu sein. Tatsächlich nahm ich noch weitere fünf Kilo ab.

Aber dann holte mich der Alltag wieder ein. Beim kleinsten Kummer wie zum Beispiel einer schwierigen Aufgabe auf der Arbeit, Zoff mit einem Kollegen, der manchmal sehr sarkastisch und auch oft verletzend direkt war, Kritik von Kollegen an meinen Essgewohnheiten – schnell gab ich auf.

Irgendwann kam der Tag, an dem ich voll und ganz wieder den alten Gewohnheiten verfiel. Ich aß wieder unregelmäßig und immer unkontrollierter. Der Frust darüber machte es noch schlimmer. Schnell hatte ich die ganzen mühsam abgenommenen Kilos wieder drauf und noch ein paar Bonuskilos dazu. Der Jo-Jo-Effekt verfehlte seine bösartige Wirkung nicht.

15 Wochen nach Beginn der Kur brachte ich dann stolze 142 Kilo auf die Waage. Ich war am Ende. Die Sucht hatte mich wieder, ich gab mich auf.

Die einzige Veränderung, die in meinem Leben anstand: Frank und ich schmiedeten Umzugspläne; die Enge und die Querelen, die seine Wohnung im Mehrfamilienhaus mit sich brachten, wollten wir nicht mehr ertragen. So unausgeglichen und hitzig, wie ich war, setzte mir jede Aufregung extrem zu.

Wir fanden in einem kleinen Dorf, zwei Kilometer von Euskirchen entfernt, ein schönes, schneeweißes neugebautes Haus. Es war eine Doppelhaushälfte mit 200-Quadratmeter-Garten und Terrasse.

Dort lebten wir recht friedlich. Aber ich fühlte mich in den großen Räumen auch ein wenig verloren und einsam.

Ich fuhr täglich mit dem Fahrrad zum nahe gelegenen Bahnhof in Kuchenheim, um von dort aus weiter mit dem Zug zur Arbeit nach Bonn zu fahren. Diese Radfahrt fiel mir ziemlich schwer, weil ich unter hohem Blutdruck litt und das Gewicht mir sehr zu schaffen machte. Manchmal, bei schlechtem Wetter und in den Wintermonaten, fuhr ich mit dem Bus, der nicht weit von unserem Haus entfernt haltmachte, nach Euskirchen zum Bahnhof. Eines Morgens musste ich mich auf dem Weg zum Bus beeilen und probierte, etwas schneller zu laufen. Dabei kam ich ins Straucheln, geriet aus dem Gleichgewicht und stolperte. Ich konnte mich nicht mehr aufrecht halten, knallte mit einer Körpermasse von mittlerweile 150 Kilo auf Hände und Knie. Ein scharfer Schmerz durchfuhr mich, und ich konnte mich nur mehr schlecht als recht aufrappeln.

Ich schämte mich fürchterlich – die Nachbarskinder hatten alles beobachtet. Sie fragten noch, ob sie helfen könnten. Aber ich dankte nur kurz und humpelte mit schmerzverzerrtem Gesicht zurück ins Haus. Dort heulte ich vor Scham und Pein, wusste nicht wohin mit dem Schmerz. Das Knie war dick und verfärbt. Es tat höllisch weh, eine saftige Prellung mit heftigem Bluterguss. Einige Tage später in der Firma stolperte ich auf einer Treppe erneut. Ich fiel wieder auf das noch nicht genesene Knie. Es dauerte Monate, bis diese Verletzung verheilt war. Alles wegen des verdammten Übergewichts. Diese elende Schwerfälligkeit, diese verdammte Unbeweglichkeit! Innerlich schrie ich.

Ständig war ich müde und schnell erschöpft. Auch kam ich von dem kleinen Dorf aus sehr schlecht weg in die Innenstadt nach Euskirchen. Wenn Frank seine Schichten hatte, auch am Wochenende, fühlte ich mich einsam im Dorf.

Frank war zu dieser Zeit als Schichtführer im Drei-Schicht-System in einer Molkerei tätig und brauchte das Auto auch an den Wochenenden, um zur Arbeit zu kommen. Und an den Wochenenden fuhren aus unserem Dorf keine Busse nach Euskirchen. Drei Kilometer bis in die Stadt zu Fuß oder mit dem Fahrrad – dazu fehlte mir die Motivation. Ich fühlte mich regelrecht gefangen zu Hause.

Wir beschlossen dann, einen Schritt weiterzugehen und ein Haus in Euskirchen zu kaufen. Wir wollten zentraler leben und nicht mehr monatlich Geld für Miete ausgeben, lieber in ein Eigenheim investieren. Wir besichtigten einige Häuser, wobei uns eines mitten in der Stadt besonders ins Auge stach. Es war mit schickem hellbraunen Klinker versehen, hatte weiße Sprossenfenster und sah sehr gepflegt aus auf den Fotos des Exposés, das wir von unserem Immobilienmakler erhalten hatten. Eigentlich wollten wir nicht direkt in die Innenstadt ziehen. Der Grund mag sich für Normalgewichtige banal anhören. Als Süchtige wollte ich möglichst weit weg von den Verlockungen leben. In der City reihten sich Fast-Food-Lokale aneinander. Alle Geschäfte waren fußläufig binnen Minuten erreichbar – zu verlockend, um dauerhaft standhaft bleiben zu können.

Das Haus hatte es uns dennoch angetan, und neugierig geworden, entschlossen wir uns zur Besichtigung. Das Ehepaar, das verkaufen wollte und noch immer im Haus wohnte, führte uns durch die Räume. Uns fielen fast die Augen aus dem Kopf. Es war wie in der Villa Kunterbunt. Jeder Raum in einer anderen Farbe: dunkelblau, grün, gelb, der komplette Flur hellblau. Kleine, verbaute Räume, ohne Möglichkeit für innovative Einrichtungsideen. Niemals würden wir hier einziehen.

Als wir wieder zu Hause waren, mussten wir einander dann allerdings gestehen, dass trotz aller negativen Eindrücke irgendein Reiz des Hauses uns nicht ganz losließ. Sowohl Frank als auch mir ging das Haus nicht mehr aus dem Kopf. Und schließlich würden wir es nach unserem Geschmack renovieren können. Unglaublich, wir kauften tatsächlich dieses Haus! Unsere Villa Kunterbunt!

Ich liebe es noch heute. So alt und verbaut es ist, so individuell kommt es daher. Und so bin ich auch, individuell passt zu mir. Ich war schon immer anders. Und dieses Haus ist nicht wie die meisten anderen Häuser. Unsere kreativen Freunde mögen das Haus, die Normalos nicht so besonders.

Ganz in der Nähe unseres Hauses befinden sich viele Parkanlagen, von denen aus man vorbei an Veybach und Erftwegen wunderbar in die nahe liegenden Felder radeln oder spazieren kann. Es gibt sogar tolle Wege in die anliegenden Dörfer und Kleinstädte. Ich fühlte mich nun auch nicht mehr so einsam. Ich hatte Ablenkung.

Wir fühlten uns also dort sehr wohl, und es fehlte uns an nichts. Trotzdem bekam ich mein Gewicht nicht in den Griff. Ich nahm weiter zu. Das Essen, meine Sucht, die sich über die Jahre manifestiert hatte, hielt mich fest wie in einem Schraubstock. Der Hunger war übermächtig. Es war nicht nur ein Appetit, es war richtiger nagender und quälender Hunger.

Ich habe versucht, weniger zu essen und mich mehr zu bewegen. Ich habe auf den Rat meines Hausarztes hin eine Ernährungsberatung gemacht, lernte aber nichts Neues – ich wusste ja, was schädlich war, konnte nur nicht die Finger davon lassen. Ich habe zeitweise zuckerhaltige Lebensmittel weggelassen, habe mich an Trennkost versucht und Pulverdiäten angerührt. Bei Weight Watchers bin ich zum Probetreffen gegangen, aber das Punktezählen war nichts für mich. Für viele Menschen ist das Programm wunderbar, weil man in den Gruppen guten Rückhalt findet und viel über richtige Ernährung lernt. Aber für massiv übergewichtige Menschen ist es in den seltensten Fällen hilfreich, weil die Probleme nicht in der falschen Ernährung, sondern in tieferen, meist traumatischen Erlebnissen liegen, die sie schon ihr ganzes Leben mit sich herumschleppen und sie suchtartig zum Essen greifen lassen.

Diätversuche im mentalen Ausnahmezustand – ich war für mein privates Umfeld unerträglich. Sie konnten auch bei der Größenordnung meines Übergewichtes von über 80 Kilo nichts bringen. Ich hätte Jahre gebraucht, bis ich wieder ein normales Gewicht erreicht hätte. Mein Magen war überdehnt, und das Sättigungsgefühl wäre nie durch normale Portionen erreicht worden. Das heißt, ich hätte mich einem jahrelangen Dauerhungergefühl aussetzen müssen. Seelisch kaum zu ertragen. Gute ausgewogene Diäten basieren gerade nicht auf Hunger, sondern versuchen, Abnehmwillige möglichst satt zu bekommen, sonst brechen diese nach kurzer Zeit die Diät ab.

Ich wusste immer, dass ich mich wie eine Suchtkranke verhielt. Aber ich musste erst 150 Kilo wiegen, um zu realisieren, dass ich mit einem Bein im Grab stand. Ich begann, im Internet zu recherchieren. Es musste doch eine Lösung geben, auch für scheinbar ausweglose Fälle wie mich. Es war kurz vor zwölf: Gesundheitlich war ich in einem desaströsen Zustand. Allein das Treppensteigen forderte meinem Herzen Höchstleistungen ab. Es klopfte mir bis zum Hals, schon nach 20 Stufen, noch minutenlang. Natürlich hatte ich auch zu hohen Blutdruck. Man kann sich vorstellen, was der Körper, speziell die Gelenke leisten mussten, um mit diesem Gewicht tagtäglich zurechtzukommen. Alle taten weh. Diabetes wäre die nächste Erkrankung gewesen, die auf mich zugekommen wäre.

Wie ich mit jetzt über 150 Kilo aussah, kann sich jeder vorstellen. Das Leben machte wirklich keinen Spaß mehr. Die Krankenkasse schickte mich erneut zur sechswöchigen Kur, mit den gleichen Ergebnissen – ich war hinterher schlimmer dran als vorher.

Bis ich dann im Internet unter dem Suchwort »Adipositas« ein Forum fand, in dem sich übergewichtige Menschen austauschen konnten. Dort wurden operative Eingriffe als letzte Möglichkeit diskutiert. Da ich schon alles andere ausprobiert hatte, interessierte ich mich sehr dafür. Ich tauschte mich mit Betroffenen aus, die Adipositas-Operationen hinter sich hatten und auch schon über Erfahrung mit ästhetischen Eingriffen wie Hautstraffungen berichten konnten.

Dort wurde mir die Koryphäe auf dem Gebiet der Adipositas-Eingriffe empfohlen: Professor Dr. Rudolf Weiner aus Frankfurt-Sachsenhausen. Ich vereinbarte einen Beratungstermin mit ihm. Wir besprachen die verschiedenen Möglichkeiten der operativen Eingriffe, ihre Komplikationen, Risiken und natürlich die Vorteile.

Ich erwog verschiedene Eingriffe wie etwa den Magen-Bypass und das Magenband. Da ich unter der Darmkrankheit Morbus Crohn leide, kam für mich nur die Verkleinerung meines Magens infrage, der sogenannte Schlauchmagen. Der Darm sollte unangetastet bleiben. Bei einigen anderen Methoden hätte man auch dort eingegriffen, wie zum Beispiel beim Magen-Bypass, bei dem der Darm verlegt wird. Das erschien mir als ein zu großer Eingriff in Anatomie und körperliche Abläufe.

Magenband und Magenballon werden auch oft genutzt, wenn Patienten ein zu hohes Gewicht haben, um sich einer Adipositas-Operation zu unterziehen. Sie müssen vorher bis zu einem bestimmten Gewicht abnehmen, damit die Risiken bei der OP nicht zu hoch sind.

Professor Weiner sagte, in meinem Fall sähe er keine andere Lösung als eine Operation. Ohne Eingriff würde ich mit einem dauerhaften Hungergefühl leben müssen, was für eine nachhaltige, langfristige Diät keine Basis gewesen wäre.

Ich entschied mich noch am selben Tag für die Magenverkleinerung, die man nicht mehr rückgängig machen kann. Zwei Drittel des Magens werden entfernt. Dadurch wird schon nach kleinen Essensmengen ein Sättigungsgefühl erreicht. Wir vereinbarten, dass ich für meinen Antrag an die Krankenkasse von Professor Weiner ein Gutachten erhalten würde. Mit diesem Schreiben beantragte ich die Maßnahme. Doch sie wurde glattweg abgelehnt. Jetzt erwachte mein Kampfgeist.

KAPITEL 10

Hilfe

Es geht nicht alleine. Nicht wenn man so am Ende ist, wie ich es war. Niemand versteht einen. Nur weniger essen! Nur mehr bewegen! Nur durchhalten! Nur! Nur! Nur! Niemand kann nachvollziehen, wie es ist, gefangen zu sein in einer Masse von Körper. Mit einer Macht, die alles andere überstrahlt. Gegen die man hilflos ist.

Als ich die 160 Kilogramm fast erreicht hatte, wusste ich, wenn ich so weitermache, sterbe ich, und dann würde ein Kran kommen müssen, um mich aus dem Fenster zu hieven. Mir war absolut klar: Ich musste alles tun, was in meiner Macht stand. Ich musste mir Hilfe holen. Nun hatte ich recherchiert, wie ich mein Leben retten könnte, und jetzt stellte sich die Krankenkasse quer?

*

Lebensrettende Maßnahme – es war mir bitterernst! Ich wollte es zu einem Ende bringen, zu einem guten! Mir war klar, ich hatte zwei Möglichkeiten: entweder an meiner Sucht und meinem garantiert immer weiter steigenden Übergewicht zu sterben oder durch eine Operation weiterzuleben und auf einen guten Weg zu gelangen.

Ich hatte die Maßnahme voller Hoffnung beantragt, außer dem Gutachten der Klinik Frankfurt-Sachsenhausen auch noch eine Befürwortung meines Hausarztes dazugelegt.

Als der Antrag von der Krankenkasse negativ beschieden wurde, fühlte ich mich nicht ernst genommen. Ich fühlte mich betrogen. Ich war einfach abgebügelt worden. Nach anfänglicher grenzenloser Enttäuschung und Wut stachelte es mich an. Ich brauchte keine anderthalb Stunden, um einen Widerspruch zu formulieren, bei dem sich meine Finger während des Tippens fast überschlugen. Beim Schreiben fluchte ich laut und heulte. Satz für Satz hämmerte ich in die Tastatur.

Die Krankenkasse schien sich gar nicht richtig mit meinem Antrag befasst zu haben und lehnte eine »Behandlung zur Gewichtsreduzierung mittels Gastric Banding (Magenband)« ab. Beantragt hatte ich aber eine »Sleeve Resection«, einen Schlauchmagen. Der Widerspruch war recht emotional. Ich beschrieb alle Gründe meines Übergewichtes, die Konsequenzen, die auftreten würden, wenn ich weiterhin in diesem Zustand leben würde, und die Krankheiten, die folgen und die Krankenkasse wesentlich mehr kosten würden als diese lebensrettende Operation. Hier ein Auszug aus meiner Protestnote:

Sehr geehrte Damen und Herren,
mit Bestürzung sichtete ich Ihren Brief zur Ablehnung der oben angegebenen Kostenübernahme. Dort lehnen Sie eine Behandlung zur Gewichtsreduzierung mittels Gastric Banding ab. Ich beantragte keine Kostenübernahme für ein Gastric Banding, sondern für eine Sleeve Resection (Magenverkleinerung). Anbei die Erläuterung hierzu, Quelle Internet: Bei der Sleeve Gastrektomie handelt es sich um

einen Eingriff, bei dem der größere rechte Teil des Magens (Korpus – Fundus) entfernt wird, sodass ein zwei bis drei Zentimeter dicker Magenschlauch übrig bleibt. Dieser Schlauch wird mit Metallklammern gebildet und bedingt eine deutliche Verringerung des Füllungsvolumens. Dadurch kommt es nach Zufuhr kleiner Nahrungsmengen zum Sättigungsgefühl. Gleichzeitig gibt es Hinweise, dass durch die Sleeve Gastrektomie das Hungerhormon Ghrelin vermindert ausgeschüttet wird und Patienten weniger Hunger verspüren. Die Sleeve Gastrektomie ist eine Operation, die länger als ein Magenband, aber deutlich kürzer als ein Bypass dauert. Sie kann in den allermeisten Fällen laparoskopisch durchgeführt werden.

Der Krankenhausaufenthalt ist wie bei allen laparoskopischen Eingriffen am Magen circa fünf Tage. Somit wäre eine Kontraindikation im Zusammenhang mit Morbus Crohn nicht gegeben, siehe auch das Gutachten, welches ich mit meinen Unterlagen eingereicht habe. Der Chefarzt der chirurgischen Abteilung des Krankenhauses Sachsenhausen Prof. Dr. Weiner hat in seinem Gutachten darüber berichtet. Einige in Ihrem Ablehnungsschreiben angesprochenen Punkte finden auch in diesem Gutachten eine Antwort. Was die kontinuierlichen Versuche einer Gewichtsreduktion über drei Jahre angeht, so habe ich lediglich meine Versuche unter ärztlicher Betreuung und meine längeren Versuche aufgezählt. Die in meinem Schreiben angegebenen Ärzte können jederzeit hierzu angesprochen werden und dies auch bestätigen. Es finden von meiner Seite aus seit mehr als sechs Jahren ständig Versuche zur Gewichtsreduktion statt, die immer wieder dazu führen, dass mein Gewicht noch mehr in die Höhe steigt.

Es liegt nicht an Unwissen oder Faulheit. Dafür opfert man nicht seine Gesundheit. Wegen des ansteigenden Gewichts nach Diätmaßnahmen sehe ich es als lebensgefährlich an, zurzeit weitere Diätversuche zu starten. Diäten führen lediglich dazu, dass der Körper auf Sparflamme geht, um die verlorenen Reserven bei der nächsten sich bietenden Gelegenheit wieder aufzufüllen. Einzige Lösung ist, dauerhaft – idealerweise für den Rest seines Lebens – weniger Nahrung zu sich zu nehmen, damit der Körper sich umstellen kann und der Stoffwechsel wieder angekurbelt wird. Trotz gesunder, nicht fettreicher und zuckerarmer Ernährung (ich habe Ihnen in dem von Ihnen übermittelten Schreiben aufgezählt, wie ich esse) habe ich in den letzten sechs Wochen wiederum drei Kilogramm zugenommen.

Zudem wurde seitens meines Hausarztes ein 24-Stunden-Blutdruck gemessen mit dem Ergebnis, dass ich starke Blutdruckschwankungen habe und zeitweise einen Blutdruck von 170/100. Bei körperlicher Bewegung habe ich das Gefühl, dass dieser noch höher ansteigt, was wiederum zu leichten Schwächeanfällen führt, sodass ich mich bei kurzen Spaziergängen von bis zu zehn Minuten bereits hinsetzen muss, um nicht umzufallen. Das macht sich durch Rauschen in den Schläfen, Druck im Kopfbereich und Hitzewallungen bei körperlicher Bewegung bemerkbar. Ich denke, das muss zukünftig medikamentös behandelt werden. Dazu werde ich meinen Arzt konsultieren. Weiterhin kommt ein Knacken meiner Kniegelenke hinzu, wobei ich das Gefühl habe, die Kniescheibe springt aus dem Gelenk. Manchmal kommt auch ein Brennen und Ziehen in der Achillessehne hinzu. Die psychosoziale Komponente mal außer Acht gelassen, möchte ich den Menschen sehen, der sich unter solchen Umständen ausreichend bewegen kann. Bei mir ist es definitiv nicht so zur Zeit. Auch eine Bewegungstherapie würde mir hier nicht helfen.

Prof. Dr. Weiner sagte mir im persönlichen Gespräch, dass Bewegung gut für meinen Kreislauf sein würde, aber dass ich dadurch mein Gewicht nicht langfristig reduzieren könnte. Er hat jahrzehntelange Erfahrung und ist im ständigen Kontakt mit den verschiedensten massiv übergewichtigen Patienten. Seine Erfahrungswerte zeigen, dass vielen seiner Patienten mit einer operativen Maßnahme geholfen werden konnte.

Zum guten Schluss: Das Bundessozialgericht hat auch in vielen Fällen, die meinem sehr ähnlich sind, positiv entschieden. Mein Hausarzt Herr Dr. Hermanns, der mich schon mehr als ein Jahrzehnt kennt, befürwortet auch einen operativen Eingriff. Frau Hermanns ist

Diätassistentin und wird mir sicherlich bestätigen können, dass ich sehr umfangreiche Kenntnisse für meine Ernährung aufweisen kann.
Ich verstehe auch den Standpunkt der Krankenkassen, Kosten zu verhindern, aber in meinem Fall würden ohne die hilfreiche OP ohne Zweifel in der Zukunft höhere Kosten anfallen, als eine Adipositas-OP verursachen würde. Ich denke da an Medikamente, Krankschreibungen, notwendige orthopädische Operationsmaßnahmen, Krankenhausaufenthalte, Rehabilitations-Maßnahmen etc.
Mit freundlichen Grüßen
Sandra Selbach

Immer wenn ich in Rage bin, kommen mir die besten Gedanken. Wahrscheinlich sorgen Stresshormone für diesen Effekt. Ich hatte mich so oft scheitern sehen und wusste, dass dies meine letzte Chance sein würde, um zu überleben. Es war in diesem Moment auch ein Stück Überlebenswille, der mich so stark machte. Ich wollte mir die Chance auf ein neues, ein besseres Leben nicht nehmen lassen. Ich wollte endlich schöne Jahre erleben, und ich wusste instinktiv, dass ich diese neue Chance nutzen würde, wenn ich sie bekäme. Wenn ich nur diesem Teufelskreis entfliehen könnte. So wollte ich nicht mehr weiterleben. Ich wollte nicht schon wieder einen Tritt in den Hintern bekommen.

Nach meinem emotionalen Widerspruch kam die Erlösung. Per Post kam tatsächlich die Bewilligung von der Krankenkasse. Ich vereinbarte einen OP-Termin in der Klinik. Es war die beste Entscheidung meines Lebens. Ich bekomme heute noch eine Gänsehaut und feuchte Augen, wenn ich daran denke, was sich durch den Eingriff verändert hat. Ich war auf dem Weg in mein neues Leben. Meine zweite Geburt stand kurz bevor.

KAPITEL 11

Wiegen

Leichtathleten messen ihren Erfolg in Metern und Zeiten. Schüler in Noten. Fernsehschaffende in Quoten. Facebook-Junkies in Likes. Für Übergewichtige und Magersüchtige ist die Waage ein übermäßig wichtiger Bestandteil ihres Lebens. Auch ich habe meinen Erfolg immer mit der Waage gemessen. Es gab Zeiten, in denen ich fünf- bis zehnmal am Tag auf die Waage stieg, besonders häufig in Abnehm-Phasen, um zu sehen, ob schon ein kleiner Erfolg zu verbuchen war. Auch wenn man es am massigen Körper nicht wirklich wahrnehmen konnte: Die Waage zeigte schon kleinste Erfolge an und gab Bestätigung. Gewicht runter: Erfolg. Gewicht rauf: Versagen. Die Waage ist ein wichtiger Bestandteil im Leben übergewichtiger Menschen und dem Magersüchtiger.

Für manche Menschen bedeutet die Waage Terror. Sie ignorieren diesen grausamen Spiegel der Realität und lehnen ihn ab. Ich war sehr darauf fixiert. Meine ist ein sehr modernes Modell, das sogar mein Kampfgewicht von fast 160 Kilogramm anzeigte.

Schlank werden bedeutet Euphorie, ich war einen Tag lang wie im Rausch, nachdem ich morgens ein Pfund oder sogar ein Kilo weniger auf der Anzeige abgelesen hatte. Wenn es doch einmal mehr Gewicht war als zuvor, dann war der ganze Tag verdorben und die alte Angst wieder da, die Kontrolle zu verlieren.

*

Die geplante Magenverkleinerung würde erneut häufiges Wiegen bedeuten. Aber meine Hoffnung war realistisch, dass ich zukünftig konstant sinkende Zahlen auf dem Display sehen würde. Mir war schon klar: Der Eingriff war eine Chance, bot Hilfestellung, ersetzte aber nicht ein großes Maß an Disziplin. Würde ich mein Essverhalten nicht grundlegend ändern, könnte auch eine Magenverkleinerung keinen durchschlagenden Erfolg garantieren. Man kann nach einer Magenverkleinerung zwar immer nur kleine Portionen essen. Aber wenn man sehr oft rund um die Uhr zu kleinen Mengen stark fett- und zuckerhaltiger Nahrungsmittel greift, nimmt man nicht ab.

Ich habe bei anderen Fettleibigen beobachtet, dass sie sehr viele süße Getränke zu sich nehmen wie Cola, Limo, Mixgetränke. Häufig zwischendurch, so oft, wie andere zur Wasserflasche greifen. Auch Fruchtsäfte sind gefährlich für Menschen mit Essstörungen. Sie enthalten fast genauso viel Fruchtzucker wie Limonade Zucker. Milch ist auch kritisch, ein Liter entspricht einer kleinen Mahlzeit. Beispiel Schokolade: Sie schmilzt und ist ruck, zuck aus dem Magen verschwunden. Man könnte also als Operierter stündlich eine Tafel verschlingen.

Die Wochen bis zum Termin vergingen wie in Zeitlupe. Ich konnte es nicht erwarten. Es war ein Wechselbad der Gefühle in mir, und vorherrschend war die Freude, die Chance auf ein neues Leben zu erhalten. Aber es blieb auch Unsicherheit. Ich hatte keine Garantie dafür, dass bei mir alles so positiv laufen würde wie bei meinen Leidensgenossen aus dem Adipositas-Portal.

Frank und meine Mutter, die inzwischen jede Hoffnung auf Änderung meiner Essgewohnheiten aufgegeben hatten, reagierten nicht allzu euphorisch, als ich begeistert von diesem Forum berichtete. Schließlich hatten sie all meine erfolglosen Versuche, von meinem enormen Übergewicht runterzukommen, miterlebt. Als ihnen klar wurde, dass ich von einem größeren operativen Eingriff sprach, hörten sie allerdings genauer zu. Mit Skepsis, Sorge und Entsetzen fragten sie nach, glaubten nicht wirklich, dass ein solch radikaler Eingriff meinen nicht enden wollenden Hunger endgültig stoppen könnte.

Aber sie hatten sich ja auch nicht monatelang mit anderen Betroffenen ausgetauscht. Ich hatte die Recherche im Rücken, die mich meinem Entschluss Stück für Stück näher gebracht hatte. Ich gab ihnen alle Informationen weiter, die ich hatte. Meine Mutter machte sich trotzdem die größten Sorgen. Sie glaubte, dass ich nie mehr richtig essen können würde und an Lebensqualität verlieren könnte und dass gemeinsame Unternehmungen wie Restaurantbesuche undenkbar sein würden.

Ich sah das »Danach« anders. Schon durch die Bewilligung der OP wurde ich innerlich ruhiger. Ich stellte mir oft vor, wie es wohl nach dem Eingriff sein würde. Manche, die eine Diät planen oder mit dem Rauchen aufhören möchten, lassen es am »Tag davor« noch einmal richtig eskalieren. Ich schlemmte in den letzten Tagen vor dem Eingriff gar nicht besonders ausschweifend. Vielmehr versuchte ich, weniger Süßspeisen in den Einkaufswagen zu legen, und stellte mir vor, wie ich mich zukünftig bei Restaurantbesuchen zurückhalten könnte, ob Kinderteller oder kleine Vorspeisen meinen Appetit befriedigen würden. Meine Gedanken waren also jetzt mehr bei der bevorstehenden OP als beim täglichen Essen. Würde ich danach tatsächlich weniger Hunger haben? Das Gefühl des Hungers war so viele Jahre übermächtig gewesen. Es war schwer vorstellbar, dass es einfach verschwinden würde.

Manche im Bekanntenkreis, denen ich von der OP erzählte, waren mehr als skeptisch. Sie gaben zu bedenken, dass die Psyche schließlich nicht mitoperiert würde. Das Hungergefühl säße doch im Kopf. Ich konnte diese Gedankengänge nachvollziehen. Aber ich hatte von Experten erfahren, dass der Geist durch das verringerte Hungergefühl tatsächlich noch einmal von vorne beginnen kann, dass man in der Lage ist, wieder ein ganz normales Essverhalten zu lernen.

Viele Bedenken hatten mich vor meiner Entscheidung, mich operieren zu lassen, umgetrieben. Dann hatte ich abgewogen: Fressen, fett sein und sich durchs Leben quälen oder ein leichteres Leben genießen. Ich hatte mich klar für Letzteres entschieden.

Nachdem Frank und meine Mutter mir mein Vorhaben nicht ausreden konnten, arrangierten sie sich mit der Adipositas-OP und begleiteten mich auf meinem Weg. Am ehesten konnte Frank meinen Wunsch verstehen. Er befasste sich dann auch wirklich mit dem Thema, mehr als meine Mutter. Was für Erfolgsgeschichten es gab, konnte man im Adipositas-Forum sehen. Es gab erstaunliche Nachher-Fotos. Allerdings auch einige wenige Berichte über die Zeit nach der OP, die nicht so gut verlaufen war. Einige der Patienten hatten zunächst sehr viel Gewicht verloren. Dann aber hatten sie große Probleme, kontinuierlich weiter abzunehmen. Sie blieben mit dem Gewicht an einem bestimmten Punkt stehen und gerieten erneut in einen Teufelskreis: Durch den entstandenen Frust fingen die Patienten wieder an, häufig fettreich oder sehr süß zu essen und vor allem zu trinken. Sie nahmen wieder zu. Ein zweiter Eingriff folgte, bei dem der operierte Magen nochmals mit einem Magenband verkleinert wurde.

Andere Adipositas-Kranke berichteten, dass ihr Schlauchmagen sich wieder ausdehnt, weil sie ihn durch übermäßiges Essen strapaziert hatten. Auch diese Menschen mussten erneut unters Messer. Sie bekamen einen Magen-Bypass, dabei wurde auch der Darm verkürzt und verlegt. Etliche Betroffene klagten über eingewachsene oder verrutschte Magenbänder. Deshalb kam für mich persönlich nie ein Magenband infrage. Es ist ein Fremdkörper, und man bekommt einen Port gelegt, durch den das Band enger oder weiter gemacht werden kann. Wenn jemand nun versucht, das Magenband zu überlisten, oder weiterhin viel zu viel isst, dann kann es passieren, dass es verrutscht und die volle Wirkung nicht mehr vorhanden ist. Denn die Kapazität ist wieder erweitert, und es kann mehr Nahrung aufgenommen werden. Es gibt Patienten, die bewusst versuchen, das Magenband zu überlisten, und häufig breiige Lebensmittel, wie zum Beispiel Chips, Salzstangen, zu sich nehmen, heruntergespült mit viel Zuckerwasser. Diese bestimmte Gruppe Adipositas-Kranker ist besonders stark von zuckerhaltigen Lebensmitteln abhängig und kann nicht darauf verzichten. Für sie ist ein Magen-Bypass die bessere Wahl, weil er ein sogenanntes Dumping-Syndrom auslöst, wenn man bestimmte Lebensmittel zu sich nimmt. Dabei kommt es zu einer Sturzentleerung flüssiger und fester Nahrung vom Magen in den Dünndarm mit offensichtlichen Folgen. Der Begriff leitet sich vom englischen Wort »to dump« für »plumpsen« ab. Das kann sehr unangenehme Nebenwirkungen haben. Patienten berichten von Schmerzen nach dem Essen, Magengluckern, plötzlichem Stuhldrang oder sogar Durchfällen. Andere beklagen Übelkeit, Schwächegefühl, Herzklopfen, Zittern und Schwindel.

Es gibt so viele Möglichkeiten, sich selbst zu betrügen. Daher sollte niemand ein voreiliges Urteil über Menschen fällen, die sich so einer Adipositas-OP unterziehen. Denn nur diejenigen, die danach die nötige Disziplin aufbringen, schaffen es auch, ihr Gewicht langfristig zu reduzieren. Die OP garantiert nicht, dass man abnimmt. Sie stellt lediglich die Weichen und bietet gute Erfolgsaussichten, indem sie grenzenlosen Hunger eindämmt. Es bleibt aber noch der Appetit.

Die Süßesser haben auch nach einer Operation immer noch ihren unbegrenzten Appetit. Viele kennen doch das Gefühl, nach dem Abendessen im Restaurant pappsatt zu sein, aber für das Dessert ist noch Platz. So ähnlich geht es den besonders Süchtigen: Den

Hunger haben sie im Griff, aber nicht den Appetit. Den müssen sie aus eigener Kraft bekämpfen und stark sein.

Ein weit verbreitetes Vorurteil ist, dass Adipositas-Kranke sich leichtfertig für eine Magen-OP entscheiden, um sich nicht anstrengen zu müssen und um Verantwortung abzugeben. Ich bin selbst angefeindet worden, man sagte mir, dass durch die Magenverkleinerung ja nur verhindert würde, dass ich mich weiterhin vollstopfen kann. Das war eine Reaktion auf einen meiner Video-Berichte auf YouTube. Eine Frau hatte wütend kommentiert, was ich dort über meinen Abnehmerfolg erzählte. Ich habe ihr tatsächlich geantwortet und noch einmal auf meine Vorgeschichte hingewiesen.

Es bedarf einer Umstellung des ganzen Lebens, wenn man sich für eine OP entscheidet. Es ist unerlässlich, sich vorher genau zu überlegen, was einem wichtiger ist: weiterfressen bis zum Tod oder mit Disziplin ein neues, ein gutes Leben führen.

Die Krankenkasse hatte mir eine Psychotherapie statt einer OP empfohlen. Eine Psychotherapie ist bestimmt für manche Menschen begleitend zum Eingriff sehr hilfreich, um das eigene Verhalten nochmals zu reflektieren und zu verstehen, in welchen Situationen man isst und was der Auslöser des wahnsinnigen Hungers ist. Aber ab einem gewissen Punkt ist der Körper darauf eingestellt, ständig Nahrung zu bekommen. Der Körper verlangt nach dem Zucker. Sich dagegen zu wehren ist auch eine physische Kraftanstrengung. Und als Extrem-Adipöser kann man sich auch so gut wie nicht mehr sportlich betätigen, es gibt also auch kaum körperlichen Ausgleich.

Auch bei mir ging es längst nicht mehr um psychische Auslöser der Esssucht. Mein Magen war völlig überdehnt. Ich hätte ohne OP nur Gewicht verlieren können, indem ich für den Rest meines Lebens unter einem Wahnsinnshungergefühl gelitten hätte. Da hätte mir keine Therapie der Welt geholfen.

Mit der Entscheidung zur Magenverkleinerung hatte ich feste Vorsätze gefasst. Mir war die Chance, die ich durch den Eingriff bekam, sehr stark bewusst. Jetzt musste ich alle Kräfte mobilisieren und mein Vorhaben durchziehen. Die Dramatik war vergleichbar mit der Situation, in der ein Arzt einem schwer Herzkranken sagt: »Wenn Sie jetzt nicht Ihr Leben umstellen, sind Sie in einem halben Jahr tot! Dann macht Ihr Herz nicht mehr mit. Es liegt also jetzt an Ihnen, ob Sie leben oder sterben möchten.«

Mit großer Wahrscheinlichkeit wäre ich irgendwann an dieser Esssucht zugrunde gegangen. Vielleicht mit 200 Kilo Gewicht kaum noch aus dem Haus gegangen, noch dicker und immer dicker geworden, bis vielleicht irgendwann mein Herz versagt hätte. Ich wäre nicht die Erste gewesen.

Es war in der Tat der Überlebenswille, durch den ich nach vorne sah. Bei allen Bedenken und negativen Erfahrungen: Die meisten, die von Operationen berichteten, erzählten, dass sie durch den Eingriff ein neues Leben geschenkt bekommen hatten.

Ich machte mir viele Gedanken darüber, wie mein Leben nach der Operation wohl aussehen würde. Ob es tatsächlich gelingen würde, mich zu halbieren, was mein großes Ziel war. Diesmal wollte ich endlich alles schaffen, was ich mir vorgenommen hatte. Es war meine allerletzte Möglichkeit. Die letzte Chance.

KAPITEL 12

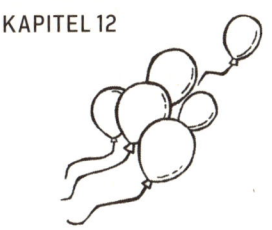

Wiedergeboren

Als fette Frau war ich immer zerrissen zwischen Engelchen auf der linken und Teufelchen auf der rechten Schulter. Das Teufelchen sagte immer: »Ach, nimm es nicht ganz so ernst und schwer, du kannst irgendwann noch etwas ändern. Außerdem hast du doch ein tolles Gesicht, sagen dir alle Leute. Und es gibt doch auch Menschen, die Dicke besonders schick finden. Und viele Übergewichtige stehen doch zu ihren Pfunden und fühlen sich damit pudelwohl!« Auf der anderen Seite sagte das Engelchen: »Mädel, du bist dick und fett, mach wenigstens das Beste aus dir, schau, was irgend möglich ist. Du willst nicht dick und ungepflegt sein!«

Mir leuchtete das ein. Ich wollte, dass die Leute nicht nur die Fettleibigkeit sehen, sondern auch noch den ästhetischen Menschen Sandra.

Jetzt war der Tag gekommen, diese Zerrissenheit zu beenden. Es sollte möglich werden, attraktiv zu sein. Normal zu sein. Wieder dazuzugehören.

*

Frank hatte sich extra frei genommen, um mich ins Krankenhaus nach Frankfurt zu begleiten. Ich hatte mir am Arbeitsplatz – immer noch in der Telekommunikationsfirma – Urlaub genommen, um den Eingriff durchzuziehen. Nach den wichtigen Untersuchungen, die schon vorab gemacht worden waren, begann auch der Tag in der Klinik mit verschiedenen Eingangsuntersuchungen. Blut und Urin wurden getestet, mein Blutdruck gemessen, Formulare ausgefüllt. Dann brachte mich eine Mitarbeiterin auf mein Zimmer, das ich mit einer Frau teilte, die einen Magen-Bypass bekommen hatte. Ihre Operation lag anderthalb Jahre zurück, danach hatte sie kräftig abgespeckt, aber nun hatten sich Gallensteine gebildet, was nach derartigen Eingriffen nicht selten vorkommt.

Sie war 26, also ein paar Jahre jünger als ich, eine mittelgroße, brünette Apothekerin. 50 Kilo weniger – so ihre Erfolgsgeschichte. Magen-Bypässe bekamen üblicherweise Ultraschwergewichte, dafür war sie vergleichsweise leicht. Sie gehörte jedoch zu den Fällen, die ihre Finger nicht von Süßem lassen konnten, und bei denen war diese Methode ebenfalls die erfolgreichste.

Ich freute mich, hatte ich doch ein tolles Erfolgsbeispiel gleich neben mir. Dennoch war mir mulmig zumute, ich fühlte mich irgendwie etwas eigenartig. War es richtig, was ich tat?

Ich beobachtete akribisch das Essverhalten meiner Zimmergenossin. Würde es bei mir später auch so sein? Wäre es nicht besser, es wieder und wieder mit Diäten zu versuchen? Hätte ich nicht doch auf alle Zweifler hören müssen? Wäre doch ein anderer Weg für mich denkbar und vor allem machbar gewesen? War es vertretbar, sich einem solchen Risiko auszusetzen und einen fünfstündigen Eingriff zu wagen?

Ich gab mir einen Ruck: Ich hatte mir die Entscheidung nicht leicht gemacht, alles Für und Wider gegeneinander abgewogen. Ich hatte alles zum Thema recherchiert, mich informiert und mich mit anderen ausgetauscht. Jetzt schob ich die letzten Zweifel, die meiner Nervosität geschuldet waren, energisch weg.

Ich zog mir bequeme Sachen an und hatte das Gefühl, dass ich jetzt auch mit meinem Kopf endgültig im Krankenhaus angekommen war. Frank verabschiedete sich und versprach, am nächsten Tag da zu sein, wenn ich aufwache. Er fuhr den ganzen langen Weg – mehr als 200 Kilometer – wieder nach Hause, weil er noch Dinge erledigen wollte und auch arbeiten musste.

Auch am Tag vor der OP dachte ich nicht daran, dass ich noch einmal richtig schlemmen müsste »zum Abschied«. Obwohl das die meisten Menschen wohl von mir in dieser Situation erwartet hätten. Komischerweise hatte ich innerlich irgendwie mit meinem alten Leben abgeschlossen und war auf ein neues eingestimmt.

Was suspekt klingen mag: Ich hatte eine seltsame Wehmut in mir. Es war wegen des Abschieds von meinem bisherigen vertrauten Leben. Diese Traurigkeit hatte auch ihr Gutes. Sie stimmte mich auf die bevorstehende Veränderung ein, in mir arbeitete es. Ich lag auf meinem Bett und wurde ganz ruhig. Das krasse Gegenteil zu meinem sonstigen Zustand, war ich doch vorher innerlich extrem rastlos und unstet gewesen.

Ich hatte nicht viel Appetit und aß ein recht herkömmliches Abendbrot: zwei belegte Scheiben Brot und dazu Tee mit wenig Zucker, so wie ich ihn bis dahin immer gerne trank. In diesem Moment wusste ich noch nicht, dass das richtige Genießen – und dazu noch ein lang vergessenes Sättigungsgefühl als Bonus – möglich sein würde und dass ich tatsächlich noch zur Feinschmeckerin mutieren würde. Zum Nachtisch gönnte ich mir einen leichten Fruchtjoghurt. Ich aß langsam und bedächtig. Henkersmahlzeit ... ging es mir durch den Kopf. Dabei musste ich kurz schmunzeln. Als ich im Bett das Licht ausmachte und mich unter die Decke kuschelte, schlief ich mit dem Bewusstsein ein, dass am nächsten Tag nichts mehr so sein würde wie vorher.

Die OP war auf elf Uhr am nächsten Vormittag angesetzt. Gegen die Aufregung hatte mir die Krankenschwester eine Schlaftablette für die Nacht angeboten, damit ich nicht müde und abgekämpft in die OP gehen musste. Eine gute Hilfe, denn ohne Medikament hätte ich nur schwer in den Schlaf gefunden.

Der 30. März 2007 ist mein zweiter Geburtstermin. Ein Neuanfang mit knapp 33 Jahren, 158 Kilo Lebendgewicht. Mit einer kleinen Verzögerung kam ich an die Reihe, die Operation vor mir hatte etwas länger gedauert. Ich bekam Thrombosespritzen und -strümpfe, außerdem eine Tablette zur Beruhigung. Zehn Minuten später kamen zwei Krankenschwestern und fuhren mich zum Vorbereitungsraum, in dem mir noch einmal der Blutdruck gemessen und ein Zugang gelegt wurde. Bei den Schwergewichten kam offensichtlich immer doppeltes Personal, um das besonders schwer beladene Bett besser lenken zu können. Der behandelnde Chirurg kam herein, schaute mich an und sagte: »Ganz schön hoher Blutdruck, das wird wohl die Aufregung sein. Seien Sie nicht beunruhigt, es wird alles gut. Wir fahren Sie jetzt in den OP-Saal in Ihr neues Leben.« Dabei streichelte er über meinen Fuß und lächelte. Ich hatte den Eindruck, dass er ein sehr sensibler und mitfühlender Mensch war, dem wirklich etwas daran lag, Menschen wie mir das Leben zu retten, der Verständnis für meine Lage hatte und keine Verachtung empfand.

Auch die Narkoseärztin empfing mich freundlich und respektvoll. Sie erklärte ihre nächsten Schritte und bat mich, etwas über mich zu erzählen, während sie die Narkose einleitete. Nach ein paar Worten hatte ich das Gefühl, zu schweben, und dämmerte weg. Die OP begann.

Das Nächste, was ich vernahm, war Stimmengewirr. Ich wurde von zwei Damen in einem Bett über einen hellen Gang geschoben. Ich befand mich auf dem Weg zum Aufwachraum. Die OP war vorüber, und ich war nicht tot. Ich war wiedergeboren. Ich hatte es überstanden und erinnerte mich an einen schönen Traum während der Narkose. In diesem Traum hatte ich mich gesehen, wie ich als 25-Jährige aussah. Ich trug eine schwarze, hautenge Hose und ein gemustertes Shirt, dazu Pumps. Ich bediente im Tanzlokal.

Bewundernde Blicke trafen mich, und ich fühlte mich attraktiv. Die Leute schauten mich alle merkwürdig an. Ich hatte hüftlange Korkenzieherlocken wie damals, und auf einmal sagte einer der Gäste zu mir: »Sandra, du siehst aus wie früher, du hast dich nicht verändert.«

Die Schwestern fuhren mich in mein Zimmer und erklärten, dass ich wegen meines guten Zustandes nicht zur Sicherheit auf die Intensivstation müsse. Die Operation sei bestens verlaufen. Jetzt solle ich ein wenig schlafen. Sie schlossen mich an eine Schmerzpumpe an, die jede halbe Stunde auf Knopfdruck Schmerzmittel abgab. »Das werden Sie noch brauchen«, sagte eine Krankenschwester. Ich dachte noch verwundert: Wieso, ich fühle gar keine Schmerzen?

Als dann aber die Narkose nachließ, merkte ich, was gemeint war: ein intensiver Druckschmerz, der mir das Gefühl gab, einen Herzinfarkt zu bekommen. Er wurde dadurch ausgelöst, dass vor der OP Gas in den Körper gepumpt wird, damit der Chirurg besser an den Magen gelangt und keine anderen Organe verletzt werden. Die Organe adipöser Menschen sind verfettet. Dadurch ist es besonders schwer, an sie heranzukommen.

Ich drückte wahrscheinlich alle zehn Minuten die Schmerzpumpe. Doch sie war ja auf maximal alle 30 Minuten eingestellt. Wenn das Medikament dann seine Wirkung verströmte, merkte ich, wie ich wieder leichter wurde. Die Welt war auf einmal schön, und ich dämmerte vor mich hin.

Mitten in diesen Aufwach- oder Dämmerzuständen kam Frank ins Zimmer. Er hatte eine Mischung aus Besorgnis und Freude im Gesicht. Freude, dass ich es überstanden hatte, aber auch Sorge, weil ich wohl sehr armselig aussah, mit dem Schlauch in der Vene und einem schmerzverzerrten Gesicht.

Ich hatte nur noch die nächste Ration Schmerzmittel im Kopf, der ich entgegenfieberte. Ich war gereizt und ließ meine schlechte Laune prompt an Frank aus. Am liebsten wollte ich mit meiner Schmerzpumpe alleine sein. Man kann Frank nicht verübeln, dass er seinen Besuch bei mir abkürzte. Dennoch versprach er, am nächsten Tag wieder da zu sein.

Am zweiten Tag sollte ich aufstehen. Die Schwester war unerbittlich. Sie schaffte es, mich in eine aufrechte Haltung zu ziehen und meine Beine auf den Boden zu stellen. Ich dachte: Hat die keine anderen Sorgen? Jetzt soll ich mich waschen, nach einer solch umfangreichen OP, bei der ich fünf Stunden in Narkose lag?

Aber auf der anderen Seite war mir klar, dass ich mich aufraffen musste. Mein Kreislauf musste ja in Schwung gebracht werden, und auch die Thrombosegefahr stieg, je länger ich im Bett lag. Dennoch schimpfte ich leise vor mich hin.

Tatsächlich schaffte ich, was ich nicht für möglich gehalten hatte. Ich machte mich frisch, ging in kleinen, vorsichtigen Schritten wieder zum Bett und setzte mich auf die Kante. Während die Schwester wie jeden Tag kohlesäurefreies Wasser ans Bett stellte und eine Suppe als Mahlzeit ankündigte, beschloss ich, von nun an kleine Spaziergänge auf dem Gang zu machen. Sie waren dringend empfohlen, und ich wusste, dass ich dadurch schneller wieder auf die Beine kommen würde. Es war, als würde ich nach meiner zweiten Geburt wieder laufen lernen. Ich lernte wieder ganz neu, mich zu bewegen.

Am vierten Tag setzte ich mich zu einigen Mitpatienten in den Aufenthaltsbereich, und wir tranken stolz Wasser in winzigen Schlucken und erzählten uns unsere Leidensgeschichten. Ich war die Einzige mit einer Magenverkleinerung. Die anderen beiden hatten Magen-Bypässe gelegt bekommen, sie waren noch massiger als ich. Einer meiner Mitpatienten, ein junger Mann Anfang 30, schleppte mehr als 200 Kilo mit sich herum. Er hatte eine bemerkenswerte Diätkarriere hinter sich, war schon als Kind pummelig gewesen, wurde früh gemobbt und hatte sich von Kindesbeinen an mit großen Mengen Limonade und Chips getröstet. Als Erwachsener litt er nun unter eklatanten Herzproblemen.

Die Mitpatientin um die 40 erzählte von Einsamkeit und ebenfalls Trost durch Essen. Sie war nie mit sich selbst im Reinen gewesen, hatte nie ein stabiles Selbstwertgefühl aufbauen können, war unterdrückt von einer Mutter, die ihr stets weisgemacht hatte, wie wertlos und unnütz sie sei. Eine Form von seelischer Misshandlung.

Es waren offene Gespräche, die wir Patienten führten, teilten wir doch ähnliche Lebensläufe voller Leid und Schmerz. Dennoch konnten wir miteinander lachen und uns gegenseitig aufmuntern.

Auf dem Krankenhausflur stand eine »Elefantenwaage«, wie wir sie nannten. Eine Spezialwaage für massiv übergewichtige Menschen. Als ich mein Gewicht voller Neugier kontrollierte, war ich überrascht: fünf Kilo weniger in vier Tagen. Das konnte ja nur positiv weitergehen. Ich war überglücklich. Die Strapazen und die reduzierte flüssige Kost mussten ja Wirkung gezeigt haben. Aber mit fünf Kilo hatte ich nicht gerechnet.

In den vergangenen Jahren war mein Gewicht kontinuierlich angestiegen. Dass die Waage nach all der Leidenszeit deutlich weniger anzeigte, gab mir einen unglaublichen Kick. Ich merkte, dass ich das Richtige getan hatte, und die Zweifel nahmen ab.

Am fünften Tag nach der Operation holte Frank mich ab. Ich war froh, als ich wieder zu Hause war – mit dem wunderbaren Gefühl, diesen großen Schritt so gut überstanden zu haben. Jetzt ging es an den nächsten Schritt: eine gravierende Ernährungsumstellung. Die Magenverkleinerung ist nur eine Hilfestellung, eine Unterstützung. Jedem, der eine solche OP in Erwägung zieht, sollte klar sein, dass der Eingriff alleine keine Lösung ist und eine lebenslange Umstellung von Ernährungsgewohnheiten und viel Disziplin dazugehören.

Die Operation bewirkt, dass der Patient den Hunger unter Kontrolle bekommt und ein längst vergessenes Sättigungsgefühl spüren kann. Ideal ist es, drei Mahlzeiten am Tag zu sich zu nehmen und sich an die Empfehlungen der Ärzte zu halten. Ganz besonders am Anfang ist Disziplin wichtig. Denn den größten Teil des Übergewichts nimmt man in den ersten Monaten nach der OP ab. Der Professor hatte mich ermahnt, für eine sehr lange Zeit – am besten aber für immer – Essen und Trinken zu trennen. Denn sonst wird der Schlauchmagen frei gespült und man kann nach einer Mahlzeit gleich wieder essen. Außerdem sollten die Portionen nie größer sein, als in ein 0,2-Liter-Glas hineinpasste. Dadurch sollte eine erneute Überdehnung des Magens verhindert werden.

Es waren alles machbare Verhaltensregeln. Im eigenen Interesse sollten sie konsequent befolgt werden. Ich war absolut diszipliniert und überwand mich sogar, zu jeder Mahlzeit den Platz am Tisch einzunehmen, um mich ohne Ablenkung ganz auf das Essen zu konzentrieren. Es fiel mir nicht schwer. Ich war einfach zu glücklich mit meinem zweiten Leben.

Der Küchenschrank war noch bestückt mit Gemüsebrühe und einer ungeöffneten Packung Nahrungsergänzungsmittel aus einem meiner letzten Diätversuche. Frank hatte außerdem Babybrei, Hipp-Gläschen und viele Becher Vollmilchjoghurt für mich besorgt. Somit war schon einmal meine Grundausstattung vorhanden. Besser wäre es natürlich noch gewesen, die Brühe aus frischem Gemüse zu kochen, da es besonders in der Abnehmphase sinnvoll ist, möglichst viele Nährstoffe zu sich zu nehmen, um Mangelerscheinungen vorzubeugen.

Das Erste, was ich nach meiner Ankunft zu Hause zu mir nahm, war ein Vollmilchjoghurt. Wie köstlich der schmeckte! Pur, ohne weitere Süße. Früher hatte ich Joghurt immer mit reichlich Konfitüre oder Dosenobst gemischt, und das in riesigen Mengen. Nun genoss ich mit Wonne, wie in Zeitlupe, diesen kleinen Becher. Ich musste nach der Hälfte sogar eine kleine Pause einlegen, weil ich schnell satt war. Satt – dieses Gefühl hatte ich seit Jahren nicht verspürt.

Der Geschmack war intensiv, ich lernte wieder, zu genießen. Später kochte ich mir Grießbrei, um etwas Warmes zu mir zu nehmen. Es war zugleich Balsam für die Seele. Das warme Gefühl tat gut in Mund und Magen, es war wie eine vollständige warme Mahlzeit. Die Konsistenz war dickflüssiger als die der Süppchen und Joghurts, die ich in den Tagen davor zu mir genommen hatte. Ich kaute den Brei sogar. Um die relativ kleine Portion von mit heißem Wasser zubereiteten drei gehäuften Esslöffeln zu essen, brauchte ich eine halbe Stunde.

So sollte die sogenannte »Flüssigphase« zur Heilungsförderung des Magens mindestens vier Wochen lang weitergehen. Der Magen durfte auf keinen Fall gedehnt werden und sollte auch keine schwer verdauliche Nahrung verarbeiten müssen. Er musste so weit wie möglich entlastet werden. Abgesehen davon, dass ich keinen Hunger verspürte, konnte ich mich gut mit Vollmilchjoghurt, Nahrungsergänzung, Gemüsebrühe und Babybrei durch diese Zeit hangeln.

Manche Patienten haben in den Wochen nach der OP etwas Haarausfall, was aber später wieder nachlässt. Sollte ich welchen gehabt haben, so ist er mir nicht aufgefallen, weil ich schon immer sehr volles Haar hatte. Der Kelch ging also an mir vorüber. Aber was wäre schon ein bisschen Haarverlust gegen die Chance gewesen, sein Normalgewicht zu erreichen, seinen Traum erfüllt zu bekommen. Auch eine vorübergehende Glatze hätte ich in Kauf genommen.

Die Pfunde purzelten jeden Tag, anfangs verlor ich pro Woche zwei bis drei Kilo. Irgendwie trat bei mir in dieser Flüssigphase eine völlig andere Verhaltensweise hervor. Ich wollte es perfekt machen. Nervös bereitete ich mir anfangs meine Nahrungsmittel zu und sagte mir immer wieder wie ein Mantra vor: »Iss jetzt bloß nicht zu viel. Du weißt ja, wie das mit breiigen Dingen ist … Versuche, jetzt nicht in irgendeiner Weise schwach zu werden und dich selbst zu betrügen, indem du oft Breiiges oder Flüssiges zu dir nimmst. Du musst das jetzt schaffen! Du darfst auf keinen Fall versagen, das bringt dich um! Noch eine Chance bekommst du nicht!!!«

Es klappte, ich wurde immer zuversichtlicher. Und so versuchte ich, jeden einzelnen Löffel meines Grießbreis, meines Joghurts oder meiner Brühe zu genießen, und das hingebungsvoll, mit geschlossenen Augen. Ich ließ die Nahrung auf der Zunge zergehen, spürte, schmeckte mit all meinen Sinnen. Und es machte Spaß. Diese Art des längst vergessenen Genießens brachte mir Hochgefühle und eine dauerhafte innere Zufriedenheit.

Die Nervosität und die Angst, Fehler zu machen, fielen nach und nach von mir ab. An ein Hungergefühl kann ich mich nur schwach erinnern. Es war kaum vorhanden, auch kein Appetit. Ich aß zweckmäßig, drei Mahlzeiten am Tag. Der tägliche Gang auf die Waage bestätigte mir jedes Mal, dass ich alles richtig machte. Jedes Mal hatte ich Tränen in den Augen. Ein Schauer lief mir über den Rücken. Ich war so unendlich dankbar. Dankbar, dass alles ohne Komplikationen ablief, dass ich so schnell Gewicht verlor. Dass ich dieses Geschenk, mein zweites Leben, bekam.

Gleichzeitig sah ich mich in schöner, figurbetonter Kleidung, stellte mir vor, was ich alles wieder machen könnte. Keine Atemnot mehr, wieder Treppen steigen und Fahrrad fahren ohne Frust und Probleme, wieder Kleidung kaufen mit Freude, keine mitleidigen oder verächtlichen Blicke mehr. Ich freute mich so unendlich auf die nachfolgende Zeit. Ich war in Dauereuphorie, freute mich auf die Reaktionen meiner Umwelt.

Es entwickelten sich völlig neue Bedürfnisse, wie zum Beispiel eine Typveränderung, ein neuer Haarschnitt. Ich wollte die Neuerungen noch unterstreichen, indem ich mich äußerlich noch mehr veränderte, wollte ein neuer Mensch werden.

Drei Monate nach der Magenverkleinerung bekam ich eine Anfrage von meiner heutigen Co-Autorin Antje Diller-Wolff, die mit ihrer Produktionsfirma shs medien unter anderem Dokumentationen für *Spiegel TV* dreht. Sie hatte auch in Adipositas-Selbsthilfegruppen und deren Foren recherchiert und fragte mich, ob ich Lust hätte, mich für die Sendung *Spiegel TV Thema* begleiten zu lassen. Antje Diller-Wolff wollte für ihre zweistündige Dokumentation zum Thema Ernährung auch diverse Methoden des Abnehmens zeigen. Damit die Sendung mehr Realitätsnähe bekam, begleitete sie Menschen in ganz Deutschland über längere Zeit beim Abnehmen mit unter anderem Weight Watchers, verschiedenen Sportprogrammen, beim Heilfasten und eben mit operativer Unterstützung. Ich willigte ein.

Alle Protagonisten wurden nach ausführlicher Recherche und intensiven Vorgesprächen von Antje Diller-Wolff, ihrem Kameramann und Tontechniker in ihrem Alltag begleitet. Das TV-Team kam zum vereinbarten Termin. Ich hatte mir für diese Gelegenheit extra frei genommen.

Die Journalistin und ich hatten mehrfach telefoniert, nun lernten wir uns persönlich kennen. Antje Diller-Wolff wollte in ihrer Reportage besonders herausstellen, wie ich mich nun nach dem operativen Eingriff ernährte, was sich an meinem Essverhalten geändert hatte.

Neben verschiedenen Interviews und dem Drehen beim Fahrradfahren filmte mich das Team beim Zubereiten meiner Mahlzeit. Frank stieg, als er von der Arbeit nach Hause kam, beim Kochen einer leckeren Gemüsepfanne mit ein. Wir schnippelten Seite an Seite Tomaten, Paprika, Zucchini, Champignons, Zwiebeln. Dabei wurde er unter anderem gefragt, wie er mein Fettsein all die Jahre empfunden hat. Er war ja quasi live dabei gewesen und hat mich durch die Phase der enormen Zunahme bis hin zum Normalgewicht beobachten können.

Es war nicht leicht, zuzuhören, wie er beschrieb, dass es manchmal auch sehr schwierig für ihn gewesen war. Dass ich auf sein Mahnen nicht gehört hätte, gegen Ratschläge immun gewesen wäre. Im Gegenteil: Ich hätte nach Kritik sogar noch mehr gegessen. Ich stimmte ihm zu. Ich weiß genau, wie aggressiv ich vor der Operation stets reagiert hatte, wenn Frank bei ganz seltenen Gelegenheiten versucht hatte, mich zur Besinnung zu bringen.

Ich hatte einfach genau gewusst, dass ich gegen mein übermächtiges Hungergefühl nicht ankommen konnte. Ich hatte immer eine enorme Wut in mir hochkommen spüren, wenn man mein Essverhalten kritisierte. Ich hatte ja wie niemand sonst gewusst, dass ich alleine nicht von dieser Sucht loskommen konnte.

Jetzt vor dem Team konnte ich das gut zugeben. Antje Diller-Wolff fragte ruhig und einfühlsam, sie hatte vorab ausgiebig recherchiert, mit vielen Betroffenen gesprochen, unter anderem mit der Adipositas-Gruppe des Krankenhauses Sachsenhausen, in dem ich operiert worden war.

Sie verstand gut: Die mentale Labilität war damals enorm, ich war sehr verletzlich und angreifbar gewesen. Ich schilderte ihr, dass ich mich auf kaum etwas anderes als Nahrung hatte konzentrieren können.

Jetzt, mit etlichen Wochen Abstand zur OP, fühlte ich mich gut und sicher und sah positiver in die Zukunft. Ich wagte sogar eine kleine Radtour, die das Filmteam drehen durfte. Ich hatte mir gerade angewöhnt, mich auf diese Weise körperlich fitter zu machen, und so war das eine der typischen Veränderungen in meinem Leben, die Antje Diller-Wolff in ihrem Film gerne zeigen wollte.

Das Kamerateam fuhr im Auto neben mir her und filmte mich beim Strampeln. Danach gingen wir – auch unter Beobachtung durch die Kamera – im nahe gelegenen Park spazieren, wobei wir ein ausführliches Interview führten. Diese Spaziergänge mache ich auch heute, sieben Jahre nach dem Dreh, noch. Genauso wie das Radfahren über Distanzen von mittlerweile zwischen zehn und 15 Kilometern. Was den Besuch des TV-Teams angeht: Es sollte nicht der einzige Auftritt im Fernsehen bleiben.

KAPITEL 13

Scham

Wie Außerirdische dürften sich viele Menschen mit körperlichen Auffälligkeiten auch in unserer heutigen aufgeklärteren Zeit fühlen, wenn sie in der Öffentlichkeit unterwegs sind. Die Menschen starren, tuscheln, kichern. Die Gründe, warum Menschen andere Menschen anglotzen, sind vielfältig. Ob es ein knallroter Blutschwamm im Gesicht ist, vielleicht eine Lähmung, Kleinwüchsigkeit oder was auch immer. Die Zeiten, in denen Menschen mit markantem Aussehen im Wanderzirkus gezeigt wurden, sind längst vorbei. Aber trotzdem ist das Gaffen nicht ausgestorben.

Auch als Gefangene in einem Fettpanzer möchte man da am liebsten unsichtbar sein. Man ist hilflos, krank und in der Bewegung stark eingeschränkt. Man fühlt sich sowieso schon minderwertig, sowohl äußerlich als auch innerlich. Und dann diese Blicke, die einem hinterherwandern, mal mehr, mal weniger dezent. Man kommt sich vor wie ein Lebewesen vom anderen Stern. Der andere Stern ist in einer anderen Galaxie.

Normalgewicht, das Angepasstsein gehören in unsere Gesellschaft. Es ist für die meisten Übergewichtigen ohnehin schon schwer genug, im wahrsten Sinne des Wortes, sich mit einem extremen Gewicht durch den Alltag zu bewegen. Man stößt ständig auf Diskriminierung und Vorurteile.

Ich glaube nicht, dass Menschen auch nur im Ansatz erfassen können, welchen Schmerz sie verursachen, wenn sie sehr dicke Frauen und Männer anstarren und ihnen schon allein dadurch klarmachen: »Du gehörst nicht zu uns!«

*

Kurz nach dem Dreh mit Antje Diller-Wolff für *Spiegel TV* bekam ich eine neue Anfrage: Eine Münchener Produktionsfirma suchte Protagonisten für eine sogenannte »Dokufiktion« mit dem Thema »Die sieben Todsünden«. Ich war für den Part »Völlerei« vorgesehen. Die Anfrage kam über ein Portal speziell für Menschen jenseits der Idealmaße. Ich hatte dort schon vor der Magenverkleinerung eine Sedcard angelegt, mit der ich mich für Plus-Size-Projekte und Kleindarstellerrollen anbot.

Der Dreh war für den Sender Pro7, für die Sendung *Galileo Spezial*. Die Redakteure fanden meinen Typ sehr ansprechend für diese Rolle. Sie suchten eine stark übergewichtige Frau, die aber konservativ und intellektuell wirken können sollte. Als ich ihnen mitteilte, dass ich mittlerweile deutlich abgenommen hatte, mit meinen 122 Kilo nun 36 Kilo leichter war als auf dem Foto, das der Redaktion vorlag, zögerten die Verantwortlichen erst. Sie wollten mich dann aber »aufgrund meiner Ausstrahlung«, wie es hieß, trotzdem haben. Auch wenn es für diese Rolle gern mehr Gewicht hätte sein können, wie sie sagten. Dass ich das noch erleben durfte.

Ich war unglaublich glücklich über die Zusage. Ich hatte nicht wirklich damit gerechnet, über dieses Plus-Size-Portal jemals eine Anfrage, geschweige denn ein Engagement zu bekommen. Ich war damals nicht wirklich ein Modeltyp und hatte auch keinerlei Schauspielerfahrung.

Für die Präsentation von Mode für Übergrößen war ich mit Sicherheit auch ungeeignet. Mein Körper war alles andere als knackig. Kurzärmelige T-Shirts, kurze Röcke und Shorts hätte ich nicht gut tragen können. Ich hatte zumindest noch nie ein Plus-Size-Model mit Schwabbelarmen oder Hängebusen gesehen. Auch ein Übergrößenmodel sollte über straffe Formen verfügen. Als »Plus-Size« gilt man ja schon, wenn man größer als Konfektionsgröße 38 trägt. Obwohl in der knallharten Modelbranche auch Größe 38 schon grenzwertig ist. Man findet diese Frauen eher schon in der Plus-Size-Kartei diverser Agenturen. Es handelt sich dabei um schlanke, bildhübsche Frauen mit einem normalen Körperbau, nur etwas weiblicher ausgestattet. Da hätte ich nicht mithalten können. Ich trug zu der Zeit Übergröße 52 bis 54. Aber hier war ich ja zum Glück als Schauspielerin gebucht.

Ich sollte die Hauptrolle für den Spielfilmpart übernehmen: Es ging darum, eine erfolgreiche Buchautorin zu spielen, die stark übergewichtig war. Eine intelligente Frau, die davon träumt, geliebt und begehrt zu werden, aber dem Essen verfallen ist.

Sie hat, genau wie ich, viele Male vergeblich versucht, abzunehmen. Immer wieder ist sie gescheitert. Darum ist sie sehr verzweifeltes und lebt zurückgezogen. Dann lernt sie einen jungen Mann kennen, sehr schlank, fast zierlich und etwa in ihrem Alter, der dicke Frauen liebt. Je dicker, desto besser. Es ist sein Fetisch. Es ist seine Leidenschaft, die Frau seiner Wahl zu füttern, regelrecht zu mästen.

Er ist ein sogenannter »Feeder«, auf deutsch »Fütterer«, der seinen Tag weitestgehend damit gestaltet, für die Angebetete einkaufen zu gehen, möglichst kalorienreiche Gerichte für sie zuzubereiten und zu dekorieren, um anschließend wie in einer Zeremonie die Geliebte damit zu füttern und sie zu loben, wenn sie möglichst viel isst. Feeder ergötzen sich daran, zuzuschauen, wie die Auserwählte immer fetter und fetter wird.

Ich sollte überzeugend darstellen, wie diese Frau erst erfreut und erleichtert ist, dass man sie liebt, wie sie ist, und dass sie auch ihrer Leidenschaft, dem Essen, frönen kann. Es sollte deutlich werden, wie viel Glück es für sie bedeutet, jemanden um sich zu haben, der sie intensiver liebt, je mehr sie sich der Völlerei hingibt.

Meine Rolle wandelte sich dann, als die Frau, die ich darstellte, immer mehr darunter leidet, was für ein fetter, unbeweglicher Mensch aus ihr geworden ist, und sich nicht mehr damit identifizieren kann. Es ufert aus, sie will nicht noch mehr zunehmen, fühlt sich zunehmend krank. Aber sie macht weiter. Für ihn, weil sie ihn nicht verlieren will.

Dabei kam ich rein körperlich an meine Grenzen. Ich befand mich ja nun gerade im gegensätzlichen Trend. Ich nahm ab und war zwar noch deutlich übergewichtig, aber nicht dick genug für die Rolle der 200-Kilo-Frau. Die Produktionsfirma fertigte nun eigens für mich ein sogenanntes »Fatsuit« an. Den gepolsterten Anzug trägt man unter der Kleidung. Und ich sah somit deutlich dicker aus, als ich tatsächlich war.

Mein Outfit als unglückliche Fette war konservativ und unattraktiv. Dazu wurde ich bieder und blass geschminkt. Ich fand mich wirklich hässlich. Eine spießig gekleidete, 200 Kilo schwere Frau, die extreme Probleme mit sich selbst hat – das war fast wie ein Spiegel meines alten Ichs. Eine harte Pille, die ich da schlucken musste.

Es war alles andere als einfach. Ich sah quasi an meinem verkleideten Körper, wie ich hätte enden können. Es war nur schwer zu ertragen. Eine Herausforderung, derer sich wohl niemand am Filmset bewusst war.

Ein ganz anderes Problem war, dass ich durch meine Magenverkleinerung nicht viel auf einmal essen konnte. Beim Drehen musste ich mir aber den ganzen Tag über etwas in meinen Mund stopfen, mich füttern lassen und so tun, als ob ich es genieße. Ich lag wie eine Königin auf Kissen gebettet auf dem großen Himmelbett, und der Feeder-Darsteller lag neben mir. Das Essen war um mich herum drapiert, alles appetitlich angerichtet und sehr schön und geschmackvoll dekoriert. Es sollte so aussehen, als ob mein Freund mich den Großteil des Tages füttert und mästet. Die Szenen wurden bis zu sechsmal wiederholt, bis alle Einstellungen und auch unser Spiel stimmten.

Mir wurde regelrecht schlecht, als ich das ganze kalorienreiche Essen sah: fettes Fleisch, Sahnetorte, Pudding, Schokoriegel, alles, was irrsinnig viele Kalorien hat. Es sah aus wie im Film *Das große Fressen*. Die Lösung war, dass ich nur für die Kamera so tat, als würde ich essen. Ich nahm die mir angebotenen oder aufgedrängten Bissen in den Mund, kaute ein paarmal darauf herum und spuckte sie, nachdem die Kamera aus war, in ein Gefäß. Schade um das ganze Essen einerseits, aber es wäre anders nicht gegangen. Ich ekelte mich sehr. Es fiel mir wirklich schwer, den ständigen Würgereiz zu unterdrücken. In früheren Zeiten hätte ich mich wahrscheinlich über einige der Nahrungsmittel gefreut und sie mit Wonne verdrückt.

Mein Feeder überredete mich in seiner Rolle, immer weiter zu essen, nie war es genug. Ich sollte fetter und fetter werden. In Wahrheit war ich eine immer schlanker werdende Frau, die auf leichtes, fettarmes Essen in Miniportionen eingestellt war.

Wir drehten sieben Tage lang in München. Leider starb in der Zwischenzeit Franks Vater an Krebs. Er war schon lange krank gewesen. Die Produktionsfirma stellte mich für die Beerdigung frei und übernahm sogar die Kosten für den Flug. Ich war so dankbar, dass man mich, ohne mit der Wimper zu zucken, aufforderte, den Dreh zu unterbrechen. Davon abgesehen, war ich auch froh, von der ganzen Völlerei erst einmal befreit zu sein.

Nach zwei Tagen kehrte ich zurück, und wir drehten die letzten Szenen. Es war ein sehr lockeres und nettes Team, mit dem ich arbeitete. Wir hatten viel Spaß zusammen. Für mich eine tolle Erfahrung und auch skurril, ausgerechnet in meiner Abnehmphase eine solche Rolle zu spielen.

Nachdem ich noch einmal am eigenen Leib spüren konnte, wie es ist, so dick zu sein, und wie ich mich gefühlt hätte, wenn ich den Absprung aus der Fettleibigkeit nicht geschafft hätte, freute ich mich umso mehr über meinen stetigen Gewichtsverlust.

Mein neues, frisch operiertes Ich wollte Extreme und genoss sie. Ich war kurz vor dem berühmten »UHU«, also kurz davor, mein Gewicht unter 100 Kilo zu bringen, was bei meiner Größe sehr üppig, aber längst nicht mehr fett war, als ich mich eines Abends in eine neue enge Jeans quetschte und meine höchsten Heels aus schwarzem Lack herauskramte. Etwas unsicher auf den Schuhen, stolzierte ich zusammen mit Frank zu meiner Stammkneipe, um meine Mutter dort zu treffen. Es war Sommer, ein lauer Abend. Wir hielten uns draußen an Stehtischen auf.

Dort trafen wir einen meiner Bekannten von früher. Es herrschte ausgelassene Stimmung, wir amüsierten uns köstlich über eine Episode aus vergangenen Tagen meiner Lehrzeit. Ich, Anfang 20, lag damals in der Wanne in meiner kleinen Dachwohnung und genoss mein heißes Bad. Auf einmal schaute ein Gesicht durchs Dachfenster und grinste mich unverschämt an. Ich überschlug mich fast im Wasser, kauerte mich erst zusammen, um dann aus dem Bad zu fliehen. Mein Bekannter war Dachdecker und hatte gleich unter meinem Fenster Reparaturarbeiten zu erledigen gehabt.

Jetzt, mehr als zehn Jahre später, lachten wir uns über diese Episode schief. Wir waren uns danach in meiner dicken Zeit zwar ab und an über den Weg gelaufen und hatten uns immer freundlich gegrüßt, aber jetzt sahen wir uns nach etlichen Jahren das erste Mal wieder. Er machte mir Komplimente wegen meines Abnehmerfolgs. Bei den letzten Gelegenheiten, als er mich getroffen hatte, war ich eine Wuchtbrumme gewesen. Er gratulierte mir, zeigte sich vernehmlich begeistert von meinem Aussehen und lobte meine aktuelle Figur.

Einige Herren am Nebentisch reagierten gereizt. Sie hatten schon den Abend über zu mir herübergestarrt und, so glaube ich, ihr Glück versuchen wollen. Ich hatte ihnen aber kaum Beachtung geschenkt, und nun nahmen sie Rache. Sie provozierten meinen Bekannten, und die Situation endete mit einer Keilerei und einer blutenden Nase. Sogar Frank wurde primitiv von den Kerlen angegangen. Ich war bestürzt, realisierte aber, dass sich Männer um mich schlugen. Der Schreck saß zwar zunächst tief, aber es machte mich auch irgendwie stolz. Das wäre in meiner fetten Zeit nie passiert.

In dieser Zeit war ich sehr viel unterwegs, Frank blieb oft zu Hause. Er gönnte mir meinen Lebenswandel, hatte keine Lust, ständig auf Achse zu sein, von Kneipe zu Kneipe zu ziehen. Er hatte nichts nachzuholen, er war zufrieden, so wie sein Alltag war. Er ließ mich gewähren. Ihm war klar, wie wichtig diese Freiheit für mich war. Er ertrug auch ohne Murren, dass ich mir die Bestätigung anderer Männer wünschte und auch holte. Er wollte gar nicht viel wissen. Er ließ mir mein eigenes Leben und meine Individualität.

Frank und ich hatten eine offene Beziehung vereinbart, die von viel Vertrauen geprägt war. Wir waren uns einig: Zu viel Bevormundung des anderen tut der Beziehung nicht gut. Wir werden getragen von einer unendlich tiefen emotionalen und mentalen Verbindung. Es passt kein Blatt Papier zwischen uns. Wir sind ein hervorragendes Team. Gleichzeitig wollten wir einander Freiheit und auch ein eigenes Leben lassen. Jeder sollte so leben können, wie er es brauchte. Ich hätte ohne Freiheit nicht existieren können.

Ich schwamm auf einer Welle der Euphorie. Besonders gut taten die Begegnungen mit Menschen, die mich seit längerer Zeit nicht mehr gesehen hatten. Ihre überraschten, anerkennenden Gesichter allein schon waren Balsam. So auch bei der Begegnung mit Jochen – zumindest war es am Anfang so.

Ich kannte Jochen vom Sehen. Aufgefallen war er mir durch seine enorme Größe und durch die schwarzen Haare. Ich war ihm in der Vergangenheit nie besonders aufgefallen und wenn, dann wohl eher negativ durch meine Körperfülle. Wir grüßten uns höflich und freundlich, wie flüchtige Bekannte es eben tun.

Als er eines Tages meine Mutter und mich in der gemeinsamen Stammkneipe entdeckte, kam er gleich an unseren Tisch und quatschte uns an; ohne genau zu wissen, woher er uns eigentlich kannte. Ich klärte ihn auf und erzählte von meiner Verwandlung.

Jetzt konnte Jochen sich erinnern und lobte meine Leistung in den höchsten Tönen. Er war sehr interessiert an einem näheren Kontakt mit mir. Er gefiel mir. Er war locker, charmant. Ein altbekanntes Muster: Wieder einmal ein attraktiver Mann, der mein Vater hätte sein können. Jochen war fast 20 Jahre älter als ich. Der würde mich bestimmt gut beschützen, dachte ich bei mir, so groß und muskulös, wie er war.

Ich genoss die Treffen mit ihm, die regelmäßiger wurden. Beide kamen wir immer wieder in unsere Stammkneipe, um einander zu begegnen. Wir gaben einander Einblicke in unsere Leben. Jochen berichtete von seiner schlecht laufenden Ehe. Wir konnten uns beieinander aussprechen, konnten miteinander lachen, waren uns nah, es war eine innige platonische Beziehung.

Das Einzige, was mich störte: wenn er von der Schönheit und der 36er-Konfektion seiner 25 Jahre alten Tochter sprach. Ich reagierte mit großer Eifersucht und fand Worte, um diese Schwärmerei abzuschwächen. Auch wenn er auf andere Frauen und ihre Vorzüge aufmerksam machte, schnappte ich gleich zurück.

Obwohl er mich in keinster Weise angegriffen hatte, traf mich tief, wenn seine Bewunderung jemand anderem galt. So abhängig war ich, mehr denn je, von Zuspruch, Aufmerksamkeit und Anerkennung. Ich fühlte mich sonst nichtig und minderwertig. Ich wollte keine andere neben mir dulden. Ich war jetzt wieder da. Und ich wollte die volle Aufmerksamkeit.

Eines Abends beschlossen wir, mit ein paar weiteren Leuten in Köln auszugehen. Frank wollte an diesem Wochenende lieber zu Hause bleiben. Jochen, ich und die anderen starteten den Abend in einer schicken In-Kneipe. Es war ein feuchtfröhlicher und launiger Abend, in dessen Verlauf wir beschlossen, in einen

Strip-Club zu gehen. Ich war erst skeptisch, ließ mich dann aber überreden.

Meine Neugierde hatte gesiegt, und schon saßen wir im Lokal am Tisch, und eine Frau um die 35 tanzte erst an der Stange und später auch um unseren Tisch herum. Sie setzte sich auf den Schoß des Mannes neben mir. Der fleischgewordene Perfektionismus bewegte sich vor meinen Augen. Die spärlich bekleideten Damen rekelten sich lasziv und präsentierten ihre Körper stolz.

Alles, woran ich denken konnte, war, wie es unter meiner Kleidung aussah. Ich konnte zwar damit kaschieren, dass der starke Gewichtsverlust zu einigen Problemzonen geführt hatte. Aber meine Haut war durch die Fettpolster überdehnt worden. Als die Polster schwanden, war die Haut überelastisch geworden. Sie hing an den Oberarmen, am Po und an den Oberschenkeln schlaff herunter. Das war die Schattenseite des Abnehmens, die ich bis dato immer sehr gut verdrängt hatte.

In diesem Moment, in diesem Strip-Club, mit diesen wohlgeformten Frauen vor meinen Augen, wurde mir so offensichtlich klar, dass ich so nicht würde herumlaufen können. Ich fühlte mich minderwertig.

Die Männer waren begeistert vom Anblick, der sich ihnen bot. Sie verfolgten die Stripperinnen mit begehrlichen Blicken. Meine depressive Stimmung verstärkte sich, der Alkohol tat sein Übriges. In meinem Magen machte sich ein nagendes Gefühl breit, das sich immer mehr verstärkte. Ich stand nicht im Mittelpunkt, niemand beachtete mich.

Das Maß des Erträglichen war für mich voll, als eine etwas kräftige, kurvige junge Frau in weißen Spitzendessous und Strapsen in High Heels an uns vorbeistolzierte und Jochen sagte: »Na, das ist doch eine Frau, die alles hat, was eine Frau braucht! Da ist alles schön fest und straff. Bei der könnte ich so richtig auf Touren kommen.« Dann schaute er mich an, tätschelte mein Bein und sagte: »Aber das ist ja nicht das Wichtigste.«

In diesem Moment passierte etwas in mir, was ich noch nie in meinem Leben gespürt hatte. Mein Magen zog sich zusammen, und es machte sich etwas in meinem Kopf breit: Eine Spannung wuchs in meinen Schläfen. Es war wie eine Art Panik. Es rauschte und flimmerte in meinem Kopf.

Dieser Spruch hatte es ausgelöst. Ich versuchte, gefasst zu bleiben. Aber mir ging es immer schlechter. Ich wollte nur noch weg. Schließlich gingen wir. Ich schlich auf dem Weg zum Bahnhof wie ein geprügelter Hund neben den anderen her. Ich war verzweifelt. Es liefen die ersten Tränen. Ich fühlte mich so minderwertig, so unvollkommen, so hässlich!

Jochen fragte, was los sei. Er verstand die Welt nicht. Die Tränen liefen mir immer weiter übers Gesicht. Ich schämte mich. Die Situation war für uns alle kaum erträglich. Die beiden anderen schauten betreten drein. Im Taxi heulte ich leise vor mich hin. Ich konnte nicht aufhören.

Sie lieferten mich an meiner Haustür ab. Jochen sagte noch zu mir, was auch immer er getan haben mochte, es sei in keiner Weise böse gemeint gewesen. Er habe mich offensichtlich durch irgendetwas getroffen, was aber nicht seine Absicht gewesen sei.

Ich winkte ab und ging ins Haus, wollte nur noch weg von den Leuten, mit denen ich in meinen Partywochen zuvor so viel Zeit verbracht hatte. Ich schlich zu Frank ins Schlafzimmer, warf meine Kleidung in die Ecke und kauerte mich ins Bett. Die Tränen liefen immer noch. Frank sollte sie nicht sehen. Ich wollte keine Erklärungen abgeben. Dann musste ich noch mal ins Bad, setzte mich aufs WC. Plötzlich überkam mich eine Riesenpanik: Mir wurde schwarz vor Augen, ich sah Lichtblitze und dachte, ich müsse sterben.

So müsste es sich anfühlen, einen Herzinfarkt oder Schlaganfall zu erleiden, dachte ich. Ich erhob mich ruckartig, wurde vor blanker Angst panisch und verlor das Bewusstsein. Mein letzter Gedanke war: Jetzt sterbe ich also. In diesem Moment habe ich das wirklich geglaubt. Als ich wieder zu mir kam, lag ich unter dem

Waschbecken. Ich blieb noch etwas liegen, wusste nicht gleich, wo ich mich befand und was geschehen war. Mein rechter Arm und mein Kopf schmerzten. Langsam erhob ich mich und wankte zum Schlafzimmer, kroch ins Bett. Dort überkam mich ein Zittern, das sich am ganzen Körper ausbreitete. Mein Körper wurde regelrecht durchgeschüttelt, und ich musste wieder weinen.

Frank wachte auf, war geschockt, fragte, ob er einen Krankenwagen rufen solle. Das wollte ich auf keinen Fall. Ich schämte mich so sehr. Ich flehte Frank an, nichts zu unternehmen, beteuerte, es würde mir gleich besser gehen. Die Situation war mir unendlich peinlich, war ich doch nicht in der Lage, zu beschreiben, was mich so peinigte. Irgendwann übermannte mich der Schlaf.

Am nächsten Tag ging es mir miserabel. Ich war müde, fertig, fühlte mich wie durch die Mangel gedreht nach der vergangenen Nacht. Mir war höllisch übel, das dumpfe Gefühl im Kopf wollte auch nicht weggehen, als ich eine Kopfschmerztablette nahm. Meine Augen waren immer noch stark geschwollen und etwas verschleiert von den Heulkrämpfen in der Nacht. Eine Apathie lag wie eine Dunstglocke über mir.

Mir wurde bewusst, dass ich offensichtlich sowohl einen Nerven- als auch einen Kreislaufzusammenbruch gehabt hatte. Und das alles wegen solch eines Spruchs? Oder steckte mehr dahinter? War ich tatsächlich psychisch so angeschlagen und hatte das in meiner Euphorie nicht bemerkt?

Dieser Zusammenbruch fast 18 Monate nach der OP holte mich auf den Boden der Tatsachen zurück. Ich hatte stark abgenommen, war aber längst nicht perfekt. Die anfängliche Unbeschwertheit, mein neues Lebensgefühl hatten einen herben Dämpfer bekommen. Ich wusste noch nicht, wie ich das einordnen sollte und wie es jetzt weiterging. Es fühlte sich an, als würde ich um einen nahestehenden Verstorbenen trauern. Ich hatte um eine verpuffte Illusion geweint. Ich war nicht uneingeschränkt bewunderungswürdig. Ich hatte Makel. Ich war nicht perfekt. War die Tatsache, dass ich so viel Gewicht hatte verlieren können, nur ein Teil einer nötigen Verwandlung gewesen? Wieso war ich nicht mit dem zufrieden, was ich schon erreicht hatte? Durfte ich mich niemals völlig entkleiden, wenn ich den Schein wahren wollte?

Mein Vorrat an Selbstbewusstsein, das ich seit acht Monaten hatte aufbauen können, hatte sich plötzlich in nichts aufgelöst. Jochen hatte mit wenigen Sätzen, die er bestimmt nicht böse gemeint hatte, alles zerstört. Jetzt klangen seine bewundernden Worte, die er bislang für mich gefunden hatte, so hohl. Meine freundschaftlichen Gefühle für ihn waren tot. Ich hatte mich ihm nah gefühlt. Einmal mehr war ich von einem Mann angezogen worden, der mir das gab, was ich am dringendsten zu brauchen glaubte: Aufmerksamkeit. Seine anfängliche Bewunderung hatte so gutgetan. Sie hatte mich noch ein Stück lebendiger gemacht, mich eingelullt.

In der folgenden Zeit mied ich größere Gruppen, ging seltener aus. Nur ab und zu traf ich mich mit meiner Mutter. Von ihr fühlte ich mich am besten verstanden. Jetzt besonders, so erschüttert und mit Selbstzweifeln belastet, wollte ich keine mir von Partyabenden bekannten Gesichter sehen. Meine Mutter und ich gingen mir zuliebe in eine Kneipe, in der wir früher nur selten verkehrt hatten. Dort traf sich ein älteres Publikum, auch die Stimmung war eher gediegen. Aber genau das brauchte ich, um zur Ruhe zu kommen.

Auch wenn es wieder einer dieser Momente in meinem Leben hätte sein können, in denen ich mich in tröstliches Naschen hätte hineinsteigern können, kümmerte ich mich weiterhin um ein gutes Essverhalten. Essen stand für mich auch weiterhin nicht im Vordergrund. Allerdings wurde mein Leben jetzt von anderen Sorgen dominiert: von meiner überdehnten Haut. Das Fett verschwand immer mehr, mein Leben wurde immer leichter, aber das neue Problem drängte in mein Blickfeld.

Nicht zuletzt durch den schrecklichen Abend mit Jochen war dieser Makel am ganzen Körper nicht mehr zu ignorieren. Jetzt, kurz vor dem Ziel, mein Normalgewicht zu erreichen, stellte ich fest, dass mit meinem Körperbild etwas Gravierendes nicht stimmte. An Oberarmen, Bauch, Oberschenkeln und Po bildete sich die Haut nicht mehr zurück. Haut und Unterhautgewebe waren locker, einfach nicht mehr fest.

Das Ganze machte auch vor meiner Brust nicht halt. Die Brust ist für mich ein besonders wichtiger Körperteil, um mich weiblich und wohlzufühlen. Nun hing meine um einige Körbchen-Größen kleinere Brust traurig und schlaff herunter.

Es war Zeit, sich gedanklich mit Korrektur-OPs zu beschäftigen. Zuallererst dachte ich dabei an eine Bruststraffung. Mir war bewusst, dass sie noch in einiger Ferne lag, schließlich hatte ich nicht genug Geld, um die Kosten von mehreren Tausend Euro aus eigener Tasche zu bezahlen.

Ich musste weiter an mir arbeiten, ich wollte mich verbessern, optimieren. Meine Gedanken kreisten nur noch um die Operation und wie ich sie mir wohl ermöglichen könnte. Dabei spielte Trotz eine große Rolle: Ich wollte allen beweisen, dass ich immer attraktiver werden konnte. Ich würde all den ach so schönen Frauen in nichts nachstehen.

KAPITEL 14

Unvollkommen

Ich habe meinen leiblichen Vater kurz vor meinem 18. Geburtstag wiedergetroffen. 13 Jahre hatte ich keinen Kontakt zu ihm gehabt. Sarah, seine Frau, machte mich damals ausfindig und rief einfach an. Sie war furchtbar nett und bat mich um ein Treffen. Sie würde so gerne einmal die große Tochter ihres Mannes kennenlernen, die ja nun bald volljährig würde. Sie selbst hatte mit meinem Vater noch einen Sohn bekommen, meinen Halbbruder, der 13 Jahre jünger ist als ich. Ich willigte ein und fuhr tatsächlich auf einen Besuch dorthin. Zu dem Zeitpunkt sah ich aus wie heute: 1,78 Meter groß, um die 80 Kilo, wohlproportioniert, lange blonde Haare.

Ich hatte trotzdem das Gefühl, meinem Vater mit meinem Aussehen nicht ganz zu genügen. Er hatte ja immer schon Wert auf das perfekte Erscheinungsbild gelegt, und dafür war ich wohl etwas zu üppig. Er ließ seine Frau Hand anlegen. Sie sollte mich ein wenig aufpeppen, schminkte mich und frisierte mein Haar, bevor mein Vater Erinnerungsfotos von uns allen aufnahm. Komischerweise nahm ich das Ganze nicht böse auf. Ich habe nicht wirklich darüber nachgedacht, dass ich einmal wieder nicht genügen konnte. Ich nahm es als Hilfestellung, als Spaß, freute mich über die Verschönerung. Nur ganz tief innen nahm ich wahr, dass ich gerade das erlebte, was meine Mutter 18 Jahre zuvor wohl erlebt hatte: verbessert zu werden, verschönert zu werden. An mir gab es immer etwas zu verbessern, ich war nie vollkommen.

*

Ich aß weiterhin mit großer Disziplin. Während der kompletten Abnehmphase hatte ich komischerweise keinen Appetit auf Süßigkeiten. Im Gegenteil. Es ekelte mich fast an, wenn ich mich an einem Fruchtjoghurt versuchte. Zucker verursachte bei mir eine gewisse Übelkeit. So ging es mir später auch bei Fleisch, das ich früher so leidenschaftlich gerne verputzt hatte. Die graue Farbe, die das Bratgut zunächst in der Pfanne annahm, verdarb mir fast den Appetit. Es war beinahe so, als wäre irgendetwas in meinen Körper eingebaut worden, was mich von allen Dingen, die nicht gut für mich und mein Gewicht waren, abhielt.

Dabei war es nur der Magen, der mit Heilung beschäftigt war, der dafür sorgte, dass mein Körper ausschließlich Dinge zuließ, die ich vertrug: Gemüse, gut gegart, leichte Fischsorten. Von Lachs wurde mir übel, Säure von Obst verursachte Magenschmerzen. Meine Mahlzeiten mochte ich nur noch leicht gewürzt. Dreimal kam es vor, dass Nudeln unmittelbar nach dem Essen von meinem Körper wieder hinausbefördert wurden, weil mein Magen sich wehrte. Es war zu viel.

Einige Wochen nach dem Jochen-Debakel traute ich mich wieder in meine Stammkneipe, wo ich ihn prompt traf. Vergeblich versuchte ich, ihm klarzumachen, dass er mich mit der Aussage, dass ich für ihn nicht so reizvoll und attraktiv war wie die mollige Tänzerin im Strip-Club, tief getroffen hatte. Dass jegliches vertraute oder freundschaftliche Gefühl direkt nach dem Spruch vollkommen erloschen war. Er verstand es nach wie vor nicht. Wie auch? Es war wohl rational nicht zu erklären.

Grübeleien begleiteten mich rund um die Uhr. Ich war hin- und hergerissen: Einerseits fand ich mich weiterhin durchaus attraktiv und auch sexy. Andererseits verhinderte jeder Gedanke an diesen Abend, die Illusion einer herausragenden Figur aufrechtzuerhalten. War meine gedehnte Haut ein Grund, sich vor mir zu ekeln?

Ich musste antreten, das Gegenteil zu beweisen. Ich war getrieben, als ob mein Leben davon abhing. Das tat es in gewisser Weise auch, wünschte ich mir doch ein gutes, ein glückliches, ein zufriedenes Leben. So viele Jahre hatte ich verpasst, acht Jahre, in denen mein Leben so dahinplätscherte, in denen ich gar nicht richtig an all den Dingen teilgenommen hatte, die andere Frauen mit 25 bis 33 Jahren genießen. Liebe, Leidenschaft, Abenteuer, Herausforderung, Begehren. Ich war nicht dabei gewesen. Traurig war auch, dass mir Franks Liebe zu dieser Zeit nicht ausreichte, um mich bestätigt zu fühlen.

Ich wollte nachholen, was ich verpasst hatte, wie eine Verdurstende gierte ich nach einem Lebenselixier, das mir alles geben sollte. Und alles drehte sich deshalb um eine Hautstraffung, die ich mir fest in den Kopf gesetzt hatte. Das war das nächste anzustrebende Ziel.

Inzwischen feierte ich weitere Erfolge auf dem Weg Richtung Normalgewicht. Sechs Monate nach der Magenverkleinerung knackte ich die »UHU-Grenze«, meinen Unter-hundert-Erfolg. Wie lange war die Anzeige auf der Waage nicht mehr zweistellig gewesen. Wie viele lange Jahre hatte ich davon geträumt.

Ich konnte gar nicht oft genug meinen Kleiderschrank öffnen und nach jetzt wieder passenden Klamotten suchen. Ein Teil nach dem anderen prüfte ich auf seine Konfektionsgröße und probierte es an. Wenn ein T-Shirt oder ein Rock noch knapp saß, freute ich mich schon, dass ich es in wenigen Wochen tragen können würde. Meine Einkaufslust erwachte wieder. Ich konnte wieder in Geschäften nach Kleidung suchen und nicht nur im Internetversandhandel. Es machte wieder Spaß, auf die Jagd zu gehen.

Auch musste ich nun keine Angst mehr vor der Kleidersuche für gesellschaftliche Anlässe haben. Jedes Jahr im Januar steht in Euskirchen ein karnevalistisches Großereignis an: Zur Proklamation des neuen Karnevalsprinzen der Stadt kommen stets rund 700 Menschen in die Stadthalle. Franks Traum war es schon immer gewesen, einmal in seinem Leben Karnevalsprinz zu sein. Als mein Lebenspartner die Rolle des Oberjecken übernahm, suchte ich lange im Vorfeld nach der passenden Garderobe. Es sollte etwas Besonderes und Elegantes sein, ein Abendkleid mit viel Bling-Bling. Also suchte ich in unseren Geschäften und in Internetportalen nach dem richtigen Outfit. Ich fand ein Kleid, in dem ich eine ausgesprochen gute Figur machte. Es hatte Konfektionsgröße 44 und saß fast schon ein bisschen locker. Ich stolzierte damit durch unsere Stadthalle, wobei mir durch die Blicke der erstaunten Gesellschaft Schauer über den Rücken liefen.

Es fühlte sich an wie eine Wiedergeburt. Ich badete in der Menschenmasse, die ich zuvor so gemieden hatte. Von da an drängte es mich nun regelrecht nach draußen. Ich wollte wieder ein vollwertiges Mitglied der Gesellschaft werden, in der ich mich viele Jahre nicht mehr wohlgefühlt hatte. Ich mischte mich unter die Leute in meiner Stammkneipe, zog mit meiner Mutter durch die Lokale. Sie ging mir zuliebe mit, so froh war sie darüber, dass ich wieder zu leben begann, und so stolz war sie auf mich und sehr erleichtert, dass es mit mir nun bergauf ging. Was mir nicht klar gewesen war: Viele Nächte hatte sie in den Jahren davor besorgt wachgelegen und geweint. Sie sah mich vor ihrem geistigen Auge in einem Sessel sitzen, aus dem ich ohne Hilfe nicht mehr aufstehen konnte. Eine Bekannte war tatsächlich Opfer ihres Übergewichts geworden und eines Tages tot im Sessel sitzend gefunden worden.

Auch wenn ich immer noch meine Probleme hatte, fühlte ich mich dennoch viel attraktiver, und das spiegelte sich auch in meinem Kleidungsstil wider. Er war nun wieder viel körperbetonter. Stolz trug ich Hosen und Oberteile, die jahrelang unberührt in meinem Schrank gelegen hatten. Ich genoss die wieder sorglose, ausgelassene Stimmung an den Wochenenden und die wachsende Aufmerksamkeit der Herrenwelt, die sich nun zunehmend für mich interessierte. Ich bekam viele Komplimente.

Da Frank sich zu dieser Zeit beruflich verändern musste und nicht mehr jedes Wochenende zu Hause war, etablierte sich mein Mädelsabend an Freitagen. Es wurde meist sehr spät, ich feierte die Nächte durch, gerne auch mal mit einigen Gläschen Bier oder einem Gläschen Wein. Manchmal waren es auch einige mehr. Ein kleiner Schwips stimmte mich in dieser Zeit immer euphorisch. Sorgen, dass ich von Alkohol abhängig werden könnte, hatte ich nie. Ich habe Alkohol nie als Tröster in Betracht gezogen, nur als Unterstützer meiner neu gewonnenen Hochstimmung. Ich blieb meiner Haltung treu, geistig niemals die Kontrolle verlieren zu wollen.

Der Morgen danach war meistens nicht so schön. Ich spürte den Freitagabend in jeder Beziehung noch ordentlich in den Knochen. Aber das nahm ich in Kauf. In meinem Kopf herrschte eine andauernde Party. Ich konnte einfach nicht zu Hause bleiben. Ich hatte richtiggehend Angst, etwas zu verpassen.

So vergingen viele Monate. Ich wollte mich zeigen und damit sagen: Ich bin noch da, ich lebe wieder, ich verändere mich. Ich hatte viel nachzuholen und lechzte nach Leben. Mein Selbstbewusstsein wuchs, und mein Gewicht sank kontinuierlich. Es gab bei mir keine größeren Abnahmestopps, also ein Stagnieren des Gewichts, wie ich es so häufig im Internet gelesen hatte. Dafür sind Online-Foren einfach wunderbar. Man kann sich mit den Betroffenen in allen Phasen nach der Operation austauschen und berichten, wie es einem ergeht. Man kann sich gegenseitig trösten und Tipps geben. Alle haben Ähnliches durchgemacht. Sie stehen kurz vor der OP, haben sie vielleicht gerade hinter sich. Bei den meisten verläuft alles reibungslos, bei einigen gibt es kleinere oder größere Probleme. Man findet immer einen, der Rat weiß. Ich schaute oft ins Forum und kommunizierte mit Leuten, die die OP schon hinter sich hatten. Viele wunderten sich, dass bei mir alles ohne Probleme und Gewichtsstagnation ablief. Ich war da offensichtlich eine zu beneidende Ausnahme.

Vielleicht lag es aber auch daran, dass ich mich relativ viel bewegte, viel spazieren ging und mich auch aufs Fahrrad setzte und durch die Felder fuhr. Die Bewegung machte mir jetzt wieder Riesenspaß. Bei jedem Tritt in die Pedale und bei jedem Schritt, den ich ging, stellte ich mir vor, wie gerade Kalorien verbrannt wurden. Es war wie Meditation. Zehn Schritte gezählt, eine Kalorie verbraucht, ein paar Pedaltritte, eine Kalorie verbraucht. Es war, als würde ich konstant Feinde vernichten. Ich ging deshalb auch gerne alleine los, konzentrierte mich völlig auf meine Bewegung und genoss es unheimlich.

Immer wieder stieg ich auf die Waage. Es war ein Fest. Wieder 200, 300 Gramm weniger am nächsten Tag. Ich konnte es kaum glauben. Wieder im Kleiderschrank stöbern, wieder neue alte Klamotten anprobieren. Wieder ein Freudentanz, weil es passte. Wieder ein neues Outfit für den nächsten Partygang!

Nicht nur mein Körper veränderte sich, auch ich veränderte mich innerlich. Ich machte mir einen Friseurtermin, wünschte mir eine Typveränderung, einen neuen Haarschnitt. Ich hatte mein Haar immer lang getragen. Nun sollte es um einiges kürzer und dadurch auch peppiger werden. Ich ließ mir einen Stufenschnitt empfehlen. Egal, was die Friseurin daraus machen würde, ich war zuversichtlich, dass es ein schickes Ergebnis gäbe. Denn was konnte mir jetzt noch passieren? Ich hatte so viel abgenommen, und alles andere konnte mir nun nichts mehr anhaben. Die Gewichtsabnahme war für mich wie ein Schutzschild. Ich suhlte mich regelrecht in der Sicherheit, dass das Gewicht nun immer weiter sinken würde. Selbst wenn die Frisur misslungen wäre, ich wurde schlanker und schlanker. Alles andere war mir nicht mehr wichtig. Ich war experimentierfreudig, steckte voller Übermut.

Ich war mit meinem flotten Stufenschnitt völlig zufrieden und sagte noch mit einem breiten Lächeln zu meiner Friseurin: »Jetzt habe ich auch so einen Tussi-Schnitt wie viele andere da draußen.« Ich meinte es scherzhaft. Die Friseurin schaute mich nur beleidigt an. Sie verstand nicht, dass es mir gefiel, jetzt einen Haarschnitt zu tragen, wie viele andere ihn gerade hatten. Mein neues Ich machte mich einfach glücklich.

Die Frisur wechselte immer wieder, sobald ich ein paar weitere Kilos verloren hatte. Meine Haare wurden immer kürzer, je mehr ich abnahm. Der Zusammenhang fiel mir erst im Nachhinein auf. Als ich zwölf Monate nach der OP bei 85 Kilo angelangt war, hatte ich einen am Hinterkopf ausrasierten und seitlich kinnlangen Bob. Topmodisch, flippig, in! Es ging eine Verwandlung in mir vor, die mir zeitweise selbst fast schon unheimlich war.

Doch bei aller Freude blieb ein nagendes Problem: die überdehnte Haut. Ganz makellos würde ich niemals sein können. Aber mit Narben würde ich besser umgehen können als mit schlaffer Haut. Ich konnte mir solche Narben nach einer Hautstraffung sogar als positives Mahnmal an die alte, fette Zeit vorstellen. Und an das, was ich bis jetzt erreicht hatte. Um mehr zu erreichen, würde ich ungewöhnliche Wege finden.

KAPITEL 15

Sich selbst lieben

Heute, mehr als sieben Jahre nach der Magenverkleinerung im März 2007, kann ich gewisse Teile an meinem Körper schätzen, die ausgeprägte Formen haben. Lieben kann ich sie nicht. Mit dem Gefühl der Liebe hadere ich grundsätzlich. Ich kann Liebe nur schwer definieren. Ich akzeptiere mich jetzt einigermaßen, manches gefällt mir sehr gut. Ich mag mein Gesicht sehr gerne, mein volles, dickes, blondes Haar, und heute finde ich auch meinen Oberkörper wieder schön. Was ich noch nicht ansehnlich genug finde, ist mein Unterkörper, der noch viele Schäden aufweist. Wenn ich eine Hose oder lange Röcke und Kleider trage, fällt nichts unangenehm auf. Der Makel ist gut versteckt. Mein Gewebe weist Risse auf, ich habe überdurchschnittlich starke Cellulitis, die Haut ist noch sehr elastisch. Ich möchte daher zum jetzigen Zeitpunkt noch keine Röcke oder Shorts ohne Strumpfhosen tragen. Ich weiß auch nicht, ob ich es je tun werde. Wenn, dann wird es voraussichtlich nur Kleidung, die mindestens die Knie bedeckt. Auch wenn meine

Umgebung mich beispielsweise im Bikini attraktiv findet und mich beschwichtigt, auch wenn Freunde sagen, ich hätte noch Glück im Unglück gehabt und ich könnte alles tragen – ich sehe das anders. Es gibt noch einiges zu verbessern. Ich bin da Perfektionistin. Bei einer Straffungs-OP würden rund drei Kilo an Haut und Unterhautgewebe pro Bein am Oberschenkel entfernt werden. Das wären weitere sechs Kilogramm Gewichtsverlust.

Ich bin zweigeteilt. Der Oberkörper hui, unten herum ist es meiner Meinung nach noch nicht ansehnlich genug. Ich bin Ästhetin.

*

Mit neuen, wechselnden Looks wollte ich auch mein Party-Revier ausdehnen und fuhr zu meiner Freundin Karin nach Oberhausen. Wir hatten uns übers Internet kennengelernt, waren beide in einem Portal für üppige Frauen angemeldet gewesen. Da wir uns sehr sympathisch waren, telefonierten wir sogar hin und wieder.

Karin hatte immer schon ein Treffen vorgeschlagen, aber bisher hatte ich immer abgelehnt. Ich hatte ja lange keine große Lust verspürt, etwas zu unternehmen und mich schön herzurichten. Außerdem scheute ich den Vergleich. Sie war in meinen Augen nie ein Schwergewicht, eine »echte Dicke« gewesen.

Karin wog vielleicht 30 Kilo zu viel. Sie fand sich zwar ziemlich unattraktiv, aber sie war eine ziemlich hübsche, wenn auch mollige Frau, nur ein paar Jahre älter als ich. Ich machte ihr viele Komplimente und hatte sie immer beneidet, nur 30 Kilo zu viel mit sich herumschleppen zu müssen.

Sie verfolgte meine Gewichtskarriere mit Begeisterung, hätte selbst nicht den Mut für eine Operation gehabt, wie sie sagte. Davon abgesehen, war sie nicht übergewichtig genug, um eine Kostenübernahme durch die Krankenkasse durchzusetzen.

Jetzt hatten wir uns aber verabredet. Ich freute mich darauf. Karin wollte meine Figur persönlich begutachten, und ich sah eine willkommene Gelegenheit, sie zu präsentieren und meine Wirkung auf fremdem Gebiet zu erfahren.

Karin hatte ein schickes Restaurant in Oberhausen vorgeschlagen. Meine Kleiderwahl fiel mir leicht. Ich wollte elegant und zugleich mondän wirken. Ich wählte ein edles schwarzes, ausgestelltes Cocktailkleid in Größe 42, das mir bis knapp über die Knie reichte. Es lag sehr figurbetont am Oberkörper an. Figurbetont konnte ich mir an meinem noch nicht operierten Oberkörper leisten. Denn ich hatte nicht mit großen Hautlappen zu kämpfen, sondern »nur« mit sehr elastischer Haut. Die ließ sich unter enger Kleidung gut komprimieren und verpacken.

Viele mollige Frauen verstecken ihren Körper in weiter, sackähnlich geschnittener Kleidung. Das lässt sie aber meist noch kräftiger erscheinen. Kleidung mit hohem Stretchanteil kann sehr schön komprimieren. Man kann seinen Köper ruhig betonen, braucht nicht immer alles zu verstecken. Mein fast zwei Hand breiter Gürtel kaschierte noch zusätzlich. Somit sah meine Taille recht schlank aus, eine stützende Strumpfhose straffte meine Beine. Über den derzeit noch schlaffen Oberarmen trug ich ein Bolerojäckchen, geknotet unter der Brust. So konnte ich ganz entspannt und selbstbewusst den Abend angehen. Ich war das, was man als perfekt verpackt bezeichnen könnte.

Dazu trug ich schwarze Lack-Plateau-High-Heels. Das war eine ziemliche Herausforderung. Denn es war nicht gerade leicht, auf diesen hohen Schuhen zu gehen. Sie machten mich rund zwölf Zentimeter größer, was zusätzlich zu meinen 1,78 Metern eine stattliche Erscheinung aus mir machte. Aber die hohen Schuhe streckten meine Figur noch zusätzlich.

Es war ein Abend mit der gleichen Vorfreude, die ich vor meinem Zusammenbruch verspürt hatte. Mein Ego war wieder da. Ich fühlte mich gut und war voller Energie. Perfekt geschminkt, machte ich mich auf den Weg nach Oberhausen. Die Strecke war mir nicht bekannt. Ich verließ mich auf mein Navigationsgerät im Auto. Ich hätte mir besser eine Landkarte angesehen. Denn das Gerät führte mich kurz vor Oberhausen im Kreis, und ich war bald komplett verloren. Ich rief Karin an, um ihr zu sagen, dass ich mich verspäten würde, wurde beim Fahren aber dennoch zusehends nervöser und gestresster.

Ich irrte durch die Straßen, als ich einen Irish Pub entdeckte. Dort würden bestimmt Leute sein, die ich nach dem Weg fragen könnte. Nervlich mehr als angespannt, stöckelte ich – mit meinem Cocktailkleid total overdressed – auf den mörderischen Absätzen zur Kneipe. Ich atmete tief durch und stieß dann entschlossen die schwere Holztüre auf. Es kam der Augenblick, den man aus Filmen kennt: Die Hauptfigur betritt einen Raum, und die Musik geht aus. Alle Köpfe drehen sich zu ihr herum. In meiner Situation setzte natürlich nicht die Musik aus. Aber das Stimmengewirr wurde leiser, und alle Gäste sahen nach und nach in meine Richtung.

Mich überkam das Verlangen, einfach loszuschreien und aus dem Pub zu rennen. Da löste sich ein Mann in lässiger Kleidung aus einer Gruppe. Ich schätzte ihn auf Mitte 50. Er trug eine Cargo-Hose, T-Shirt und Baseball-Cap, hatte freundliche grüne Augen und einen kleinen Schnurrbart. Er kam grinsend auf mich zu, strahlte Ruhe und Wärme aus. Dann sprach er mich mit breitem amerikanischen Akzent an: »Hey, girl, what are you looking for? Du siehst so verängstigt aus. Can I help you?«

Er nahm meinen Arm und zog mich zu seiner Runde, in der sich Geschäftsmänner aus Deutschland, Thailand und Amerika eine feuchtfröhliche Diskussion über Windenergie lieferten. Sie integrierten mich sofort in ihr Gespräch, bestellten mir ein Bier, und von da an radebrechten wir mit Händen und Füßen und lachten, bis uns die Bäuche wehtaten. Karin war vergessen.

Mein Handy vibrierte vergessen am Grund meiner Handtasche. Ich genoss in vollen Zügen das Bier, die ausgelassene Stimmung und die Erleichterung nach der Aufregung um die falsche Route. Dan, mein amerikanischer Retter, hakte mich irgendwann plötzlich unter, und wir verließen die Kneipe schneller, als ich denken konnte. Auf wackeligen Füßen stolperte ich, auf seinen Arm gestützt, über den Bordstein und fragte, wohin er mich führen wolle. Er antwortete mit blitzenden Augen, ich solle mich einfach überraschen lassen.

Wir erreichten schließlich ein kleines, gepflegtes, familiär anmutendes Hotel, in dem er und die Gruppe einquartiert waren. Da die Windturbinen-Firma, für die Dan arbeitet, ihren Sitz in Deutschland hatte, fand hier auch das Meeting statt.

In der Hotelbar bestellte er eine Flasche Wein. Es prickelte zwischen uns. Alles entwickelte sich seltsam ungezwungen, mit einer Leichtigkeit, die ich mit einem Fremden bis dato noch nie erlebt hatte. Ich gestand ihm, dass ich mehr als unsicher war, mit ihm englisch zu sprechen, zu eingerostet waren meine Kenntnisse aus der Schulzeit. Er beruhigte mich: »Mach dir keine Sorgen, dein Englisch ist wunderbar, und dein deutscher Akzent ist richtig süß. Er macht dich exotisch, ich liebe das!« Ich genoss die Beachtung, die Lebenslust, die er ausstrahlte. Er war locker, flirtete, ohne aufdringlich zu sein. Er machte im Gespräch einen weltgewandten und intelligenten Eindruck. Einmal mehr tat mir die Aufmerksamkeit eines Mannes, der mich durchaus reizte, gut. Intelligenz und Wortgewandtheit machten mich schon immer schwach, mehr als jede Äußerlichkeit. Ich fühlte mich in diesem Moment schön und begehrenswert, lebendig und unwiderstehlich.

Der Wein machte es mir leicht, über Sprachhürden hinwegzusehen. Dan machte mir Komplimente, ich flirtete zurück. Dann nahm er mich in den Arm. Für einen kurzen Moment erstarrte ich, weil mir in dem Moment bewusst wurde, dass der Abend noch lange nicht zu Ende war. Ich war tatsächlich bereit zu mehr. Aber gleichzeitig schoss sie mir durch den Kopf, schlagartig, Bild für Bild: die Szene des schrecklichen Abends in der Striptease-Bar. Nackt wäre ich ein Desaster. Es würde alles kaputt machen.

Ich trat die Flucht nach vorne an und erzählte Dan, dass ich in den vergangenen zwölf Monaten sehr viel abgenommen hatte und noch einige Kilo mehr abnehmen wollte. Ich wog zu diesem Zeitpunkt etwa 90 gut kaschierte Kilo. Er nickte bewundernd. Ich wurde deutlicher: Ob er sich vorstellen könne, dass die Pfunde zwar weg seien, die Haut aber teilweise noch da? Ob ihn das stören würde?

In unseren Gläsern befand sich der letzte kleine Rest Wein. Wir tranken aus. Dan hatte bis dahin meine Fragen nicht beantwortet. Wortlos stand er auf, griff nach meiner Hand und führte mich zum Fahrstuhl, dann zu seinem Zimmer. An der Tür fragte er mich: »Möchtest du die ganze Nacht bei mir bleiben?« Ich nickte unsicher und sagte, dass ich noch schnell jemanden benachrichtigen müsse. Ich hatte Karins Anrufe weder angenommen, noch hatte ich mich bei ihr gemeldet. Ich tippte noch vor der Tür hastig eine SMS, dass ich sie am nächsten Tag anrufen würde, keine weiteren Erklärungen.

Ich hatte ganz andere Sorgen: Wie würde es weitergehen? Wie würde ich meinen nur vermeintlich appetitlichen Körper im Laufe des Abends entblättern, ohne Dans Bewunderung zu verlieren?

Ich atmete tief durch, Dan ließ mich vorgehen und folgte mir in das kleine, aber gemütliche Hotelzimmer. Ich stellte meine Tasche ab und stand unsicher im Raum. Ich war wahnsinnig nervös. Dann nahm ich auf einem der beiden Betten Platz, Dan setzte sich neben mich und legte seine Hand auf meinen Oberschenkel. Er spürte meine enorme Nervosität. Er sagte mit leiser Stimme, ich müsse keine Angst haben, ich sei eine tolle Frau und hätte ihn umgehauen, als ich den Pub betrat. Ihm sei sofort klar gewesen, dass er dieses Vollweib haben wollte. Er brauche keine perfekte Figur, sagte Dan. Ihm sei als Erstes mein Gesicht aufgefallen, die Augen, die roten Lippen. Er küsste mich behutsam. Dann drückte er mich in die Kissen und legte sich neben mich. Wir waren beide bekleidet. Er schaute mich lange an und streichelte mir durchs Haar. Mit dem Finger fuhr er über meine Brust. Ich erstarrte wohl ein wenig, weil hier eine meiner Problemzonen war. Er merkte es, machte aber weiter. Ich setzte mich auf und streifte meine Bolerojacke ab, die meine erschlafften Arme verdeckt hatte. Ich ließ mir Zeit dabei und beobachtete genau seine Reaktion. Dan blieb gelassen und schaute mich weiterhin unverändert an. Er sagte, nichts störe ihn an meinem Anblick. Es ginge um mich als Frau und Mensch, sagte er, nicht um einen makellosen Körper.

Er half mir, das Kleid abzustreifen. Nun lag ich nur noch mit meinem roten Slip bekleidet neben ihm, er trug nur noch Boxershorts. Ich entspannte mich zunehmend, von meinem Gefühl der Scham war nicht mehr viel übrig. Ich sah weder Ekel noch Abneigung in seinem Blick. Das machte mir Mut, mich fallen zu lassen. Ich musste mich nicht mehr fürchten.

Dan berührte mich mit Leidenschaft, und mein Körper war in der Lage, ihn zu erregen. Was folgte, war ein lange andauerndes Liebesspiel, und ich spürte, dass die Zuneigung dieses Mannes über bloßen Sex hinausging. Dazu also war ich in der Lage, dachte ich. Es waren glückliche Stunden, die mir viel Selbstsicherheit zurückgaben, ein Gefühl von Geborgenheit, Erleichterung, Zuneigung. Es waren zärtliche, intensive Stunden, bis wir beide eng aneinandergekuschelt einschliefen.

Mitten in der Nacht surrte mein Handy. Dan drängte mich, das Gespräch anzunehmen, es könne sich doch um einen Notfall handeln. Ich hob ab und hörte eine weibliche Stimme. Ich war noch verschlafen und brauchte ein paar Sekunden, bis ich wusste, wer da mit mir sprechen wollte. Es war meine Mutter, die gerade mal wissen wollte, ob es mir gut ginge. Ich hatte das Gefühl, dass sie leicht beschwipst war, wahrscheinlich war sie gerade vom Bistro nach Hause gekommen oder hatte zu Hause etwas getrunken. Sie wusste ja von meinem Ausflug nach Oberhausen und wähnte mich auf dem Rückweg von meinem Treffen mit Karin.

Ich konnte sie beruhigen. Als ich aufgelegt hatte, prustete Dan los. Noch nie habe er erlebt, dass eine 33-jährige Frau mitten in der Nacht von ihrer Mutter angerufen würde, lachte er. Ich erzählte ihm danach mehr von mir und meiner Vergangenheit. Ich gab Einblicke in mein Leben als Kind, vom Vater verlassen, mit einer Mutter, die kaum für mich da war. Es fiel mir leicht, mich Dan gegenüber zu öffnen, Einblicke in mein Seelenleben zu gewähren.

Ich genoss die Stunden mit ihm sehr. Dennoch lag ich dann in seinen Armen wach und dachte dabei auch an Frank und was er wohl sagen würde, wenn ich ihm von dieser Nacht erzählte. Ich hatte trotz unserer Vereinbarung, dass jeder neben dem gemeinsamen Leben sein eigenes haben durfte, doch ein wenig Gewissensbisse. Denn sollte er Angst haben, könnte ich das verstehen. Die Angst, jemanden an einen anderen zu verlieren, ist immer existent.

Am Morgen verabschiedete ich mich von Dan. Er drückte mir einen Zettel mit seiner E-Mail-Adresse in die Hand und schrieb darauf *Let's keep in touch*. Er würde jetzt wieder zurück nach Kalifornien fliegen, in sein kleines Städtchen nahe San Francisco, wo er mit seiner zweiten Frau lebte. Kinder hatte er keine. Sowohl er als auch seine Partnerinnen seien immer zu stark beruflich eingebunden gewesen, erzählte er mir.

Ich schrieb sofort, als ich zu Hause war und an meinem Computer saß. Wir tauschten uns über alles Mögliche aus. Und als Dan zwei Wochen später geschäftlich in Düsseldorf zu tun hatte, bat er mich ein paar Tage vorher per Mail, ihn auf die Kirmes zu begleiten. Er sei noch nie auf einem Jahrmarkt in Deutschland gewesen. Er wollte mich unbedingt wiedersehen. Es war klar, dass es nicht bei einem Treffen mit Achterbahn und Popcorn bleiben würde.

Ich freute mich auf ein neues Abenteuer mit ihm in Düsseldorf. Wobei mir der erotische Teil gar nicht so wichtig war. Ich hatte große Lust auf den Geruch der großen weiten Welt, den er an sich trug. Ich war nicht verliebt. Ich war begeistert von seiner Weltoffenheit und seinem Charme.

Frank wusste, wohin ich fuhr und dass ich mich mit Dan traf. Aber er duldete es. Wenn es ihn störte, so zeigte er es zumindest nicht. Er wollte auch nicht viel darüber wissen. Die Beweggründe seines Verhaltens habe ich nie ganz verstanden. Aber er hielt sich sehr bedeckt. Ich erzählte ihm immer, wenn ich andere Männer traf. Manches Detail ließ ich weg. Er fragte niemals nach. Ihm war klar, wenn ich weg wollte, wäre ich ohnehin nicht zu halten.

Ich machte mich ausgiebig für den Ausflug an den Rhein zurecht: das kleine Schwarze, ein roter, breiter Gürtel, flache Schuhe für den Jahrmarktbummel, hochhackige Schuhe in der Handtasche für später. Dan wollte mich in der Bar seines Hotels an der Edelmeile »Kö« empfangen, einen Drink nehmen und dann zu Fuß mit mir zum Rheinufer schlendern, wo der Rummel aufgebaut war.

Er erwartete mich in der Lobby, kam mit ausgebreiteten Armen auf mich zu. Er umarmte mich fest und führte mich ins Hotelrestaurant, da könnten wir uns doch erst einmal in Ruhe unterhalten. Er setzte sich nicht gegenüber hin, sondern dicht neben mich, suchte meine Nähe, fasste mich an. Seine Berührung konnte ich gut ertragen. Nur wenige Gäste waren außer uns da. Es war noch eine etwas betretene Stimmung zwischen uns. Dan war mir zwar nicht richtig fremd, da wir ja in den Tagen davor regen E-Mail-Kontakt gehabt hatten, aber der schriftliche Austausch war leichter gewesen als das persönliche Treffen. Als er dann Besteck fallen ließ, war das Eis gebrochen. Wir lachten, tranken guten Wein und schlenderten dann über den Jahrmarkt. Später landeten wir in einer Kneipe in der Düsseldorfer Altstadt, in der deutscher Schlager dröhnte. Dan war fasziniert, schon bald tanzten wir ausgelassen, ich schmiegte mich an ihn, die Leute beobachteten uns, ich genoss die Blicke.

Tief im Innersten war ich noch im Zwiespalt. Mein Unterbewusstsein war von negativen Gedanken eingenommen. Sie drängten ab und zu an die Oberfläche. Das Gesamtpaket, das man sah, stimmte. Angezogen sah ich gut aus. Ich fühlte mich sexy und begehrenswert, einfach schön. Das negative Gefühl der Unvollständigkeit wegen dem, was unter den Kleidern versteckt war, wusste ich mit zwei großen Gläsern Bier zu verdrängen. Und ich schaffte es, die Aufmerksamkeit der Umstehenden zu bekommen. Das tat so gut. Ich holte mir so einen neuen Kick.

Erschöpft und etwas benebelt, kehrten wir zusammen ins Hotel zurück. Wir verbrachten eine weitere zärtliche Nacht zusammen, die mir aber diesmal ganz deutlich machte, dass meine Gefühle über freundschaftliche nicht hinausgingen. Dennoch tat es erneut gut, mich meines Körpers, ramponiert wie er war, nicht schämen zu müssen. Mit Dan fühlte ich mich als vollkommene Frau. Ein Gefühl, das ich jahrelang nicht gehabt hatte.

Über all die Jahre bis heute halten Dan und ich Kontakt. Nach einer längeren Pause wegen seiner schlimmen Krebserkrankung schreiben wir uns nun wieder gelegentlich. Ein freundschaftliches Wiedersehen ist nicht ausgeschlossen. Wir schrieben uns danach über unser Verhältnis, seine Frau, Probleme, schlüpfrige Dinge, erotische Geschichten, planten Reisen, weitere Treffen. Wir tauschten sehr intime E-Mails aus, über unsere Leben, Partner, Berufe, Erlebnisse. Er schrieb *I love you*, ich konnte es nicht erwidern. Dazu waren meine Gefühle nicht stark genug. Ich war weder verliebt, noch liebte ich ihn. Ich fand ihn als Menschen und Weltreisenden toll, war eingelullt von seiner Fürsorge und Bewunderung. Das liebte ich an ihm. Und das schrieb ich ihm auch. Leider ging er wohl immer davon aus, dass ich das Gleiche fühlte wie er. Und ich stellte es aus Feigheit nie wirklich klar.

Er schickte Postkarten mit Liebesbekundungen, kleine Aufmerksamkeiten und Blumensträuße. Er wollte sich von seiner Frau trennen, wenn ich zu ihm in die USA ziehen würde. Ich wollte Deutschland und Frank nicht verlassen. Einmal flog ich in die Staaten, um Dan zu besuchen. Aber es sollte ein Horror-Trip werden.

KAPITEL 16

Disziplin

Auch heute noch bin ich esssüchtig. Ich bin nur trocken – um in der Sprache der Alkoholiker zu sprechen. Ich muss die Sucht moderieren. Die Gedanken kreisen nach wie vor täglich mehrfach ums Essen. Mein Gewicht schwankt ständig um fünf Kilo, je nachdem, wie viel ich mich bewege. Wenn ich Morbus-Crohn-Schübe habe, dann kann ich mich nicht so viel bewegen, dann liege ich auf dem Sofa und will essen.

Essen ist nach wie vor etwas Schönes. Ich habe trotz meiner ganzen Geschichte Essen nie als Feind betrachtet. Meine Figur, die auch heute mit 80 Kilo durchaus üppiger ist, habe ich akzeptieren gelernt. Ich bekomme viel Bestätigung durch meine Shootings als Plus-Size-Model. Wenn ich ausgehe, bekomme ich Komplimente für die Sandra, die ich heute bin. Meine Fotos kommen gut an. Niemand spricht davon, dass ich abnehmen muss. Dadurch bekomme ich auch die Bestätigung, die ich wie die Luft zum Atmen brauche. Ich finde meine Statur und mein Gewicht jetzt nicht mehr schlimm.

Ich muss aufpassen, dass ich mit meiner Ernährung nicht über die Stränge schlage, dass die Kalorienmenge im Rahmen bleibt, dass es nicht ausufert. Ich muss selber meine Sucht im Griff behalten.

*

Schönheit kostet Geld. Zumindest in meinem Fall. Ich war mir sicher: Würde meine Haut operativ gestrafft werden, würde für meine Seele am Ende alles gut werden. Eine solche Haut-OP würde jedoch mindestens 4.000 Euro kosten – und die hatte ich nicht.

Mein Traum wäre gewesen, Brust und Bauch in einem Eingriff straffen zu lassen, um eine Narkose zu sparen. Die meisten Ärzte machen eine solche Doppel-OP nicht gerne, zu groß ist die Belastung für den Körper.

Ich stellte einen Antrag bei meiner Krankenkasse. Die Begründung stützte ich auf meine stark angegriffene Psyche. Ich ahnte bereits, dass mein äußerlicher körperlicher Zustand nicht ausreichen würde, um eine Bewilligung zu bekommen. Im Forum hatte ich mehrfach von anderen Betroffenen gelesen, dass sogar noch extremere Fälle als der meine von Sachverständigen abgelehnt worden waren. Da ich keine herunterhängenden Hautlappen hatte, waren meine Voraussetzungen für die Kostenübernahme von Korrekturoperationen schlecht. Aber dennoch versuchte ich es. Da die Brust für viele Frauen sehr wichtig ist, ein Symbol ihrer Weiblichkeit, leidet die Psyche besonders, wenn sie derart ramponiert ist.

Mein Busen war bildschön, als ich noch schlank war. Er war noch halbwegs ansehnlich, als ich fett war. Jetzt war aus einer prallen Oberweite ein Luftballon geworden, aus dem man die Luft herausgelassen hatte. Der Zustand war für mich nicht tragbar. Ich schrieb meiner Krankenkasse, dass ich dankbar für die Genehmigung der Magenverkleinerung war, dass ich aber nun psychisch massiv darunter litt, dass ich solche Probleme mit meinem jetzt erschlankten Körper hatte.

Ich beschrieb, dass ich mich nicht frei und ungeniert in der Öffentlichkeit bewegen konnte, mein Alltag beeinträchtigt war und ich sogar bestimmte Sportarten nicht ohne Probleme ausüben konnte, da selbst Kompressionswäsche die elastische Haut nicht ausreichend stützen konnte. Als Beispiel nannte ich den Po, an dem die überdehnte Haut durch das Hüpfen in Bewegung kam und stark rieb und zu reißen drohte. Darüber hinaus wäre das mit dauerhaften Schmerzen verbunden gewesen.

Der Antrag wurde abgelehnt. Die Begründung: Es könne keine Operation unterstützt werden, die aus ästhetischen Gründen vorgenommen werden solle. Es läge keine Krankheit im eigentlichen Sinne vor und der Kostenantrag würde schließlich bei der KRANKENkasse gestellt.

Ich legte Widerspruch ein. Dabei sah ich schon alle Felle davonschwimmen. Ich schätzte meine Chancen gering ein. Ich erwiderte, dass auch eine psychische Belastung eine Krankheit sei, dass Komplexe zur Isolation und damit zu weiteren seelischen Problemen führen würden. Außerdem erwähnte ich, dass ich immer komprimierende Kleidung würde tragen müssen, weil sonst meine Oberschenkel an der Innenseite aneinanderreiben würden und die Haut dadurch wund würde.

Daraufhin bekam ich einen Termin beim medizinischen Dienst der Krankenkasse in Bonn. Die zuständige Ärztin, konservativ gekleidet, um die 50, machte auf den ersten Blick nicht gerade den verständnisvollsten Eindruck. Skeptisch musterte sie mich. Sie bat mich, Platz zu nehmen, und befragte mich zu meinen Problemen und meinen Gründen für den Antrag auf Hautoperation. Ich gab noch einmal den Inhalt meines Antrags wieder und wies noch einmal auf die psychosoziale Komponente hin.

Die Ärztin arbeitete in ihrer Untersuchung eine Standard-Liste ab. Mein mentaler Zustand interessierte sie nicht. Sie wollte nicht hören, warum ich adipös geworden war, sie interessierte sich nicht für meine Leidensgeschichte. Dass meine Psyche unter der elastischen Haut und der enormen Cellulite litt, fand sie unerheblich.

Die Dame erklärte mir, kosmetische Gründe seien irrelevant, und für psychische Probleme solle ich eine Therapie in Betracht ziehen. Dann bat sie mich, ihr die betreffenden Stellen zu zeigen, ließ mich ein paar Schritte gehen, damit sie prüfen konnte, inwiefern die Haut an den Oberschenkeln aneinanderrieb. Sie erklärte, keine körperliche Einschränkung entdecken zu können, empfahl kurze Hosen im Sommer und wies darauf hin, wie froh ich doch bereits sein könne, durch eine Magenverkleinerung so stark abgenommen zu haben.

Ich war wie vor den Kopf gestoßen: War es nicht auch wichtig, wie es mir psychisch ging? Hatte eine ehemals fette Frau kein Recht, attraktiv und zufrieden mit ihrem Körper zu sein? Durfte ich nicht zu meinem alten Körperbild zurückfinden? Sollte ich bestraft werden, weil ich so erbärmlich viel gefressen hatte, unersättlich und maßlos gewesen war? Und sollte ich jetzt einfach zufrieden sein, überhaupt die Möglichkeit erhalten zu haben, so viel abzunehmen? Hatte die Krankenkasse schon genug getan?

Viele Adipositas-Betroffene müssen sich dem medizinischen Dienst stellen und sehen sich teilweise unwürdigen Situationen ausgeliefert. Im Internet-Forum beschreiben Betroffene Gespräche, in denen sie ziemlich zweifelhafte Argumente und Fragen über sich ergehen lassen müssen. Und sie hören häufig den Hinweis, die überdehnte und zerstörte Haut sei schließlich keine Folge von Krankheit, sondern eine Folge des maßlosen Essens. Es wird lediglich der Hinweis gegeben, sich psychologische Hilfe zu holen, eine Therapie zu machen.

Aber überdehnte Haut und das darunterliegende Unterhautfettgewebe, die Hautlappen, können nicht einfach von einem Psychologen wegtherapiert werden. Die schleppt man mit sich herum. Was hilft eine Therapie, wenn der Patient vor Scham fast vergeht, wenn er sich am Strand, in der Sauna, im Schwimmbad oder in sommerlicher Kleidung zeigt? Die Adipositas-OP wird bezahlt, aber mit den Folgen danach wird der Patient alleine gelassen. Bei mir hat sich das Gefühl eingeschlichen, dass diese Krankheit als verwerflich angesehen wird. Magersüchtige werden oft bemitleidet, wenig verurteilt. Fettsüchtige werden nicht bemitleidet und oft heftig verurteilt. Ich las von einem Patienten, der zu hören bekam: »Tja, Sie haben sich das ganze Fett angefressen, haben Hilfe bekommen, es wieder zu reduzieren. Jetzt müssen Sie schauen, was Sie draus machen. Die Krankenkasse ist nicht dafür zuständig, Schönheits-OPs zu bezahlen.« Oder: »Sie können doch schon zufrieden sein, dass Sie so toll abgenommen haben. Es geht doch um Ihre Gesundheit! Oder wollen Sie an Schönheitswettbewerben teilnehmen?«

Auch mein Untersuchungstermin zog ein Ablehnungsschreiben der Krankenkasse nach sich. Aber ich wollte nicht aufgeben, musste einen anderen Weg finden. Mein großer Wunsch war ein sogenannter Bodylift, eine Ganzkörperstraffung, die in einigen Etappen gemacht wird. In einer großen Operation werden verschiedene Körperregionen gestrafft, entweder mehrere am Oberkörper oder am Unterkörper. Abhängig von den verschiedenen Körperstellen, die korrigiert werden müssen, dauert ein oberer Bodylift bis zu fünf Stunden, ein unterer Bodylift bis zu sechs Stunden. Die Kosten für den Eingriff beginnen bei 7.000 Euro. Dazu kommen noch Kosten für Narkose und stationäre Nachsorge.

Ich recherchierte im Internet nach einem plastischen Chirurgen mit viel Erfahrung. Ich entschied mich für einen anerkannten Chirurgen in Köln, Dr. Ahmed-Ziah Taufig. In zahlreichen Bewertungen wurde er empfohlen, nicht zuletzt wegen seiner verständnisvollen Art.

Nun musste ich einen Weg finden, die Operation zu finanzieren. Ich recherchierte wieder im Internet und las von Patienten, die sich medial bei ihrem Eingriff begleiten ließen: eine Win-win-Situation für den Arzt, der dadurch Öffentlichkeit bekommt, und den Patienten, der dann einen günstigen Sonderpreis für die Operation bezahlt.

Das wollte ich versuchen. Ich fand eine Agentur, die Patienten, Ärzte und TV-Formate zusammenbrachte. Nachdem ich Fotos meiner Problemzonen dorthin geschickt hatte, meldeten die PR-Leute Interesse an. Zwei Dinge waren mir dabei wichtig: Der Arzt sollte Dr. Taufig sein. Das Kamerateam sollte von Antje Diller-Wolff geführt werden, mit der ich in der Vergangenheit für *Spiegel TV* gedreht hatte. Ihr vertraute ich. Es würden heikle Bilder gedreht werden müssen, und bei ihr war ich mir sicher, dass sie mich nicht bloßstellen und die Dokumentation mit der nötigen Sorgfalt produzieren würde.

Zu meiner großen Freude wurden sich alle Beteiligten einig: Antje Diller-Wolff, Dr. Taufig und die Agentur legten einen Operationstermin fest. Ich war außer mir vor Glück, beantragte bei meiner Telekommunikationsfirma den nötigen Urlaub und konnte es kaum erwarten. Nach den üblichen Voruntersuchungen trafen wir uns dann endlich am 22. August 2008 in der Kölner Praxisklinik. Antje Diller-Wolff, Dr. Taufig und ich sprachen in aller Ruhe die einzelnen Schritte durch. Das Kamerateam würde mit in den OP-Saal gehen, um dort zu drehen. Da man während eines Eingriffs schlecht einzelne Einstellungen für die Kamera wiederholen kann, musste das Fernsehteam sehr genau über die Abläufe informiert sein. Antje Diller-Wolff hatte besonders im Blick, keine Aufnahmen zu riskieren, die mich in irgendeiner Weise vorgeführt hätten. Sie wollte Tatsachen zeigen, Gefühle beschreiben, das Problem der Esssucht und die Folgen journalistisch sorgfältig transportieren.

Dr. Taufig erklärte im Interview während der letzten Voruntersuchung an meinem Beispiel noch einmal genau, dass, wenn Fettmasse nach starker Abnahme schwindet, die Haut sich nicht mehr vollständig zurückbilden kann. In meinem Fall war die Haut stark überdehnt, kleine Risse waren beim Zunehmen im Unterhautgewebe entstanden. Die schlimmsten Bereiche waren bei mir an der Bauchdecke und am Po, außerdem an Oberarmen und Oberschenkeln. An diesen Stellen würde viel Haut und Unterhautfettgewebe entfernt werden müssen.

Der Brust galt meine größte Sorge. Ich war vom F-Körbchen zum kleinen B-Körbchen geschrumpft. Hier musste die Haut gestrafft und die Brust wieder aufgebaut werden. Das war der Plan für meine erste Korrektur-OP.

Ich werde nie vergessen, wie ich den OP betrat, die Schwestern mich aufmunternd und freundlich anlächelten, der Narkosearzt mir alles in beruhigendem Tonfall erklärte und Dr. Taufig mir noch die Hand drückte. Ich weiß, dass ich weniger aufgeregt als unheimlich glücklich in meine Narkose wegdämmerte.

Das Kamerateam filmte im OP, stellte mir kurz vor dem Eingriff die letzten Fragen. Die Operation dauerte rund drei Stunden. Als ich aufwachte, war ich zwar benommen, musste aber sofort ganz vorsichtig meine Brust abtasten. Unter dem Verband konnte ich sie fühlen: groß, rund und fest.

Ich wurde in einen kleinen, hellen Raum gefahren, in dem ich über Nacht noch zur Beobachtung bleiben sollte. Antje Diller-Wolff und ihr Team kamen noch kurz an mein Bett, um mich behutsam zu meinem Befinden zu befragen. Sie hatten extra gewartet, um zu sehen, wie es mir ging.

Ich schlief in der Nacht tief und fest. Als ich aufwachte, stand Frank lächelnd an meinem Bett. Er kam, um mich abzuholen. Nur langsam konnte ich mich aufrichten. Ich war doch noch benommen von der Narkose und etwas eingeschränkt in meinen Bewegungen durch den Verband.

Meine Brust fühlte sich an, als hätte ich einen starken Muskelkater nach dem Heben schwerer Gewichte. Mein Kreislauf stabilisierte sich nach einem kleinen Frühstück. Ich konnte aufstehen und mich mithilfe der Arzthelferin anziehen. Dann fuhren Frank und ich nach Hause. Ich hatte den Eingriff gut überstanden und freute mich wie ein kleines Kind auf Weihnachten, weil ich meine schönen neuen D-Körbchen bald auspacken dürfte.

Der Verband musste noch bis zur nächsten Nachkontrolle ein paar Tage später bleiben. Dann bekam ich Mullauflagen auf die

Wunden und einen Sport-BH. Die Fäden würden sich dann im Laufe der Zeit auflösen. Als ich die Brust bei der Kontrolle das erste Mal sah, war ich fasziniert – negativ und positiv zugleich. Sie hatte eine sehr schöne Form, saß jedoch sehr hoch. Dr. Taufig sagte, dass sie noch in die richtige Position absacken würde. Ich fand das Ergebnis noch etwas merkwürdig. So stramm abstehende, sehr feste, hoch sitzende Brüste – das Bild wirkte im ersten Moment sehr unnatürlich.

Die Sorge war unbegründet. Die Brust war einfach noch stark geschwollen, daher war die Haut sehr gespannt. Bei der nächsten Kontrolle ein paar Wochen später sah es schon besser aus: 80 C–D und stramm, eine schöne, runde Form.

Meine Brust fühlte sich jung, glatt und straff an. Die Narben waren sehr fein. Ich wusste, sie würden mich später nicht stören. Ich war glücklich. Im Laufe der Heilung wurde alles etwas weicher, je mehr die Schwellungen nachließen. Jeden Morgen nahm ich mit Freude den Sport-BH ab und bewunderte vor dem Spiegel das Ergebnis. Den BH trug ich noch weitere acht Wochen, bevor ich zum normalen wechselte. An Dessous dachte ich da noch nicht. Ich wollte der Heilung Zeit lassen. Gleichzeitig wurde mir schmerzlich bewusst, was für ein langer Weg noch vor mir liegen würde, was den Rest des Körpers anging. Der sah traurig aus – in Relation zur schönen Brust erst recht.

Nach einigen Monaten sah mein Dekolleté natürlich aus und fühlte sich auch so an. Ich konnte die Silikonimplantate nicht ertasten, da sie unter dem Brustmuskel lagen. Rund ein Jahr dauerte es, bis auch die letzten Narben aufgehellt und keine Spuren der Operation mehr zu sehen waren. Dieser Teil meines Körpers war nun perfekt. Dieser Teil ...

KAPITEL 17

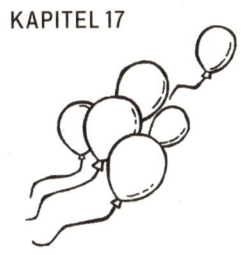

Träume

Ich wünschte manchmal, es käme auch eine gute Fee zu mir und zauberte manches in der Vergangenheit weg und manches in der Zukunft herbei. Das Leben ist härter als im Märchen, in dem es am Ende Pling-Pling macht. Wobei auch Figuren dieser Fantasiewelt einiges mit mir gemein haben. In der Geschichte vom Aschenputtel sucht der Prinz seine Angebetete mithilfe ihres Schuhs. Die bösen Stiefschwestern von Aschenputtel hacken sich Zehen und Ferse ab, um trotz ihrer zu großen Füße in den goldenen Schuh zu passen. Kein Schmerz kann sie davon abhalten, ihrem Ziel entgegenzustreben.

Ich bin so oft über meine Grenzen hinausgegangen, manchmal war es mein Verderben, manchmal mein Glück. Seit meiner Magenverkleinerung habe ich hart an mir gearbeitet, habe immer versucht, mich zu verbessern, meinen Körper zu verbessern, mein Leben zu verbessern.

Ist es verwerflich, wenn es nie wirklich aufhört, das Streben nach Glück?

*

Es war für mich fast wie im Märchen, als Dan mich eines Tages nachdrücklich einlud, ihn bald in den USA zu besuchen. Ich war zunächst zögerlich, finanziell war ich nicht so gut gestellt wie er. Doch er wollte mir unbedingt das Ticket nach San Fransisco schenken. Mir fiel schwer, dieses Angebot anzunehmen, war ich doch nicht daran gewöhnt, so teure Präsente zu bekommen. Aber es klang andererseits wie eine tolle Gelegenheit. Da konnte ich ja nicht ahnen, dass es wenig märchenhaft werden würde.

Schließlich nahm ich an und plante die Reise, buchte einen Monat vor dem geplanten Termin für meinen zehntägigen Aufenthalt einen Flug. Bis dahin schrieben Dan und ich einander jeden Tag Mails. Mein Englisch wurde immer fließender, mein Wortschatz wuchs. Noch heute profitiere ich davon. Meine heutige Facebook-Fanseite führe ich fast ausschließlich in Englisch, da ich nun Freunde aus aller Welt habe und die wenigsten Deutsch verstehen.

Als der Abflug näher rückte, packte mich das Reisefieber.

Dan und ich hatten geplant, uns erneut in Düsseldorf zu treffen, wo er wieder einmal einen geschäftlichen Termin hatte. Von dort aus wollten wir dann gemeinsam nach San Francisco fliegen. Ich war froh, dass ich den Weg nicht alleine auf mich nehmen musste. Es würde mein erster Langstreckenflug sein. Am Tag vorher nahm ich mir ausreichend Zeit zum Packen. Kleidung für zehn Tage musste jetzt erst mal in meinem Schrank gefunden werden. Aber da es sich um das sonnige Kalifornien handelte und San Francisco dafür bekannt war, dass jeder sich so kleiden konnte, wie er wollte, ohne dafür verurteilt oder schräg angeschaut zu werden, brauchte ich nur ein paar leichte Kleidungsstücke. Es machte richtig Spaß, federleichte, knappe Blusen, figurbetonte Shirts und kurze Röcke in die Tasche zu packen. Dazu warf ich mein schwarzes Bolerojäckchen, ein Netztop, leichte und flippige Oberteile, ein paar verrückte Strumpfhosen, meine geliebten Lackheels und flache lila Overknee-Stiefel mit in die geräumige Reisetasche.

Beinahe hätte ich die Unterwäsche vergessen. Die ist für mich nämlich nicht das Wichtigste im Leben. Es geht auch mal ohne Slip und BH. Dann zeichnen sich die Dessous nicht so unter der Kleidung ab. Und seit der Brust-OP konnte ich ohne Probleme auch ohne BH herumlaufen. Aber für die Reise packte ich auf jeden Fall ausreichend ein.

In der Nacht vor dem Abflug schlief ich unruhig, wie immer, wenn etwas Aufregendes anstand. Essen mochte ich nicht. Ich spürte eine beginnende Übelkeit. Der Wecker klingelte früh. Frank stand mit mir auf. Er hatte sich bereit erklärt, mich zu fahren.

Frank hatte sich vorher einmal mit Dan kurzgeschlossen und sah in ihm den Freund, der mir meine Lust aufs Leben und Reisen erfüllte und mir Gutes tat. Auch wenn er Angst hatte, dass er mich verlieren könnte, spürte Frank, dass er mich nicht aufhalten konnte. Mein Durst nach Leben musste gestillt werden. Er fuhr mich lieber, als dass er mir gegenüber Groll entwickelte, und ließ dem Schicksal seinen Lauf.

In Düsseldorf am Hotel angekommen, verabschiedete ich mich von Frank und machte mich auf den Weg ins Ungewisse. Es fiel uns nicht ganz leicht, uns voneinander zu lösen. Mich plagte das Gewissen, weil Frank so großzügig war und ich diese ganze Sache so durchzog. War ich rücksichtslos? Frank musste es wohl ähnlich schlecht gehen beim Abschied. Was hatte er getan? Er fuhr mich zu einem anderen Mann. Als wir in den Tagen davor über unser seltsames Abkommen sprachen, beteuerte er, die Situation akzeptieren zu können. Meine Zweifel verließen mich dennoch nie.

Auch jetzt dachte ich immer noch nicht ans Essen. Das war eher ungewöhnlich für mich. Es lag an meiner Nervosität, aber vielleicht auch ein wenig am schlechten Gewissen, weil Frank so viel für mich tat und derart großzügig war. Irgendwie vermisste ich ihn schon kurz nach dem Abschied. Ich war hin- und hergerissen zwischen meinen Gefühlen. Ich wollte niemandem wehtun, aber auch nicht mein neues Abenteuer gefährden. Es ist in der Realität nicht so einfach wie in der Theorie, in einer Beziehung aufgeschlossen und tolerant zu sein. Denn der Mensch ist ja doch durch die Gesellschaft und die Erziehung geprägt. Das schlechte Gewissen ist immer irgendwie präsent. Deshalb leben wohl auch so viele Menschen diesen Lebensstil heimlich aus. Ich bin jedoch für Offenheit.

Etwas nervös durchquerte ich die Eingangshalle. Dan erwartete mich schon. Er kam freudig auf mich zu, umarmte mich lange und ganz fest, verteilte ein halbes Dutzend Begrüßungsküsse auf meinen Wangen. Er war voller Vorfreude, mir endlich seine Heimat zeigen zu können. Im Bistro bestellte ich einen Milchkaffee, den ich kaum herunterbekam. Ich fühlte mich nicht ganz wohl, schob mein flaues Gefühl aber auf die bevorstehende Reise. Wir tauschten uns über die vergangenen Wochen aus. Denn wir hatten uns immer nur kurz schreiben können, weil Dan in Asien unterwegs gewesen war. Er erzählte von seiner Geschäftsreise nach Vietnam, schwärmte vom Essen, den interessanten Menschen und dem exotisch heißen Klima dort. Seine Partner vor Ort hatten ihn mehrfach zu opulenten Abendessen mit anschließendem Vergnügungsprogramm eingeladen. Maßgeblich daran beteiligt waren hübsche Vietnamesinnen, die Begleitung im Whirlpool und Massagedienste anboten.

Dan beteuerte, weitere Dienste der Damen abgelehnt zu haben. Seine Begründung: Ihm schwirre jemand anderes im Kopf herum. Er habe sich lediglich Schultern und Nacken massieren lassen. Wieder kam genauso ein leises unangenehmes Gefühl hoch wie damals mit Jochen im Stripclub. Es nagte unendlich an mir. Mein Magen zog sich zusammen. Ich stellte mir zierliche, blutjunge, knackige Asiatinnen mit Haaren bis zum Po vor. Im Prinzip weiß ich, dass kaum ein Mann eine Chance auslässt, wenn es um Abenteuer mit Frauen geht. Das ist ja quasi, wie wenn man einer Naschkatze die Leckereien direkt vor die Nase hält. Dan war mir gegenüber zu nichts verpflichtet. Ich selbst war nie eine Klosterschülerin. Aber es störte mich doch.

Am nächsten Morgen saßen wir früh im Flieger. 13 Stunden in der Luft hatten wir bis San Francisco mit Zwischenstopp in Atlanta vor uns. Sie wurden zur Tortur.

Schon nach wenigen Stunden in der Maschine schwollen meine Beine an. Ich bekam immer mehr Schmerzen. Beim Zwischenstopp konnte ich kaum laufen. Die Stimmung zwischen Dan und mir wurde immer schlechter. Er zeigte kaum Verständnis für mich, und ich fühlte mich ungerecht behandelt und alleingelassen.

Wir sprachen kaum noch miteinander, bis wir endlich im Taxi zu seinem Haus saßen, völlig erschöpft, nach mehr als 20 Stunden ohne Schlaf. Die Fahrt über die berühmte Golden Gate Bridge versöhnte mich und auch uns beide wieder miteinander. Dans Frau arbeitete damals für drei Monate als Gastdozentin in London. Wir würden ungestört sein.

Dan fuhr meinen Rollkoffer in sein gemütliches Arbeitszimmer und erklärte mir, dass wir dort auf dem großen Kingsize-Bett schlafen würden, nicht im Schlafzimmer. Dann gingen wir zurück ins Wohnzimmer, und er lotste mich auf die riesige, mit Kissen überhäufte Couch. Er legte mir die Beine auf einen Haufen Kissen hoch und wuselte dann in der Küche herum. Er kam mit einem Tablett voller Frischkäse-Cracker und einer Instant-Suppe zurück. Im Liegen und auf weiche Kissen gebettet, aß ich diesmal mit Appetit, und Dan massierte mir die auf seinem Schoß liegenden Waden. Ich hatte das Gefühl, dass ich mich jetzt langsam besser fühlte. Allerdings hatte ich immer noch ein ungutes Gefühl im Magen und Darm. In der Nacht besserten sich meine Schmerzen etwas, waren fast nicht mehr zu spüren, und ich dachte, dass ich das Schlimmste überstanden hätte.

Doch beim Aufstehen durchfuhr meine Waden ein dumpfer Schmerz wie bei einem starken Muskelkater. Dan äußerte vorsichtig den Verdacht auf Thrombose und bestand darauf, mich zur Untersuchung ins Krankenhaus zu bringen. Es gab dort natürlich Probleme, weil ich Deutsche und nicht ausreichend versichert war.

Ich hatte in der ganzen Aufregung der Reisevorbereitung nicht an eine Auslandskrankenversicherung gedacht.

Dan bürgte für mich, dann durfte ich ins Untersuchungszimmer. Die Diagnose traf mich hart: In meinen Waden wurde eine schwere Venenthrombose festgestellt. Ich bekam sofort eine Infusion, sollte in den folgenden Tagen weitere Medikamente zur Blutverdünnung nehmen und mich am nächsten Tag zur Kontrolluntersuchung erneut einem Arzt vorstellen.

Die Stimmung war dahin, und auch Dan wurde zunehmend gereizter. So hatte ich ihn bis dato nicht erlebt. Er ließ mich spüren, wie sehr ihn die Tatsache verärgerte, dass er jeden Schritt für mich übernehmen musste und wir erst einmal ans Haus gefesselt waren.

Selbst Essen hätte mich jetzt nicht getröstet. Zum Ersten war es in meinem neuen Leben nicht mehr so wichtig. Außerdem fühlte ich mich durch die Morbus-Crohn-Symptome nicht gut.

Um unsere Situation zu entkrampfen, schlug Dan vor, am Abend eine American Sportsbar zu besuchen. Nicht ganz uneigennützig. Denn er schmückte sich gerne mit mir, wenn ich auffallend gekleidet war. Auch mir gefiel es nach wie vor, Blicke auf mich zu ziehen, und ich hoffte, dass sich unser beider Stimmung durch den Abend bessern würde. Ich zwängte meine geschundenen Füße sogar in High Heels, die ich zum engen Rock und transparenter Bluse trug. Ich konnte ohnehin die Füße nicht richtig abrollen, so waren mir die Heels ganz recht. Einem schönen Abend stand eigentlich nichts im Weg. Aber ich hatte nicht mit solch extremen Schmerzen gerechnet.

Ich konnte kaum laufen, und die wenigen Leute, die in der Bar waren, schauten mich irritiert an. Jetzt fühlte ich mich wie die Stiefschwestern bei *Aschenputtel*, die sich in den goldenen Schuh zwängten, koste es, was es wolle. Ich spülte die Schmerzen mit drei Cocktails herunter.

Ich war zum ersten Mal in meinem Leben in den USA. Ich wollte diesen Aufenthalt genießen und auch Dan nicht enttäuschen, der schließlich einiges an Kosten auf sich genommen hatte. Im Haus auf dem Sofa zu sitzen und mich gehen zu lassen, war keine Option. Ich wollte diesen großartigen Ort nutzen, um mich auszuleben, mit verrückten Outfits und einem ausgiebigen Nachtleben.

Mit der Zeit ging es mir zum Glück besser. Die Thrombose ging zurück. Wir unternahmen viel, meist mit dem Auto. Aber es lag ein Schatten über diesen wenigen Tagen. Leider war es zwischen Dan und mir nie wieder so unbeschwert wie zu der Zeit, als wir uns kennenlernten.

Immerhin machten wir am letzten Abend noch einmal die Nacht durch und feierten in einer Szenebar in San Francisco. Was ich allerdings bereuen sollte. Ich schlief eine knappe Stunde, wachte gerädert und erschöpft auf. Wir waren beide gereizt und deprimiert. Dan fuhr mich zum Flughafen und verabschiedete mich noch draußen vor der Abflughalle.

Der Flug zurück war die Hölle. Wieder fand ich keinen Schlaf. Den Zwischenstopp schaffte ich gerade so und fiel dann krank und übermüdet in Deutschland Frank in die Arme. Und ich fühlte mich nicht nur körperlich schlecht.

Die Art und Weise, wie sich die Geschichte mit Dan entwickelt hatte, knabberte auch an meinem Selbstbewusstsein. Das Gefühl blieb nachhaltig bestehen. Und so wurde etwas, was mich schon länger beschäftigte, noch deutlicher an die Oberfläche meines Bewusstseins geschwemmt. Meine immer noch lädierten Körperteile erschienen mir unansehnlicher denn je. Die Sehnsucht nach einer erneuten Körper-Korrektur wuchs immens.

Schon bei einer der Nachuntersuchungen nach der Brust-OP bei Dr. Taufig im August 2008 hatten wir über eine Bauchdeckenstraffung gesprochen. Er hatte mich davon überzeugt, dass es besser wäre, Stück für Stück einzelne Körperteile zu korrigieren. Dr. Taufig hatte dabei nicht nur die Wundheilung im Kopf, sondern sprach immer wieder von der Psyche, die verstehen und annehmen müsse, dass bestimmte Körperregionen sich quasi von jetzt auf gleich durch eine OP veränderten.

Im Februar 2010, fast anderthalb Jahre nach der Brustkorrektur, war es dann so weit. Es war ein großer Eingriff, den ich mir vorgenommen hatte. Bei einer solchen Straffung wird die komplette Bauchdecke gelöst, nach unten gezogen und die überschüssige Haut entfernt. Die Wundfläche ist groß, der Bauchnabel wird versetzt. Der Schnitt beginnt oberhalb der Schamhaargrenze und verläuft an den Beckenknochen entlang bis zu deren Ende. Der Bauchnabel wird von der Bauchhaut abgelöst, der geöffnete Bauchlappen kann bis zum Rippenbogen angehoben werden. Darunter wird sogar zusätzlich die erschlaffte Bauchmuskulatur gestrafft. Der gelöste Hautlappen wieder nach unten geklappt und ebenfalls gestrafft.

Ich vereinbarte eine Ratenzahlung mit der Praxis. Auf einmal hätte ich die Kosten nicht aufbringen können. Ich wusste, dass rund 3.000 bis 5.000 Euro plus Narkosehonorar auf mich zukommen würden. Obwohl mir bewusst war, dass starke Schmerzen und eine gewisse Unbeweglichkeit auf mich zukämen, freute ich mich wie ein kleines Kind auf die Operation.

Durch meinen Kopf geisterte stets das Bild eines glatten, schlanken Bauchs. Das überlagerte alle Befürchtungen und Sorgen wegen Komplikationen. Ich freute mich schon jetzt auf meine schlanke Taille, die hervorragend aussehen würde in Kombination mit der vollen Brust. Ich würde ganz anders aus der Narkose erwachen: mit einem Oberkörper, der fast dem aus meiner Zeit vor der Gewichtszunahme gleichen würde. Nur straffe Oberarme würden noch fehlen.

Im Operationssaal hätte ich vor Rührung fast geweint. Es mutet vielleicht oberflächlich an. Aber wenn man ein neues, ein komplett anderes Leben geschenkt bekommt und sich aus einer Randgruppe verabschiedet, ist das ein unglaubliches Gefühl.

Dazu kommt noch eine gehörige Portion Dankbarkeit. Dankbarkeit dafür, einen weiteren Schritt gehen zu können. Dankbarkeit dafür, dass es plastische Chirurgie gibt. Plastische Chirurgie kann Leben grundlegend verändern. In meinem Fall holte mich die ästhetisch-plastische Chirurgie aus meinem Seelentief heraus. Sie verhalf mir zu mehr Selbstbewusstsein, zu meinem alten Ich. Aus den Fettmassen aufgetaucht, wieder zurück ins Leben, Stück für Stück.

Meine bisherigen Leidensstationen zogen wie ein kleiner Film vor meinem inneren Auge vorbei: die Fettmassen, als ich mein Spitzengewicht hatte, die lädierte Haut nach dem Abnehmen, mein Zusammenbruch, all die Zweifel, ob ich minderwertig war, die Angst, meine Kleidung vor den Augen anderer vom Körper zu streifen.

Ich war noch nicht am Ende des Weges angelangt. Aber ich sah mich in diesem OP-Saal schon einen großen Schritt weiter. Ich schlummerte wieder mit dem Gedanken ein, meinem neuen Ich ein Stück näher zu sein, sobald ich aufwachen würde.

Und wie schon bei der letzten OP fühlte sich das, was dann passierte, wie ein kurzer Traum an. Ich fühlte danach Spannung im Bauchbereich, aber keine Schmerzen. Mein Bauch war bandagiert, darunter etwas dicker, offensichtlich durch die Schwellungen.

Ich war froh, heil aus der Narkose aufgewacht zu sein, ein weiteres Stück meines schlaffen Körpers los zu sein. Wenn ich danach nachts ab und zu aufwachte, stellte ich mir vor, wie großartig nun ein Bikinioberteil oder enge Shirts aussehen mussten. Selig schlief ich mit diesen Bildern im Kopf wieder ein.

Vor meiner Zunahme war ich immer stolz auf meinen flachen Bauch und meine schlanke Taille gewesen. Dagegen fielen die kräftigen Oberschenkel und der breitere Po nicht so sehr ins Gewicht. Diesen Zustand durfte ich endlich wiederhaben.

Mindestens sechs Wochen lang muss nach einem solchen Eingriff ein sehr strammer, komprimierender Miederbody getragen werden, Tag und Nacht. Die Wundfläche soll so optimal heilen können. Für ein gutes Ergebnis kann man diese Anforderung in Kauf nehmen. Das war für mich selbstverständlich. Dennoch war es nicht immer einfach, sich zu Hause zu bewegen. Besonders das Aufrichten und Aufstehen waren immer etwas umständlich. Denn dazu spannte ich automatisch die Bauchmuskeln an, und das zog unangenehm.

Richtige Schmerzen hatte ich aber nicht. Nach zehn Tagen konnte ich das erste Mal duschen. Es war eine Wohltat. Die Narbe und die heilende Wunde sahen noch sehr unappetitlich aus, stark gerötet und geschwollen. Aber man konnte sich schon ein Bild machen, wie es einmal aussehen würde: Schön flach, und die Narbe schien sehr schmal zu werden. Dr. Taufig hatte gute Arbeit geleistet.

Mein Körper wollte dennoch nicht so ganz zulassen, dass es eine feine Narbe wurde. Ich bekam nach rund drei Wochen die ersten Wundheilungsstörungen. Die Wunden gingen immer wieder auf, weil mein Gewebe das Fadenmaterial nicht vertrug. Immer wieder kamen in den Wochen darauf aus den Wunden Fadenstückchen zum Vorschein. Es war nicht schmerzhaft, sie herauszuziehen. Ich pflegte meine Wunden mit Jod und Verbandsmaterial. Mehr konnte ich nicht tun. Es schmerzte ja auch nicht, verzögerte nur die Heilung.

Dennoch war das Endergebnis für mich atemberaubend: eine gut definierte, schmale Taille und eine glatte Bauchdecke. Wieder und wieder drehte und wendete ich mich vor dem Spiegel. Ich musste meine Silhouette seitlich und von vorne im Spiegel begutachten. Überglücklich probierte ich diverse enge Shirts und Pullover an. Ich war begeistert. Es war ein Fest für mich und mein neues Ich.

Alles war wunderbar, einzig meine Oberarme störten mich enorm. Jetzt fiel es noch viel stärker auf, jetzt, da die anderen Teile meines Körpers so straff und wohlgeformt waren: Hob ich einen Oberarm an, hingen zehn Zentimeter Haut schlaff herunter. Es war wie verhext: Mein Gesicht, das mit Blick auf Bauch und Brust strahlte und leuchtete, verfinsterte sich, sobald sich meine Augen auf meine Arme richteten. Es war ein Makel. Und ich mäkelte daran herum. Das konnte doch nicht so bleiben.

KAPITEL 18

Perfektion

Würde ich mein perfektes Wunsch-Ich malen, sähe es so aus: Ich würde mein Wunschgewicht von 75 Kilo erreicht und alle Straffungsoperationen hinter mir gelassen haben. Ich wäre eine Frau mit einer normalen Statur, die alle schönen Dinge des Lebens genießen könnte, ohne ihren Körper oder Körperteile verstecken zu müssen. Eine Frau, die sich frei bewegen und zufrieden mit ihrem Körperbild sein könnte: egal, ob am Strand, im Schwimmbad oder in der Sauna.

Ich würde nicht mehr darüber nachdenken müssen, ob ich mich spärlich bekleidet oder gar nackt sehen lassen könnte. Ich würde aus dem Bauch heraus Kleidung kaufen – ohne die ständige Befürchtung, bestimmte Kleidungsstücke nicht tragen zu können, weil sie geschädigte Körperbereiche nicht bedecken.

Ich würde nicht die vollkommene Schönheit sein müssen. Ich wäre schon zufrieden mit einer normalen Erscheinung – ohne elastische Haut an manchen Körperstellen, die mich an meine Zeit als eine völlig andere Person erinnerten, mit der ich mich nie identifizieren konnte.

Am liebsten hätte ich natürlich weder große Narben noch Dellen am Körper, die durch meine Metamorphose von der Fettleibigen zur Normalgewichtigen entstanden sind.

Ich würde mich schon ziemlich perfekt fühlen, wenn ich wieder den Körper zurückhaben dürfte, den ich als 25-Jährige verlassen habe.

*

Ich beobachtete meinen Körper ständig ganz genau, bemerkte kleine Veränderungen. Nach meiner Brustoperation hatte ich große Sorge, dass sich ohne unterstützenden Verband die Form verändern würde. Und tatsächlich saßen die Implantate unter meinem Brustmuskel zwar immer noch da, wo sie nach der OP platziert worden waren, aber mein Brustgewebe war etwas (in seine alte Form) herabgesackt.

Ich konnte das nur kompensieren, indem ich mich extrem aufrichtete und streckte. In dieser unnatürlichen Haltung bemerkte man nichts. Aber wenn ich entspannt und locker dastand, fiel es auf: In meinem Fall hatte die Brust einige Zeit nach der Operation keine so schöne Form mehr wie am Anfang. Dieser Zustand würde sich in den folgenden Jahren nicht mehr verändern. Das Implantat saß jetzt fest, war mit der Brust verwachsen.

Ich entschied mich, die Brust erneut korrigieren zu lassen, diesmal mit größeren Implantaten, die dann perfekt zu meinen übrigen üppigen Proportionen passen würden. Diesen Eingriff wollte ich in einem Rutsch mit der von mir so sehnlichst erwarteten Oberarmstraffung durchführen lassen.

Wegen der extrem gedehnten Hautlappen an meinen Armen hatte ich nun viele Monate auf Kleidung verzichten müssen, bei der die Arme nicht mindestens bis zu den Ellbogen bedeckt waren. Keine

Chance für ärmellose Tops, Spaghettiträger-Hemdchen, interessant geschnittene Kleider, knappe T-Shirts.

Das Äußerste der Gefühle war, zum Sport im Frauenfitnessstudio ein T-Shirt anzuziehen. Winken unterließ ich vollständig, auch mit langärmeliger Kleidung. Wenn ich zum Schwimmen ins Thermalbad ging, ließ ich stets die Arme herabhängen, wenn ich außerhalb des Wassers war. Wenn ich in Gesellschaft zum Beispiel nach einem Glas griff, achtete ich darauf, dass ich mit dem Oberkörper nah am Tisch war, sodass ich den Arm nicht zu sehr strecken musste. Selbst in langärmeligen Shirts fiel die extreme Elastizität der Haut noch auf. Ich genierte mich, sobald ich meine Arme bewegte.

Vielleicht hielten mich andere Menschen für maßlos oder krankhaft süchtig nach Schönheits-OPs. Hätte ich nicht den enormen Gewichtsverlust gehabt, hätte ich niemals Bruststraffung oder -vergrößerung in Erwägung gezogen. Aber ich bin der Überzeugung, dass es sein musste, ich ein Recht darauf habe, diese Makel zu beseitigen. Und das galt eben auch für meine Oberarme.

Sie waren ein riesiges Problem für mich. Ich konnte mich einfach nicht frei bewegen, verkrampfte in allen möglichen Situationen. Instinktiv versuchte ich immer, meine Arme unsichtbar zu machen. Natürlich bewegte ich mich damit insgesamt gehemmt und ungelenk. Es schränkt viel mehr ein, als sich ein normalgewichtiger Mensch mit durchschnittlich straffer Haut das vorstellen kann. Man steht nicht zu sich selbst, versteckt Körperteile, schämt sich, zieht das Genick ein, wenn jemand in Hörweite lacht, man selbst bezieht jeden Blick, jedes Grinsen auf sich, auf seinen Makel.

Man ist nicht wie andere. Man gehört nicht dazu, ist ausgegrenzt, kann sich nicht kleiden wie andere. Nicht, dass ich besonderen Wert darauf legte, wie andere zu sein. Ich wollte mich aber doch frei bewegen können, ohne mir unnötig Gedanken darüber zu machen und ohne mich einzuschränken zu müssen. Ich wollte meine Gedanken von diesen Schamgefühlen befreien. Ich freute mich unbändig auf die Korrektur. Sie würde mir ein weiteres Stück Unbeschwertheit zurückgeben. Vier Jahre nach meiner Magenverkleinerung sollten nun auch die Oberarme nicht mehr daran erinnern, dass ich einst ein Koloss von fast 160 Kilo war.

Die Finanzierung des Eingriffs wäre für mich nicht machbar gewesen, wenn ich nicht erneut eingewilligt hätte, mich medial begleiten zu lassen. Diesmal war es eine andere Produktionsgesellschaft, die mit der Praxis zusammenarbeitete. Zuständiger Arzt war Dr. Blesse in Bielefeld. Ein Fernsehteam würde die Operation begleiten und einen Beitrag für die RTL-Sendung *Punkt 12* produzieren.

Schon beim Beratungsgespräch war die Kamera dabei. Ich entkleidete meinen Oberkörper und Dr. Blesse untersuchte die Hautareale an Armen und Brust. Er lobte die nur feinen Narben aus den Eingriffen seines Vorgängers und machte mir deutlich, dass man bei einer Straffungs-OP ein Problem durch ein anderes austauschen würde. Das müsse einem deutlich bewusst sein. Schließlich würde man die verhasste schlaffe Haut los, müsse aber neue Narben in Kauf nehmen. Die Schnitte verlaufen bei einer Oberarmstraffung immerhin mindestens von der Armbeuge bis zu den Achselhöhlen.

Die Brust-OP würde eine Neuauflage des ersten Eingriffs: Die Implantate würden durch neue, etwas größere ersetzt und die Haut nochmals gestrafft. Da ich bereits an das Tragen von Implantaten gewöhnt war, würde ich mit den neuen keinen Druckschmerz, der sich wie starker Muskelkater angefühlt hatte, bekommen.

Bei der Größe der Brust rangen wir ein wenig. Ich wünschte mir deutlich größere Brüste. Dr. Blesse warnte vor den Risiken, die mit der Größe stiegen. Es können Rückenprobleme entstehen, wenn die Implantate zu groß sind. Wenn man sich später für kleinere Modelle entscheidet, weil man merkt, dass man doch mit dem Gewicht der großen Implantate langfristig nicht zurechtkommt, ist die Haut entsprechend gedehnt und muss dann womöglich gestrafft werden. Eine kleine Brust größer zu machen ist also nicht das Problem, aber eine üppigere zu verkleinern ist schon umständlicher. Viele

Frauen wünschen sich häufig größere Implantate, nach dem Motto »Wenn schon, denn schon«. Aber die Größe der Brust sollte zum restlichen Körper passen.

Wir einigten uns schließlich auf 500 Gramm pro Seite. Diese Implantate würden erneut unter den Brustmuskel gelegt, dadurch spürt man die Fremdkörper nicht so intensiv und die Brust sieht sehr natürlich aus.

Das Ergebnis ist perfekt, auch nach sieben Jahren. Es ist keine Brust wie die eines Erotikstars, der sich die Brust von B auf F hat vergrößern lassen. Ich trage jetzt Körbchengröße D.

Ich liebe es, auf meiner Facebook-Seite Fotos von mir in sehr körperbetonter Kleidung zu zeigen. Man soll zeigen, was man hat, und ich habe mich all die Jahre so danach gesehnt, genau das wieder tun zu können. Älter wird man auf jeden Fall.

Bei Facebook werde ich immer wieder gefragt: »Ist deine Brust echt?« Die Frage irritiert mich nach wie vor. Wie definiert man in meinem Fall »echt«? Grundsätzlich ist auch eine vergrößerte Brust »echt«! Sie besteht aus echtem Brustgewebe und echter Haut. Es liegt lediglich eine Unterstützung unter dem Brustmuskel. Silikon ist nur ein Bestandteil der Brust.

Ich werde ärgerlich, wenn ich merke, dass die Diskussion darum überhandnimmt. Jeder Mensch kann seinen Körper doch so verändern, verbessern, trainieren, wie er möchte. Wie weit man an sich feilen möchte, muss doch jeder für sich selbst entscheiden und die ganz persönlichen Risiken und Konsequenzen abwägen.

Ich hatte das im Vorfeld der nun anstehenden Doppel-OP getan und meine Entscheidung getroffen. Wegen des doch größeren Eingriffs war ich am Abend vorher sehr nervös, schlief in der Nacht schlecht. Dass mich wieder ein TV-Team begleitete, entspannte die Situation nicht. Es ist eine zusätzliche Anstrengung, sich darauf einzustellen.

Aber ich wollte auch anderen zeigen, was man bewirken kann – auch wenn man einmal in einer Gewichtsliga gespielt hat, die für viele Menschen unvorstellbar ist. Ich wollte als Positivbeispiel vorangehen. Es darf nicht sein, dass sich die extrem dicken Menschen aufgeben und die Hoffnung auf jegliche Attraktivität und einen normalen Zustand des Körpers über Bord werfen.

Dennoch verspürte ich eine Mischung aus Sorge und großer Vorfreude, als ich mit Frank vor dem Praxisgebäude in Bielefeld hielt. Die Dame der TV-Agentur begrüßte mich und erklärte den Ablauf der Dreharbeiten. Ich kannte das ja schon, Interviews im Vorfeld, Bilder während der Untersuchung und Operation, Interviews hinterher im Aufwachraum.

An diesem Morgen zogen sich die Dreharbeiten besonders hin. Ich fühlte mich zunehmend schlechter, hatte seit dem Vorabend weder gegessen noch getrunken. Mir wurde schummerig vor Augen. Ich antwortete zunehmend gereizter. Als die Übelkeit zunahm, wurde ich deutlich und bat um Eile.

Auch für mich ist es jedes Mal spannend, den fertigen Bericht im Fernsehen zu sehen. Darin wurde gezeigt, wie Dr. Blesse im OP an meinem Arm erklärt, was die nächsten Schritte seien. Nach dem Eingriff hob er vorsichtig den operierten Arm an und erklärte, dass er noch unter Spannung stünde und geschwollen sei, später aber wieder etwas weicher werden würde, sobald alles verheilt sei.

Es ist ein merkwürdiges Gefühl, sich im Fernsehen zu sehen, hilflos, ohne Bewusstsein. Aber es ist auch eine Dokumentation der Veränderung, die an meinem Körper stattgefunden hat. Erst neulich habe ich mir die Reportagen wieder angeschaut. Es ist faszinierend, sich selbst noch einmal im alten Zustand zu sehen. Nach den OPs habe ich mir grundsätzlich jedes Mal die Frage gestellt, ob die Korrekturen wirklich hatten sein müssen. Beim direkten Vorher-Nachher-Vergleich im Fernsehen war es völlig klar: Ich habe nicht übertrieben. Es war nötig. Ich wäre ohne die Hilfe der Chirurgen niemals so glücklich mit meinem Körper geworden, wie ich es heute bin. Immer hätte ich über OPs nachgedacht, wäre nie richtig zur Ruhe gekommen.

Ich erinnere mich, dass ich in den Aufwachraum geschoben wurde. Die Redakteurin des Fernsehteams versuchte, mich zu interviewen. Aber ich war so benommen, dass ich sie für eine Krankenschwester hielt. Es ging mir schlecht, ich begann, am ganzen Körper zu zittern. Mir war auf einmal fürchterlich kalt, ich zitterte immer mehr. Die Anstrengung dieser großen Operation hatte meinen Körper über die Grenze belastet. Die Krankenschwester holte ein Gerät, mit dem sie warme Luft unter die Bettdecke blies. Mein Kreislauf war abgesackt. Das TV-Team gab auf und ließ mich allein. Mein Körper brauchte jetzt Kraft und alle Ruhe der Welt, um zu heilen.

Am nächsten Morgen kam Frank, um mich abzuholen. Diesmal hatte ich größere Probleme, in die Gänge zu kommen. Mein Kreislauf wollte nicht, wie ich wollte. Ich konnte mir gar nicht vorstellen, wie ich jetzt nach Hause kommen sollte. Ich durfte dann noch etwas liegen bleiben, mir wurden Kaffee und Salzgebäck zur Stärkung serviert.

Auch Frank bekam Kaffee und durfte etwas mit mir essen. Wir wurden wirklich sehr nett betreut. Danach versuchte ich, mich anzukleiden. Es ziepte und drückte überall, nicht sehr schmerzhaft, aber unangenehm. Auf der Fahrt wusste ich nicht, in welcher Position ich sitzen sollte, und der Gurt drückte auf meine Brust. Frank fuhr besonders langsam und vorsichtig, und so brauchten wir mehrere Stunden, bis wir endlich daheim waren.

Zu Hause legte ich mich sofort ins Bett. Ich musste nun die nächsten vier Wochen auf dem Rücken schlafen. Das war tatsächlich das Schwierigste überhaupt für mich. Ich riss mich zusammen, schließlich hatte ich diesen Eingriff mit ganzer Seele herbeigesehnt, die Nachwirkungen würde ich aushalten.

Dann kristallisierte sich ein Problem heraus, dessen ich mir vorher nicht bewusst gewesen war: Ich hatte niemanden, der den Verband wechseln könnte. Mein Hausarzt verwies mich an eine chirurgische Praxis. Dort würde man sich bestimmt besser mit dieser Art Wunden auskennen.

Ich marschierte dorthin. Der Spaziergang würde mir guttun, und es waren nur zehn Minuten Fußweg. Die Arzthelferinnen waren nicht gerade begeistert, der Arzt noch weniger, er bekäme einen Verbandswechsel schließlich nicht bezahlt, das sei Sache des Operateurs. Ich war den Tränen nahe. Der Chirurg wurde freundlicher und versprach, mich nicht wegzuschicken, sondern eine Ausnahme zu machen.

Ich bekam einen frischen Verband, und die Helferinnen lobten sogar das, was sie sahen. Die Stimmung war dann nahezu herzlich. Sie fragten mich nach meiner Geschichte und machten mir Komplimente für den schönen Oberkörper, den sie jetzt schon zu erkennen glaubten (es dauerte ja noch seine Zeit, bis alles verheilt sein würde). Ich fühlte mich getröstet und ging erleichtert nach Hause. Es ist unglaublich, wie verletzlich ich da und auch heute noch bin, wenn ich mich ungerecht behandelt fühle.

Nach zehn Tagen durfte ich zum ersten Mal duschen. Ich kann mich noch genau daran erinnern, wie ich den Verband ganz langsam löste, voller Spannung und Vorfreude.

Der Verband fiel und ich stand mit freiem Oberkörper vor dem Spiegel. Die Arme waren nur mit Mull bepflastert, hier hatte ich bereits das Ergebnis gesehen. Jetzt hob ich sie an. Der Anblick dieser perfekt geformten, natürlich aussehenden und vollen Brust überwältigte mich. Gleichzeitig hatte ich den Gedanken, dass ich unbedingt diesen Zustand so lange wie möglich aufrechterhalten müsse. Diese perfekten Rundungen würde ich hegen und pflegen, ich würde alles dafür tun. Ich war verliebt in den Anblick meines Oberkörpers, jauchzte vor Freude auf. Vorsichtig tastete ich meine Brust ab. Sie fühlte sich jugendlich und straff an, besser als sie sich jemals in meinem Leben angefühlt hat.

Nun stand all den Trägertops, ärmellosen Oberteilen und schulterfreien Shirts nichts mehr im Wege. Jetzt mussten nur noch die Narben abheilen, in zwei Jahren würden fast alle Spuren des Eingriffs unsichtbar sein. Ich konnte kaum aufhören zu lächeln.

Franks erste Reaktion war: »Wow, jetzt siehst du aus wie Dolly Parton!« Er sagte es mit einem Augenzwinkern, war jedoch ehrlich begeistert vom Ergebnis. Er sagte, so könne er mich nicht mehr alleine auf die Straße lassen.

Die Arme versorgte ich bis zur endgültigen Heilung selbst mit großflächigen Pflastern, wie es mir empfohlen worden war. Auf die Brustwunden legte ich Mull und trug acht Wochen lang einen Sport-BH. Auch wenn er auf die Wunden und späteren Narben drückte, es war auszuhalten. Ich hatte allerdings wieder mit starken Wundheilungsstörungen zu kämpfen, die den Genesungsprozess verzögerten. Meine Haut heilte einfach nicht so gut ab.

An der Brust bildeten sich auch leider nicht ganz so feine Narben wie nach meiner ersten Brust-OP. Aber dies würde gut zu korrigieren sein.

Durch einen kleinen Eingriff, eine Narbenkorrektur, kann man sie verschmälern. Es wird zwar erneut genäht, aber diese Fäden können gezogen werden. Dann entstehen nicht erneut Wundheilungsstörungen, der Körper kann die andere Art der Fäden besser verarbeiten.

Jetzt war das Thema Oberkörper auf jeden Fall erst einmal abgeschlossen. Ich trug mit Freude hautenge Oberteile. Nach gut drei Monaten war die Heilung endlich abgeschlossen, und ich konnte mit dem Cremen und Massieren der Narben beginnen.

Das Thema mediale Begleitung war mit dieser Erfahrung für die Zukunft beendet. Ich war finanziell jetzt besser gestellt. Das Auto und ein Kredit waren abbezahlt.

Beim nächsten Eingriff wollte ich gerne einen richtigen Krankenhausaufenthalt und keine Tagesklinik mehr. Ich wollte dann sicher auf einer Station liegen, auf der man bei Komplikationen oder anderen Bedürfnissen immer jemanden zur Stelle hat und auch vor Ort Verbandswechsel übernommen werden. Die Drainagen können dann auch etwas länger in der Wunde bleiben. Das Wundwasser wird optimaler abgebaut.

Auch wenn es sich bei mir um kosmetische OPs handelte: Der Körper musste alle Kraft für die Heilung aufwenden. Ich wollte es mir einfach gönnen, die nächste Operation ohne zusätzliche Strapazen durchführen zu lassen. Auch wenn eine mediale Begleitung und Dokumentation spannend ist, ist es doch sehr anstrengend und fordert Konzentration, wenn man eigentlich einfach Ruhe für sich haben möchte.

Ich war fast am Ziel. Fast. Denn ich begann noch einmal zu sparen. Viel Geld. Beim nächsten Eingriff würde eine fast fünfstellige Summe auf mich zukommen. Es würde ein großer Eingriff sein. Denn das letzte Kapitel stand noch aus: der Bodylift.

KAPITEL 19

Zielgerade

Es waren dunkle Zeiten, als Aussätzige noch getrennt von der restlichen Gesellschaft leben mussten, in runtergekommenen Unterkünften, häufig sogar eingesperrt und von den Almosen der Gesunden abhängig waren. So schlimm war mein Leben als Dicke nicht. Aber behandelt, als gehörte ich nicht dazu, als sei ich außen vor, nicht mittendrin in der Gesellschaft, wurde ich durchaus. Wie kann man seine Würde bewahren, wenn man sich wie eine Aussätzige fühlt, wie ein unerwünschtes Subjekt? Vielleicht indem man sich vor sich selbst verleugnet, jeden Blick in den Spiegel vermeidet, das Erzittern der eigenen Masse, das Schwabbeln der eigenen Fülle einfach ausblendet. Indem man den Blick in den Spiegel niemals zulässt, an Fensterscheiben vorbeihastet, nur um nicht sehen zu müssen, was man nicht wahrhaben will.

Ich bin nicht mehr fett, habe das schlimme Leben hinter mir. Die Sucht jedoch bleibt. Sie wird niemals verschwinden. Nach wie vor könnten mir Milchreis, Pudding und Joghurt zum Verhängnis werden. Mich würden sie zu dem unförmigen Koloss machen, der ich war und niemals wieder sein möchte. Eher will ich tot sein!

*

Bei einem Bodylift kann man in einem Eingriff eine gleichzeitige Korrektur von Hautüberschuss an Bauch, Gesäß und Flanken vornehmen. Häufig wird einige Zeit danach der zweite Schritt, beispielsweise eine Oberschenkelstraffung, durchgeführt. Alles auf einmal wäre eine zu große Belastung für den Körper. Es entstehen schließlich enorme Wundflächen.

Ein solch umfangreicher Eingriff erfolgt stationär, und die Kosten liegen bei bis zu 10.000 Euro, dazu kommen noch die Kosten für Narkose und Nachbehandlung. Die Krankenkassen finanzieren diese Operation nur, wenn behandlungsbedürftige Komplikationen vorliegen, wie eine Fettschürze, wo es zu Entzündungen in der Hautfalte kommen kann.

Am Po hatte ich das meiste Übergewicht angesammelt, da er ja schon immer recht kräftig war. Und auch die Oberschenkel waren nicht ohne. Hier war die Haut extrem stark überdehnt, das führte zu starken Dellen durch das Unterhautfettgewebe und zu schlaffer, hängender Haut. Der Anblick war für mich unerträglich. Ich hatte die Beine einer 80-Jährigen.

Mein Körper war oben wunderbar, unten jedoch absolut indiskutabel. Der Eingriff war ein Muss für mich. Ich fühlte mich nicht vollständig. Schaute ich in den Spiegel, versuchte ich stets, meinen Blick auf den Oberkörper zu konzentrieren. Rutschte der Fokus dann doch nach unten, versetzte es mir einen Stich.

Es existierte eine nicht zu stillende Sehnsucht nach diesem Eingriff. Doch ich konnte warten. Ich hatte es gut gehabt in den vergangenen zwei Jahren, war weitestgehend wieder als normaler Mensch am normalen Leben beteiligt. Immer noch leicht zu verunsichern, immer noch durch Kleinigkeiten in meinem Selbstbewusstsein zu erschüttern, hatte ich trotzdem weitestgehend zu mir selbst gefunden.

Geblieben war der Gedanke im Hinterkopf, dass noch ein Stück fehlte, um wieder mein ganz altes Ich zurückzubekommen. Ich setzte mich intensiv mit meinem Äußeren auseinander. Es mag egozentrisch klingen. Aber wenn man so viele Jahre durch die äußere Hülle zum Hass auf sich selbst verdammt war, erfordert es viel Zeit und Kraft, sich wieder neu kennenzulernen, sich zu akzeptieren, ja sogar zu mögen.

Ich versuchte durch neue Projekte, mir selbst wieder eine gewisse Akzeptanz entgegenzubringen. Vor meiner Zurückverwandlung und auch kurz danach hatte ich schon einige Hobbyfotoshootings gehabt, nun wollte ich das Ganze ausbauen. Ich meldete mich bei *stylished.de* an, einer Onlineplattform, auf der sich Hobby- und Profimodels, Fotografen und Visagisten anmelden und ihre eigene Sedcard gestalten konnten. Ich verwendete dazu meine schönsten Aufnahmen und wurde bald ein Stammgast in der Topliste dieser Plattform.

Meine Fotografen kamen aus Münster, aus Wuppertal, aus Köln, auch ein einwöchiges Shooting auf Fuerteventura hatte ich. Der Fotograf dort hatte mich eingeladen. Dafür durfte er die Aufnahmen als Werbung für seine Homepages nehmen, und ich präsentierte sie ebenfalls auf meinen Seiten.

Es waren Hobbyfotografen, Semiprofessionelle und auch Profis dabei, wie im Fall von Andrea Seekircher, der Akt- und Glamourfotografin aus Düsseldorf, mit der meine glamourösesten Aufnahmen entstanden.

Jeder hatte eine andere Art, mich darzustellen, einen anderen Stil. Jedes Mal schaute mir auf den späteren Aufnahmen eine andere Frau entgegen. Die Bewertung der Fotos auf der Plattform, also das Anklicken und »Gefällt«-Button betätigen, führte zu einer guten Platzierung. Meine Fotos waren beliebt und mein Profil war gut besucht. Es kamen auch viele TFPs, also Time-for-Pictures-Anfragen, für beide Seiten, Model und Fotograf, kostenlos. Und es gab tatsächlich auch einige bezahlte Anfragen.

Es entstanden viele tolle Aufnahmen. Mein Selbstbewusstsein stieg. Nach etwas über einem Jahr wurde mir die Plattform zu klein, und ich wagte mich auf eine andere Vermittlungs-Seite: *model-kartei.de*. Dort waren ebenfalls Models, Visagisten und Fotografen vertreten, aber auf professionellerem Niveau. Mein Start dort war recht gut, meine Sedcard wurde häufig besucht, meine Bilder sehr gut bewertet und wieder kamen Anfragen für Shootings. Zwei fanden in München statt, mit sehr tollen, professionellen und grundverschiedenen Fotografen.

Beim ersten Shooting erarbeiteten wir sogenannte Composings. Bei diesen Aufnahmen im Studio fügt der Fotograf in der Nachbearbeitung am Computer andere Hintergründe ein, etwa eine Skyline, ein verfallenes Gebäude oder eine Naturszene. So sieht es aus, als wäre das Foto dort geschossen worden.

Ich suchte ständig nach neuen Herausforderungen und wagte mich in neue Gefilde, um mir wieder einmal selbst etwas zu beweisen. Die Anfrage des zweiten Fotografen, Sohn einer bekannten Volksschauspielerin, war für ein potenzielles Fotobuchprojekt. Es würde Akt und Teilakt sein, also leicht bekleidet oder ganz nackt, künstlerisch umgesetzt, so hieß es.

Ich fühlte mich sehr unwohl bei dem Gedanken, weil ich mich nicht gerne nackt zeigte wegen der Stellen meines Körpers, die noch so hässlich waren. Ich hatte immer die Befürchtung, dass die Fotografen schockiert sein könnten, wenn sie mich unbekleidet sahen. Vor einem solchen Shooting kamen manches Mal Minderwertigkeitskomplexe in mir hoch.

Doch allen Bedenken zum Trotz: Ich wollte es tun. Ich würde mich durchkämpfen. Ich würde nicht aufgeben. Gerade deswegen stelle ich mich gerne solchen Herausforderungen. Man muss seine Ängste bekämpfen, um sie zu besiegen, muss über seinen Schatten springen.

Die Chemie stimmte nicht ganz zwischen dem Fotografen und mir. Wir waren grundverschieden, redeten aneinander vorbei. Es kam keine richtige Sympathie auf. Ich wirkte auf ihn arrogant und von mir eingenommen, und er wirkte auf mich ziemlich kauzig und verschroben. Ich fühlte mich unwohl in seiner Gegenwart, er war bestimmt genervt von mir. Dennoch leistete er hervorragende Arbeit.

Ich wollte professionell sein, ich wollte die beiden Tage durchstehen. Er ließ mich die Aufnahmen nicht zwischendurch sehen, begründete das mit seiner Erfahrung, dass die meisten Models dadurch mutlos würden. Tatsächlich half mir diese Ungewissheit. So kam ich ganz gut durch die zwei Shooting-Tage. Am ersten Tag arbeiteten wir viele Stunden bis in die Nacht, probierten Perücken, verrückte Outfits, Korsagen und Reifröcke aus. Zwischendurch kochte er uns etwas zu essen. Nach dem Shooting-Ende legte ich mich auf der Matratze im Studio schlafen.

Es machte streckenweise sogar Spaß, obwohl er mich sehr forderte. Aber das war mir vorher bewusst gewesen. Ich sprang in die Luft, posierte, zog mich ständig um, musste Gesichtsausdrücke, die er sich wünschte, halten und gleichzeitig in Bewegung bleiben.

Shootings erfordern sehr viel körperliche Arbeit, die man den Fotos nicht anmerken darf. Nicht selten hatte ich hinterher heftigen Muskelkater, verkrampfte Schultern und einen schmerzenden Nacken.

Auf einer Aufnahme trage ich nur einen weißen Reifrock und Handschuhe und lege mir die Hände auf die nackte Brust. Auf dem Kopf habe ich eine schwarze Afroperücke. Eine andere Aufnahme zeigt mich auf einer Matratze liegend, meinen knallroten Mantel um mich drapiert, die Hände neben dem Kopf, mit entrücktem Gesichtsausdruck, mein darunter nackter Körper teilweise verdeckt, die Brust zum Teil nicht. Die Narben am Busen retuschierte der Fotograf anschließend nicht. Diese Aufnahme fasziniert mich heute noch. Ich finde sie schön, wegen der Authentizität, trotz oder gerade wegen des Makels.

Die Distanziertheit zwischen uns blieb. Aber das Resultat war wunderbar. Am zweiten Tag sollte ich die Hüllen ganz und gar fallen lassen. Der Fotograf kam auf die Idee, dass ich mich von oben bis unten mit schwarzer Wasserfarbe einschmieren sollte, die Brustwarzen und die Scham jedoch mit roter Farbe. Die Haare türmte ich zu einem Dutt auf, mit einem roten Tuch.

Der Ort für das Shooting war ein düsterer, muffiger Keller, der sich im Haus des Fotografen befand. Es herrschte eine richtige Höhlenatmosphäre in diesem Münchener Altbaukeller, etwas feucht und düster. Durch die alten Backsteine, die aufgeplatzten Wände und den rissigen Boden wurden die Aufnahmen abstrakt und edel zugleich.

Wir arbeiteten so konzentriert, dass ich kaum Zeit hatte, mich über meinen Einsatz zu wundern. Ich war splitterfasernackt, mit roter und schwarzer Farbe beschmiert. Es machte mir nichts aus. Ich drehte und wendete mich in alle Richtungen. Durch die hervorragende Arbeitsweise des Fotografen sah man keine unvorteilhafte schlaffe Haut. Die fertigen Aufnahmen taten so gut!

Ich war fasziniert, dass ich mit meinem längst noch nicht perfekten Ich Teil von wirklich großartigen Fotografien sein konnte. Auch wenn ich mich während des Akt-Shootings nicht wohlfühlte, in Pausen immer wieder an meinem Körper herabschauen musste, das Ergebnis war gut.

Fast alle Fotografen, die mich ablichteten, baten mich später um eine erneute Zusammenarbeit. Sie sahen in mir einen hübschen, ausdrucksstarken Menschen und ermunterten mich, weiter für Fotografen zu posieren.

Durch den Zuspruch und die Anerkennung wagte ich mich schließlich auch an ein Profil auf Facebook. Ich hatte mir schnell einen virtuellen Freundeskreis aufgebaut, mit den meisten Verbindungen hatte ich lustigen, freundschaftlichen Kontakt. Aber ich musste mich auch niveauloser Anmachen erwehren, die mich privat per Nachricht erreichten.

Das Problem teile ich mit vielen anderen Models, die sich auf Facebook zeigen. Viele Männer verstehen das Posten von teils erotisch anmutenden Fotos als Einladung zum Belästigen. Ich wechselte dann vom privaten Profil zur Fanpage. Ich wollte meiner Präsentation einen professionelleren Anstrich geben und meine Projekte regelmäßig und ausführlicher als bisher veröffentlichen.

Zusätzlich hatte ich mich auf einer Seite angemeldet, die mittels Onlinevoting jeden Monat eine »Miss« wählte. Nach einigen Tagen schaffte ich es tatsächlich auch dort in die Topliste. Die Folgen waren mir zunächst nicht klar, war es doch mehr ein Ausprobieren, ein Spaß. Es bedeutete jedoch, dass ich gute Chancen hatte, den Monatstitel zu gewinnen. Ich landete auf Platz zwei. Im Januar 2014, vier Wochen später, schaffte ich es auf den Spitzenplatz: Ich wurde zur Miss Social Network Januar 2014 gewählt. Ich war die erste Deutsche, die in einem Monat die meisten Stimmen auf sich ziehen konnte. Die bisherigen Gewinnerinnen waren meist aus den USA, Australien und Kanada gewesen.

Dieser Titel gab mir einen unheimlichen Kick. Was für eine Bestätigung im Alter von 39 Jahren, mit einer Kurvenfigur und etlichen körperlichen Problemzonen ausgestattet. Eigentlich war ich nicht der Typ Frau, der sich gerne einer Fleischbeschau aussetzt. Aber ich war von Ehrgeiz gepackt, und mir wurde auch bald bewusst, was mich so bestärkte und weiterhin antrieb: Ich wollte ein Vorbild werden für alle dicken und ehemals dicken Frauen. Ich wollte anhand meiner eigenen Geschichte zeigen, dass alles möglich ist, wenn man nur wirklich will und dafür kämpft.

Meine Facebook-Fangemeinde wuchs immer weiter. Es kamen und kommen immer noch jede Woche neue Fans dazu. Die einen haben Interesse an meinen Arbeiten, andere wollen mehr über meine persönliche Geschichte wissen. Ich beschreibe stets ganz offen, welchen Weg ich gegangen bin. Schon einigen Frauen konnte ich konkret mit Ratschlägen zur Seite stehen und ihnen auf ihrem Weg durch die Zeit vor und nach einer Adipositas-OP ein wenig Mut machen.

Zwei der Frauen sind jetzt schlank und führen ein neues Leben. Sie hatten aufgrund meiner Berichte letztendlich den Mut, diesen nicht einfachen Weg zu gehen. Ich freue mich immer, wenn ich neue Fotos von ihnen sehe und das Leuchten in den Augen wahrnehme, das es vorher nicht gab. Da war nur dieselbe Traurigkeit zu sehen, die ich von mir selbst nur zu gut kannte.

Wie um einen ganz besonders deutlichen Strich unter meine Vergangenheit zu ziehen, zeige ich mich auf meiner Fanseite bewusst körperbetont und auch manchmal subtil erotisch, dabei jedoch nie die Grenzen des guten Geschmacks überschreitend. Es bleibt stets ein mulmiges Gefühl, wenn ich ein neues Bild in gewagtem Outfit hochlade. Denn es findet sich immer jemand, der ein Foto per Kommentar zerreißt.

So sehr ich durch die vielen Shootings, die schönen Bilder und positiven Reaktionen darauf Selbstbewusstsein anhäufte und mir regelmäßig Bestätigung holte, so unverändert blieb eines der Dorn im Auge: mein Körper abwärts der Hüfte.

Besonders quälte ich mich im Schwimmbad und in der Therme, die ich eigentlich sehr gerne besuchte. Ich bewegte mich langsam, damit nichts zu sehr wackelte, und wählte stets den kürzesten Weg von A nach B. Ich genierte mich ganz furchtbar wegen meiner Oberschenkel und meines Pos.

Meinen Oberkörper zeigte ich gerne. Die Hüften wären dauerhaft mit einem Tuch umwickelt zu verstecken gewesen, aber das ist im Thermalbad auf dem Weg von einem Schwimmbecken zum anderen noch auffälliger. Somit war selbst dieser kurze Weg für mich nie so ganz leicht.

Ich schaute mich stets um, ob Blicke auf mich gerichtet waren. Eigentlich scherte sich niemand um mich. Es gab Menschen dort im Bad, die in einer ähnlichen oder auch schlimmeren Situation waren, was das Äußerliche betraf. Aber ich vergleiche immer mit dem Positiven, obwohl ich weiß, dass niemand perfekt ist und auch ich nie perfekt sein werde.

Der Wunsch, mein Körperbild im ästhetischen Sinne zu vervollkommnen, wieder so auszusehen wie vor der Gewichtszunahme, wuchs in diesen quälenden Situationen umso mehr. Es ging hier um den Wunsch, wieder vollständig zu sein.

Ich überlegte hin und her, wie ich diese große und heiß ersehnte Operation finanzieren könnte. Mir wurde da aus ganz überraschender Ecke Hilfe zuteil. Meine Mutter hatte zu dieser Zeit den innigen Wunsch, die Spuren der vergangenen harten zwei Jahrzehnte zu verwischen. Sie wollte gerne die Region um die Augen herum mit einer Lidstraffung verschönern. Meine Mutter hatte schon immer kleine »Beulen« unter den Augen im Wangenbereich gehabt, die sich im Laufe der Jahre so verschlechterten, dass sie sehr mitgenommen aussah. Außerdem hingen die oberen Augenlider so stark, dass es sie störte.

Paul, der mittlerweile langjährige Lebensgefährte meiner Mutter, konnte ihr mit seinem Ersparten den Eingriff ermöglichen. Mir bot er dabei gleichzeitig einen zinslosen Kredit an. Das war sehr großzügig. Denn es ging um eine fünfstellige Summe.

Paul bezeichne ich immer alt »Alt-Hippie«. Er hat eine lockere, raubeinige Art an sich, Dreitagebart und Strubbelhaar, ein riesiges Herz und eine authentische Persönlichkeit. Mit seiner anfänglichen Scheißegal-Einstellung hatten wir uns zu Beginn, nachdem meine Mutter ihn 18 Jahre zuvor in Khalis Lokal kennengelernt hatte, oft in den Haaren. Der Grund für diese Auseinandersetzungen lag auf meiner Seite daran, dass meine Mutter und er sich gegenseitig nicht die größte Stütze waren. Beide etwas defensiv und depressiv, konnten sie sich nicht aneinander hochziehen.

Aber trotz vieler Diskussionen und meiner permanenten Aufforderung über viele Jahre, dass beide doch endlich etwas aus ihrem Leben machen sollten, fanden wir am Ende beide unseren Platz im Herzen des anderen. Und nun dieses liebe Angebot.

Ich würde Paul meine Schulden in monatlichen Raten von mindestens 300 Euro zurückzahlen. Nun musste nur noch der Beratungstermin vereinbart werden. Es sollte Wochen dauern. Der Terminkalender von Dr. Dirk Richter, von dem meine Mutter und ich operiert werden wollten, war stets voll. Im Juni 2013, fast zwei Jahre nach meinem Eingriff in Bielefeld, sah ich endlich dem lang ersehnten Operationstermin in Wesseling entgegen.

Nachdem Dr. Richter mich genauestens untersucht und die Elastizität meiner Haut überprüft hatte, bestätigte er, dass es nicht möglich sei, diesem Hautüberschuss mit welcher sportlichen Betätigung auch immer entgegenzuwirken. Am Po würden einige Kilo wegfallen. Die Oberschenkel würden erst einmal außer Acht gelassen, weil es zu viel für eine Operation wäre. Der geplante Schnitt würde von den Beckenknochen vorne einmal hinten um meinen Körper verlaufen. Von den Beckenknochen an deshalb, weil dort noch kleine Hubbel, auch Dogears – also Hundeohren – genannt, von der Bauchstraffung zu sehen seien. Diese Beulen sind kleine Schwellungen, die nach einer Bauchstraffung häufig entstehen. Jetzt könne man sie in einem Aufwasch korrigieren.

Meine Mutter und ich machten einen gemeinsamen Operationstermin, wir würden uns dann ein Zweibettzimmer teilen können. Meine Mutter sollte zuerst operiert werden, da ihr Eingriff bedeutend kürzer war. Danach sollte ich an der Reihe sein. Ich war ganz kribbelig vor Vorfreude, vermischt mit der Sorge um meine Mutter, die ja noch nie einen derartigen Eingriff hatte vornehmen lassen. Bei mir selbst sah ich nur einen weiteren Schritt zur Normalität kommen. Wieder würde mir ein Stück mehr Lebensqualität zurückgegeben. Immer mehr entfernte ich mich von den Kilos. Auch über Essen dachte ich komischerweise gar nicht nach, es war sehr weit in den Hintergrund gerückt. Mein Denken war generell nicht mehr so stark darauf fokussiert wie früher. Als ob der Drang zu essen mit dem Verschwinden des Gewichts vermindert würde.

Als wir ins Dreifaltigkeits-Krankenhaus Wesseling fuhren, war ich positiv aufgekratzt, meine Mutter sehr gefasst. Das hatte ich nicht erwartet, da sie sonst ein eher ängstlicher Mensch war. Ihre

Nervosität kam jedoch zum Vorschein, als wir uns OP-Hemden anziehen und Stützstrümpfe überstreifen sollten. Da bekam meine Mutter einen Lachanfall nach dem anderen und witzelte mit den Strümpfen herum. Dieses Überspielen der Aufregung sollte damit belohnt werden, dass sie bereits nach zweieinhalb Stunden wieder auf dem Zimmer war, benommen von der Narkose, schläfrig. Sie beteuerte noch, mit dem Verband vor den Augen nicht schlafen zu können, und schnarchte bald vor sich hin.

Als ich noch im OP war, spielte sie schon an den Knöpfen des elektrisch verstellbaren Bettes herum, um eine bessere Position zu finden. Dabei fuhr sie sich das Bett wie ein Klappmesser am Kopf- und Fußende hoch. Sie wusste sich nicht mehr zu helfen, die Krankenschwester fand sie hilflos vor – darüber und über die restliche Zeit im Krankenhaus sollten wir noch lange lachen.

Bei mir lief alles routiniert ab. Sogar meinen kreislaufbedingten Schüttelfrost verkraftete ich diesmal ruhiger und nahm wieder dankbar an, dass mir warme Luft unter die Bettdecke geblasen wurde. Dennoch fühlte ich mich sehr gut, als ich dann wieder auf dem Zimmer war. Ich spürte keine stärkeren Schmerzen, nur ein sehr wundes Gefühl und Druck im Beckenbereich. Kein Wunder, schließlich lag ich auf meiner großen Wunde. Drainagen ragten aus meiner Haut heraus, zwei Flaschen auf jeder Seite, diese würden erst nach einigen Tagen gezogen. Es war vorgesehen, dass ich fünf Tage im Krankenhaus bleiben würde.

Nun hatte ich eine Narbe einmal um den ganzen Körper herum. Ich ließ kessen Gedanken freien Lauf, mir später eine Schlange oder eine Blütenranke über die Narbe tätowieren zu lassen, einmal um die Hüfte herum. Ich bin zwar nicht der größte Fan von Tattoos, aber in diesem Fall wäre doch damit die Narbe gut kaschierbar. Ich denke, es bleibt bei dem Gedanken.

Schnell kam ich wieder auf die Beine und wanderte schon am nächsten Tag im Zimmer umher, die Drainagen in meinen Bademanteltaschen. Bei der Visite berichtete Dr. Richter, dass der Po extrem gestrafft und insgesamt 3,5 Kilo an Gewebe und Haut entfernt worden waren.

Anfangs sah der Po so hochgezogen aus, dass zwischen den Pobacken eine zweifingerbreite Lücke zu sehen war. Er musste erst mal in seine richtige Form absacken. Der Arzt nannte es »überstrafft«, um mir die aktuelle Form plausibel zu machen. Somit sah das Ergebnis zunächst noch etwas merkwürdig aus, wie ich im Spiegel feststellen durfte. Aber aus der Erfahrung mit den anderen Eingriffen wusste ich ja, dass sich das noch verändern würde. Zu diesem Zeitpunkt war das Endergebnis noch nicht richtig vorstellbar, zu geschwollen waren die Partien und so sehr gestrafft war »mein verlängerter Rücken«.

Die Zeit im Krankenhaus verging recht schnell. Wieder musste ich für rund sechs Wochen einen Kompressionsanzug tragen. Sport war natürlich in dieser Zeit tabu. Und wieder plagte ich mich mit Wundheilungsstörungen. Es dauerte Monate, bis alles richtig verheilt war. Dann war mein Po in seine vorgesehene Position gesunken. Meine Dogears vorne an den Beckenknochen waren verschwunden. Alles sah schön glatt aus. Wenn ich nun eine enge Jeans trug, die einen niedrig sitzenden Bund hatte, quoll nichts mehr über den Hosenbund, so wie beim Shooting, das ich noch vor dem Eingriff in Lederklamotten hatte machen wollen. Der Fotograf hatte mir zwei Lederhosen, eine schwarze und eine rote, gestellt, die mir aber am Po und im Hüftbereich irgendwie nicht richtig passten. Hinten quoll meine lockere Haut über den Bund, und auch wenn ich mich hockte, schnitten die Teile unheimlich ein. Ich konnte kaum atmen. Ich hatte sie dann extra beim Schneider etwas weiten lassen.

Heute, nach dem Bodylift, sind mir die beiden Hosen zu weit. Ich werde sie wohl wieder kleiner machen und in den alten Zustand zurückschneidern lassen, außerdem die Ledereinsätze am Bund wieder entfernen.

Alle Shirts wirken nun anders, der Übergang von der Taille zum Po ist jetzt glatt, ein großartiges Gefühl. Es sind kein Hubbel mehr im Rücken- und Pobereich zu sehen, wenn ich tief geschnittene Kleidung trage. Die ganze Silhouette stimmt wieder. Es macht Spaß, mir nicht zum Kaschieren des Hängepos eine Jacke umbinden zu müssen. Ich muss mir keine extra am Bund hoch geschnittenen Hosen mehr kaufen.

Es ist ein großes Stück Freiheit gewonnen. Ich bewege mich ungezwungener, denke nicht mehr so viel nach, hinterfrage meine Erscheinung nicht mehr ständig, bin sicherer geworden. Ich bin nicht mehr auf Spezialanfertigungen für Problemzonen angewiesen. Bei meiner Lieblingsmarke bestelle ich die Schnitte, die mir gefallen, und muss nicht verzichten. Viele frustrierende Gedanken sind jetzt verschwunden.

Ein neues Lebensgefühl.

KAPITEL 20

Frei

All die Jahre war die eigentliche Sandra wie eine Souffleuse im Theater – unsichtbar für andere. Es war ein Genuss, wieder zurück auf der Bühne des Lebens zu sein. Ich hielt immer mehr Lebenssituationen mit Fotos und kleinen Videos fest. Diese Mini-Dokumentationen und die Shootings waren eine Art Selbstfindung. Genauso wie ich ständig in Spiegel und Schaufensterglas schaute, um mich zu vergewissern, wie ich aussah, wie ich wirkte. Es war nicht einfach für mich, meine neue Erscheinung abzuspeichern. Ich musste mich wieder und wieder betrachten. Nicht, weil ich selbstverliebt war oder eingebildet, sondern weil ich verstehen und verinnerlichen musste, wer ich jetzt war.

Ich war wie ausgewechselt: strahlende Augen, entspannter Gesichtsausdruck, eleganter Gang, eine straffe Körperhaltung.

Wenn ich jetzt Fotos nach einem Shooting bekomme, dann fühle ich mich immer erst ein wenig fremd und muss mich mit dem Anblick arrangieren. Ich nehme bei Shootings gar nicht wahr, dass ich so viele verschiedene Gesichtsausdrücke zeige. Es ist, als lernte ich mich selbst kennen und betrachtete die Frau auf den Fotos mit den Augen eines Fremden. Es macht mir Spaß, diese Fotos der Öffentlichkeit zu präsentieren und Rückmeldungen zu bekommen. Das gibt einen Kick und motiviert mich. Ich liebe es, wenn Menschen meine verschiedenen Facetten kennenlernen. Ich bin geradezu exhibitionistisch.

Mit Kritik daran kann ich nicht gut umgehen, wenn sie zu scharf formuliert ist. Manchmal kommen auch Beleidigungen über Facebook-Nachrichten von anonymen Profilen. Das trifft mich jedes Mal sehr.

Umso mehr freue ich mich und fühle mich sehr geehrt, wenn ich intensivere Blicke in der Öffentlichkeit auf mich ziehe. Ich empfinde das nicht als Anmache, sondern als Kompliment. Wäre ich unattraktiv oder unscheinbar, würde ich schließlich nicht bemerkt. Ich richte mich gerne her. Dass ich das heute wieder kann, ist ein Geschenk. Mich schmerzt der Gedanke, dass es Menschen gibt, die ihre Träume und Wünsche nicht leben können, die sich von allzu vielen Konventionen einschränken lassen. Die immer auf diejenigen schauen, die ihr Leben nach ihren eigenen Vorstellungen leben, und selbst nicht aus sich herauskommen. Daraus resultiert auch der Neid, den Menschen empfinden. Weil sie ihre Träume und Bedürfnisse nicht auszuleben wagen. Und das schmerzt und belastet. Zu denen gehörte ich auch einmal. Ich war zwar immer ein Rebell, kam aber nicht wirklich aus mir heraus. Das ist nun anders. Ich bin etwas anders als die breite Masse, aber ich bin frei. Ausgebrochen.

*

Es liegen nun viele Jahre zwischen der ehemals extrem dicken Frau und der Frau, die ich heute bin. Eine extreme Verwandlung hat stattgefunden, und ich bin nun fast am Ende meiner Metamorphose angelangt. Es war eine Achterbahnfahrt mit Fünferlooping. Wenn ich zurückschaue, bereue ich nichts. Ich würde jederzeit wieder den Schritt der Adipositas-Operation wagen. Ich wäre sonst nicht da, wo ich heute bin. Es war der Neustart.

Mein Weg ist noch nicht zu Ende. Rein körperlich habe ich noch Pläne für eine letzte Operation. Erst mit einer Oberschenkelstraffung werde ich mich physisch vollständig »geheilt« fühlen können. Was meine Psyche angeht, werde ich noch Zeit brauchen, um mich ganz zu festigen und endgültig bei mir anzukommen.

Ich muss an mir arbeiten, muss viel entspannter werden, viele Dinge gelassener sehen, lernen, in mir zu ruhen. Ich möchte in meiner Freizeit – meinen Arbeitsplatz in der Telekommunikationsfirma habe ich übrigens weiterhin – viele neue Foto-Projekte angehen, und ich möchte die Tatsache, dass ich zum Beispiel über Facebook viele Kontakte habe, auch dazu nutzen, andere Schwergewichte zu motivieren, die sich vielleicht schon aufgegeben haben.

Ich habe weitere Ernährungsberatungen in Anspruch genommen und dabei gelernt, was ausgewogene Mahlzeiten sind und was nicht. Ich kann noch vieles besser machen: regelmäßiger meine Mahlzeiten zu mir nehmen, häufiger kochen und weiterhin versuchen, nicht der Einfachheit halber zu häufig nach Fertiggerichten zu greifen. Ab und an muss eine kleine Belohnung sein, und man muss sich dabei frei machen von negativen Gedanken. Ich versuche, mir abzugewöhnen, ein schlechtes Gewissen zu haben, wenn ich mir zwei Bällchen Eis bestelle. Maßvoll essen darf ich. Das muss ich mir immer wieder sagen.

Der Umgang mit Essen als Belohnung hat sich zum Glück verändert. Meine Leckereien, die sehr sorgfältig ausgewählt sind, versuche ich, möglichst intensiv zu genießen. Dabei habe ich immer ganz klar im Bewusstsein, dass ich ständiges und zügelloses Essen nicht mehr brauche.

Meine seelischen Dauertiefs haben sich verflüchtigt. Außer in Form von Stimmungsschwankungen, die aber viel kürzer anhalten als früher, herrscht meine Psyche nicht mehr über mich. Sie versucht es. Aber ich weiß sie zu bekämpfen. Mir ist klar, dass schlechte Stimmung wieder vergeht und nicht wie früher bleibt, als sie in Depressionen ausartete, aus denen ich ewig nicht herauskam.

Ich möchte mich noch häufiger bewegen. Das ist neben der ausgewogenen Ernährung das Wichtigste überhaupt. Dass ich jetzt relativ schlank bin, heißt nicht, dass ich es vollständig geschafft habe. Ich habe lediglich eine große Chance erhalten, die vielleicht größte meines Lebens.

Ich werde nie aufhören, an mir zu arbeiten. Ein wichtiges Ziel ist, nicht mehr allzu sehr über das Essen nachzudenken und den Umgang damit zu optimieren. Ganz loskommen werde ich nicht von meiner Sucht. Ich kann sie nur steuern und versuchen, sie unter Kontrolle zu halten.

Ich habe das Gefühl, keine psychologische Hilfe zu brauchen. Denn die Vergangenheit hat gezeigt, dass ich meinen Zustand sehr gut einschätzen kann und dass ich alleine diejenige bin, die sich helfen kann. Ich kenne die Gründe, warum ich süchtig und adipös wurde, ich kenne meine Schwächen, meine Stärken, ich weiß damit umzugehen. Mein neues Leben mache ich mir nicht mehr kaputt. Dazu habe ich in den vergangenen Jahren zu viel durchlebt.

Viele Dinge waren wirklich wunderschön in den vergangenen Jahren. Ich bin viel gereist, was meinen Horizont sehr erweitert hat. Meinen Körper als schön zu erleben und ihn fotografieren zu lassen hat mir viel Bestätigung gegeben und erheblich dazu beigetragen, dass ich meine Verwandlung begreifen kann.

Ich durfte erleben, wie mein massiger Körper sich veränderte, nach all der Hoffnungslosigkeit, die vormals in mir war. Kaum zu beschreiben die Begeisterung, die aufkam, als ich realisierte, dass mein Traum, wieder schlank zu werden, wirklich wahr wurde. All die Erfahrungen, die ich machen durfte, waren nur durch meine Veränderung möglich.

Das Gefühl, wieder schlank zu sein, ist mein Lebensgefühl. Die euphorischen Phasen, die ich erlebt habe, glichen einem ordentlichen Schwips. Ich war berauscht. Manchmal wurde es mir sogar fast zu viel. Ich wusste nicht, wie ich wieder von meinem Adrenalinrausch runterkommen sollte.

Aber es gibt auch die negative Seite, die man nicht unterschätzen darf. Mir wird mulmig, wenn ich daran denke, dass ich ohne die operative Maßnahme jetzt in einem schlimmen gesundheitlichen Zustand wäre, vor mich hin vegetieren würde, dicker als jemals zuvor, und langsam sterben würde.

Ich merke ja schon jetzt, dass einige Gelenke durch die jahrelange Belastung nicht mehr so viel aushalten wie vor der extremen Gewichtszunahme. Wenn ich so fett geblieben wäre, was hätte ich mir in den vergangenen Jahren zusätzlich angetan? Ein überstrapazierter Körper, eine ramponierte Psyche, Traurigkeit und Schwermut allgegenwärtig, neutrale Gefühle als Ausnahme.

Mit unendlicher Trauer beobachtete ich Frauen, die Aufmerksamkeit erregten, die Spaß am Leben hatten, die begehrt und bewundert wurden. Bitterste Vorwürfe machte ich mir. Wissend, dass ich es nicht so weit hätte kommen lassen dürfen. Wissend, dass ich nichts dagegen machen konnte, dass eine fremde Macht tief in mir mich zwang, zu fressen.

Ich sage bewusst fressen, denn es war kein Essen mehr, das ich betrieb. Ein Trieb, die Kompensation als Ventil, um nicht zu explodieren, um meine Depressionen ablassen zu können. Das Essen hatte die Kontrolle über meinen Verstand gewonnen. Zu viele traumatische Erlebnisse, zu wenig Aufmerksamkeit, zu wenig Austausch, an einem gewissen Punkt war es zu viel Drama und zu wenig Glück. Mein schon immer gestörtes Essverhalten geriet ganz außer Kontrolle.

Heute habe ich nicht mehr diese extremen Phasen, in denen ich am Boden zerstört bin und über Tage nicht aus dem Tal herausfinde. Heute gibt es diese Emotionen auch, aber wenn überhaupt, dann über kürzere Abschnitte. Schwierig wird es, wenn Situationen mich an meine Hilflosigkeit vergangener Zeiten erinnern: der Ärger, wenn mal wieder ein Fotograf nach Strapsen oder Halterlosen fragt. Das macht mich rasend. Weil ich es nicht kann, noch nicht, dazu bin ich an den Beinen noch nicht schön genug.

Frust droht übermächtig zu werden, wenn mich auf meiner Fanseite Leute immer wieder nach Shootings am Strand im Bikini fragen und sagen, ich hätte doch bestimmt die perfekte Figur dafür. Ich habe sie immer noch nicht.

Aber wenn ich mich so ärgere, dann gibt es Möglichkeiten, die nichts mit Essen zu tun haben, um wieder in bessere Stimmung zu kommen: eine Radtour, durch die Fußgängerzone schlendern und mich mit den Auslagen in Schaufenstern ablenken, ein tolles neues Outfit, einen Kaffee trinken in meinem Stammlokal, mich mit Bekannten auf einen Wein treffen.

Ich genieße Bewegung und das Planen neuer Projekte. Ich lade neue Fotos auf meiner Facebook-Seite hoch und chatte mit Menschen, die mich gerne ansehen und meine Arbeit schätzen.

Ich arbeite an mir, um Aggressionen möglichst nicht an meinen Mitmenschen auszulassen. Ich kann mich manchmal über kleinste Dinge unheimlich aufregen. Dann bin ich vollkommen außer mir. Ich brauche stets eine ganze Weile, um wieder runterzukommen.

Zum Glück gibt es diese Situationen immer seltener. Meistens eskaliert es, wenn ich unzufrieden oder in Stresssituationen bin. Ich schlafe aber besser als früher, regeneriere mich nachts und bin, wenn ich aufstehe, erholt und voller Tatendrang, Generell fällt mir alles leichter als früher, und ich bin nicht mehr so sehr im Dauerkrieg mit mir und dem Rest der Welt.

Wenn ich mein Spiegelbild betrachte, schaue ich weitaus optimistischer in die Welt, und es macht mir sogar Spaß, morgens zur Arbeit zu gehen. Die jetzigen Kollegen auf meiner Arbeitsstelle haben eine ähnliche Mentalität, sie arbeiten, um zu leben, und nicht umgekehrt. Alles ist so entspannt, wie ich es mir immer gewünscht habe. Im Prinzip habe ich keinen Grund mehr, übermäßig häufig zum Essen zu greifen. Denn mein Leben ist heute ein Geschenk.

Im kommenden Jahr wird meine letzte OP stattfinden. Der Facharzt prognostizierte, dass bei der Oberschenkelstraffung zwei bis drei Kilo Haut und Gewebe pro Bein wegfallen werden.

Wenn ich auf mein Leben zurückblicke, habe ich viele negative Erlebnisse und Demütigungen hinnehmen müssen. Diese negativen Einschnitte in meinem Leben haben mich allerdings auch zu dem Menschen gemacht, der ich heute bin.

Selbstbewusst und mit stets erhobenem Haupt gehe ich durch das Leben – mit dem Willen, neue Dinge anzukurbeln und sie auch umzusetzen, Neues auszuprobieren, an meine Grenzen zu gehen und vielleicht auch darüber hinaus.

In der Jugend, in der andere sich ausprobieren und ihre Grenzerfahrungen machen, und in der Zeit, in der andere erwachsen werden, wäre diese Herangehensweise für mich undenkbar gewesen, das waren meine fetten Jahre. Ich muss vieles nachholen. Einen ganzen Teil einer positiven natürlichen Entwicklung habe ich leider einfach ausgelassen.

Aber ich habe nun gelernt, mit den negativen Erfahrungen umzugehen und nicht mit allzu großer Bitterkeit zurückzublicken.

Es gab Phasen, da habe ich versucht, mich von meiner Mutter zu lösen. Ich hatte das Gefühl, dass sie mich zu sehr vereinnahmte und mich krank machte. Ich habe es nie geschafft. Ich liebte sie immer sehr, fühlte mich immer schon verantwortlich für ihr Scheitern, machte mein Leben und meine Stimmung davon abhängig, wie es ihr ging. Ich war immer ihr Lebensmittelpunkt, der einzige Mensch, dem sie wirklich trauen konnte.

Auch heute dreht sich in ihrem Leben alles um mich. Wenn wir nicht mindestens dreimal in der Woche Kaffee trinken gehen oder bummeln, dann macht sie mir Vorwürfe und fordert es ein. Gleichzeitig ist sie der Mensch, der mir am nächsten steht.

Obwohl diese enge, fast verzweifelte Bindung immer bestanden hat, war ich nicht in der Lage, meine Mutter vom Alkohol wegzubringen, und sie nicht in der Lage, mir im Kampf gegen meine Essstörung zu helfen. Wir waren beide zu labil, zu schwach, zu kaputt vom Leben. Jede war in den Krallen ihrer eigenen Sucht gefangen. Für etwas anderes als unsere Drogen – Alkohol und Essen – war keine Zeit, kein Platz, keine Kraft mehr. Zwei Süchtige, die sich gleichzeitig gegenseitig von ihrer Sucht befreien sollen – das geht nicht.

Seit ein paar Jahren trinkt meine Mutter nicht mehr. Ich habe meine Esssucht im Griff. Wir sind gut miteinander. Was geschehen ist, ist geschehen. Ich bin nun kein minderjähriges Opfer mehr. Ich weiß mich zu wehren. Das Leben damals plätscherte vor sich hin, ich erwartete nichts Schönes. Ich sah nur das nächste Unheil auf mich zukommen und nahm es hin.

Das ist anders geworden, ich warte nicht mehr passiv ab. Heute sind es nicht die anderen, die Kontrolle über mich und mein Fühlen und Denken ausüben, indem sie mir schaden – wenn auch bestimmt manchmal unbewusst und ungewollt. Ich selbst bin heute diejenige, die ihr eigenes Leben steuert, regelt und lebt. Wenn ich sehe, dass irgendetwas nicht gut für mich ist, dann gehe ich auf Abstand oder löse mich ganz.

Ich lasse mich und meine Gefühle nicht mehr manipulieren und für gewisse Zwecke ausnutzen. Ich habe ein gutes Stück an Lebenserfahrung gewonnen, mich weiterentwickelt und kann meine Talente jetzt ausleben. Ich genieße das Leben, und ich bin frei. Frei von seelischer Grausamkeit, frei vom Zwang, immer und überall durch Essen gesteuert zu werden.

Ich bin lebendig, habe Ecken und Kanten. Und das ist das Wichtigste und Erstrebenswerteste, was mir widerfahren ist. Ich habe die Kontrolle über mich und mein Leben wiedererlangt.

Mein Essverhalten hat sich geändert. An den Wochenenden, an denen mein Lebenspartner beruflich nicht eingespannt und zu Hause ist, kochen wir ausgewogen und mit frischen, vitaminreichen Zutaten.

Wir kaufen genussvoll beim Gemüsehändler, Metzger und Fischhändler ein. Wenn wir uns auswärts etwas gönnen wollen, wählen wir Lokale, bei denen wir wissen, dass sie sehr auf Qualität achten. Dafür zahlen wir auch gerne einen höheren Preis. Es ist vielleicht ein abgedroschener Spruch, aber für mich gilt: Du bist, was du isst.

Ich esse bewusster, nicht wahllos. Eis genieße ich dort, wo kein Fertigpulver angerührt wird, sondern frische Zutaten verarbeitet werden. Wenn ich mir einen Crêpe gönne, gehe ich in Euskirchen zu einem Budenbetreiber, der den Teig selbst herstellt und nicht fertig im Großmarkt literweise kauft.

Fastfood ist bei mir eher eine Seltenheit. Mal eben schnell etwas auf die Hand und im Gehen verputzen, habe ich mir fast ganz abgewöhnt.

Natürlich gibt es heute viele Tage, an denen viel erledigt werden muss und wenig Zeit zum Kochen bleibt. Dann bin ich froh, dass es Fertiggerichte gibt. Aber selbst dann schaue ich darauf, dass Gemüse dabei ist und das Gericht nicht zu fetthaltig ist.

Ich muss mich selbst immer wieder daran erinnern: Frisches Gemüse und ein frisches Stück Geflügelfleisch zu garen nimmt nicht viel Zeit in Anspruch. Wenn ich mich auf meinem Fahrrad durch die umliegenden Felder bewege und Menschen begegne, die mehr als deutlich mit dem Gewicht zu kämpfen haben, drehe ich noch eine Runde extra.

Insgeheim wünsche ich mir, dass adipöse Menschen mich beobachten und Lust bekommen auf Bewegung. Aber sie wissen ja nicht, welche Geschichte hinter mir liegt. Ich wünsche jedem, dass er irgendwann die Kurve kriegt. Meine Vergangenheit flackert immer wieder auf: die Bilder von mir als Koloss, die Bilder von mir als Psychowrack. Diese Bilder werde ich wahrscheinlich nie los. Aber sie mahnen mich, mit meinem neuen Leben respektvoll umzugehen und es nie wieder aufs Spiel zu setzen.

DANKSAGUNG VON SANDRA SELBACH

Dieses Buch, meine Lebensgeschichte, die die ersten 40 Jahre meines Lebens beschreibt, eine Lebensphase mit vielen unterschiedlichen Erlebnissen, Erfahrungen, guten und schlechten, vielen Eindrücken, hätte ich nie zustande bringen können ohne all die Menschen, die in meinem Leben eine Rolle gespielt und die mich positiv und auch negativ beeindruckt haben. All diese Erlebnisse, Eindrücke und Erfahrungen haben mein Leben in die Bahnen gelenkt, in denen es jetzt verläuft. Mich geprägt. Ich habe die vergangenen Monate, in denen dieses Buch entstanden ist, als sehr bereichernd erlebt, habe einiges mehr über mich selbst erfahren und gelernt und bin einigen Personen zu tiefem Dank verpflichtet.

Meiner Mutter danke ich für all ihre Liebe und auch Sorge in sehr harten und auch schönen Zeiten. In Zeiten, in denen sie sich selbst verloren hatte. Für ihren guten Willen und dafür, dass sie nicht aufgegeben und sich wiedergefunden hat. Dass auch sie immer zu mir stand, so wie ich zu ihr. Danke für die Telefonate und Treffen, bei denen sie mir nochmals ihre Vergangenheit genau erzählt und meine Fragen zu ihrem und unserem gemeinsamen Leben beantwortet hat. Auch wenn es manchmal nicht leicht war. Danke auch dafür, dass sie sich heute so intensiv um mich bemüht und sorgt.

Frank danke ich dafür, dass er stets zu mir gehalten hat, egal wie schwierig, chaotisch, traumatisch, schmerzhaft das Zusammenleben mit mir auch war. Dass er mich in jeder Situation und auch jeder Gewichtsklasse niemals aufgegeben, nie an mir herumkritisiert, sondern an mich geglaubt hat. Er kennt einen Großteil meines Lebens und konnte mir bei der Erstellung dieses Buches sehr viel Hilfestellung geben. Besonders, wenn ich eine Blockade hatte und nicht weiterwusste. Danke für das Gegenlesen und all die guten Gedanken, die ihm dabei gekommen sind, für die moralische Unterstützung.

Auch danke ich Paul, Mutters Lebensgefährten, für die Motivation und Begeisterung im Zusammenhang mit meinem Vorhaben, dieses Buch zu verwirklichen. Er vertraute mir blind und unterstützte jegliches meiner Vorhaben, auch finanziell. Nicht zu vergessen Dan, der mir mit seiner unendlichen Großzügigkeit und Liebe ermöglichte, die große, weite Welt zu erkunden und meinen Horizont zu erweitern. Danke, dass du in meinem Leben warst!

Meiner Koautorin Antje Diller-Wolff danke ich dafür, dass sie diejenige war, die es mir letztendlich möglich gemacht hat, meinen Traum, mein Leben in einem Buch zu verpacken, zu verwirklichen. Durch sie hatte ich die nötige Reflexion, die Hilfestellung, mich und meine Geschichte auch mit anderen Augen zu sehen, mich und meine Erfahrungen zu hinterfragen. Sie hat mir geholfen, alle meine Erfahrungen zu filtern, in die richtige Form und das Wesentliche zu Papier zu bringen, sodass es auch Außenstehenden möglich ist, meine Geschichte zu verstehen. Danke, Antje, dass du dich für mich und meinen Leidensweg interessiert hast und dich diesem Projekt mit so viel Engagement und Motivation angenommen hast und mir den Weg in die Öffentlichkeit geebnet hast. Mein Dank gilt auch unserer kompetenten Lektorin Nadine Landeck, die die Weichen gestellt hat, damit wir ein authentisches Buch schreiben konnten, und Ulrike Bauer, die tolle Pressearbeit leistet. Ich danke meinem Verlag und allen Mitarbeitern für die Arbeit an diesem Buch. Ich danke zu guter Letzt auch den Menschen, die in meinem Leben eine Rolle gespielt und mich zu der Person gemacht haben, die ich jetzt bin. Ich habe, indem ich meine Geschichte zu Papier gebracht habe, auch Frieden mit denjenigen von euch schließen können, die mir nicht wohlgesinnt waren.

DANKSAGUNG VON ANTJE DILLER-WOLFF

Ich danke von ganzem Herzen:
- meinem Mann und meinen Kindern für ihre Liebe und ihre Unterstützung all meiner Projekte.
- Sandra Selbach für das seit Jahren anhaltende Vertrauen in meine Arbeit und die tiefen, offenen Einblicke in ihr Leben.
- Iris Domachofski von *Spiegel TV* für ihr Vertrauen bei meiner ersten Dokumentation über Ernährung, Übergewicht und Diäten. Ihre unprätentiöse Art hat mir Konzeption, Recherche und Realisation leicht gemacht. Es war die beste Unterstützung, die ich jemals von einer Ressortleiterin bekommen habe.
- meinen Eltern, die mich schon immer bedingungslos in allem unterstützt, ermutigt und bestärkt haben, für all ihre Liebe, Fürsorge und Förderung.
- den besten Schwiegereltern von allen, für ihr andauerndes Interesse an meiner Arbeit und spannende, weiterführende und ermunternde Gespräche.
- den unzähligen Betroffenen und Experten, mit denen ich mich während meiner Recherche ausführlich austauschen durfte.
- meiner klugen und liebenswerten Lektorin Nadine Landeck für ihren diplomatischen Rasenmäher und die stets weiterführenden Anmerkungen.
- meiner schlauen und sensiblen Pressefrau Ulrike Bauer für ihre sachkundige und herzliche Betreuung.

ÜBER ANTJE DILLER-WOLFF

Die studierte Medienwissenschaftlerin und Sprachwissenschaftlerin Antje Diller-Wolff arbeitet seit vielen Jahren als Moderatorin, Live-Reporterin, Autorin und Sprecherin für Medien wie *Spiegel TV*. Mit ihrer Fernsehproduktionsfirma shs medien realisiert sie außerdem Imagefilme für Unternehmen. Diller-Wolff leitet die Redaktion des Web-TV *www.unternehmerinnen.tv*. Sie lehrte zwei Jahre lang als Dozentin an der Nanyang University Singapore am Lehrstuhl für Journalistik und Kommunikationswissenschaften. Das praktische Training & Coaching ist seit Jahren Schwerpunkt ihrer Arbeit deutschlandweit. Antje Diller-Wolff trainiert regelmäßig Führungskräfte großer deutscher Firmen. In zahlreichen Vorträgen und Seminaren vermittelt sie Techniken für Präsentationen vor Publikum und trainiert sicheres Auftreten bei gesellschaftlichen und geschäftlichen Anlässen. Außerdem moderiert Diller-Wolff Veranstaltungen und Podiumsdiskussionen in den Bereichen Politik, Kultur und Wirtschaft. Sie engagiert sich ehrenamtlich unter anderem bei Zonta International, im Unternehmerinnen-Netzwerk U-Netz Heidekreis und im Mehrgenerationenhaus Schneverdingen. Antje Diller-Wolff setzt sich auf verschiedenen Ebenen für die Vereinbarkeit von Familie und Beruf ein, unter anderem im Beirat des Überbetrieblichen Verbunds Familie und Beruf e.V.

Antje Diller-Wolff lebt mit ihrem Mann und ihren gemeinsamen zwei Söhnen bei Hamburg. Ihre Bücher *Alle meine Babys*, *Teenagermütter*, *Glück und Leid des Stillens* und *Rabenmütter und Heimchenväter* sind im Schwarzkopf & Schwarzkopf Verlag erschienen.

www.shsmedien.de – twitter.com/ADillerWolff – facebook.com/ AntjeDillerWolff.shsmedien

SCHWARZKOPF & SCHWARZKOPF

HUNGRIGES HERZ

MEIN LEBEN MIT DER BULIMIE
EIN AUTHENTISCHER UND EHRLICHER ERFAHRUNGSBERICHT

HUNGRIGES HERZ
MEIN LEBEN MIT DER BULIMIE
Von Sara Schätzl
280 Seiten, Taschenbuch
ISBN 978-3-86265-445-1 | Preis 9,99 €

»Sara Schätzl macht ihre Essstörung öffentlich. Sie beschreibt, wie sie sich bereits als junges Mädchen zu dick fand, sich mit 14 Jahren erstmals nach dem Essen übergab, wie Supermärkte für sie zum Drugstore wurden und sie alles tat, um dies geheim zu halten. Sie schreibt traurig und zugleich herrlich witzig über diese Phase, als sie sich in einem Restaurant schneller und leiser übergeben konnte, als andere pinkeln.« Süddeutsche Zeitung

»Detailliert und offen berichtet Sara Schätzl in einer Art Tagebuch über ihre Bulimie. Wie sie kam, wie sie ging und was die Krankheit mit ihr gemacht hat. Sara Schätzl inspiriert mit ihrer Geschichte und ihrem Buch, offener mit dem Thema Essstörungen umzugehen. HUNGRIGES HERZ ist ein Muss für all diejenigen, die sich selbst nicht lieben. Und eine empfehlenswerte Lektüre für alle anderen jungen Menschen.« Schwäbische Post

WWW.SCHWARZKOPF-SCHWARZKOPF.DE